Gerhard von Jordan

Unser Dorf in Schlesien

In einer Mischung aus Reportage und Erlebnisbericht schildert Gerhard von Jordan den Gutsalltag im elterlichen Baunau, einem eher bescheidenen Gut im Landkreis Glogau. Vor unseren Augen entsteht das Bild eines vielfältigen sozialen Geflechts, entfaltet sich ein Stück schlesischer Geschichte: Siedlungs-, Bevölkerungs- und Sozialgeschichte, nicht mühsam rekonstruiert, sondern aus eigenen Erinnerungen hervorgeholt. Gerhard von Jordan erzählt vom Ablauf der Jahreszeiten und der Fruchtfolge, von der Hierarchie unter den Bediensteten und Arbeitern und beschreibt alle wichtigen Funktionen am Hof.

Nach dem bemerkenswerten Erfolg von »Stille Jahre in Gertlauken« präsentiert sich in Jordans Buch noch einmal ein Dokument aus den deutschen Ostprovinzen in den letzten Jahren vor dem Untergang.

Gerhard von Jordan, geboren 1914 in Striegau (Schlesien), aufgewachsen auf dem elterlichen Gut Baunau, promovierte 1938 zum Dr. jur. Während des Krieges hatte er eine Verwaltungstätigkeit in Polen inne. Nach der Flucht ließ sich Gerhard von Jordan als Gutsverwalter in der Nähe des Starnberger Sees nieder. 1951 bis 1979 war er Versicherungsdirektor und lebt heute auf einer Burg am Neckar.

Gerhard von Jordan

Unser Dorf in Schlesien

Ein Siedler Buch bei Goldmann

Umwelthinweis:
Alle bedruckten Materialien dieses Taschenbuches
sind chlorfrei und umweltfreundlich.

Der Goldmann Verlag
ist ein Unternehmen der Verlagsgruppe Bertelsmann

Made in Germany · 1. Auflage · 3/93
Genehmigte Taschenbuchausgabe
© 1987 by Wolf Jobst Siedler Verlag GmbH, Berlin
Umschlaggestaltung: Werner Rebhuhn
unter Verwendung eines Fotos von Gerhard von Jordan
Druck: Presse-Druck Augsburg
Verlagsnummer: 12842
SD · Herstellung: Barbara Rabus
ISBN 3-442-12842-0

Inhalt

Scholz	7
Das Gutshaus	21
Die Hauswirtschaft	35
Die Gutswirtschaft	49
Spielerei mit dem Taschenrechner	107
Das Dorf	115
Der Bayer Emil	143
Die Sprache	151
Die Gegend	155
Feste und Jagden	161
Kinderspiele und -arbeiten	175
Politik und Religion	203
Tiere	219
Das Ende	235

Scholz

»Kuckuck, wie lange lebe ich noch?« rief Scholz Mattel, die
Freundin unserer Kinderjahre, in den Neustädtler Wald hinein, wenn wir gemeinsam auf Maikäfersuche gingen. Der
Kuckuck rief noch neunundsiebzigmal, und Mattel hätte uralt
werden müssen, wenn er recht gehabt hätte. Aber sie starb mit
neunundzwanzig Jahren an Tuberkulose. Wenn ich heute im
Neckartal nach ersten Fegemarken der Rehböcke suche, ruft
auch der Kuckuck. Ich denke an Scholz Mattel und frage:
»Kuckuck, wie lange lebe ich noch?«

Scholz Mattel (hochdeutsch: Martha Scholz) war die Tochter vom Scholz Karl, und dieser war unser Kutscher, das heißt,
er war »herrschaftlicher Kutscher« und somit durch eine hohe
soziale Schranke von den »Ackerkutschern« getrennt, die man
auf manchen Betrieben noch Knechte nannte. Das Wort
»Knecht« hat ja in Deutschland und England einen entgegengesetzten Bedeutungswandel erfahren: Während es ursprünglich dem Begriff des Knappen entsprach, wurde in Deutschland so etwas wie ein Sklave daraus, wohingegen sich der englische »knight« zum Ritter mauserte. Also, bei uns sprach man
nicht von Knechten – so fortschrittlich waren wir immerhin –,
aber eine Vertrauensstellung wie der Scholz Karl hätte ein
Ackerkutscher natürlich nie erwerben können.

Scholz – so wurde er gerufen, nie mit »Herr« und nie mit
Vornamen – gehörte zur Familie. Er bekam keinen Stundenlohn, sondern ein Monatsgehalt von vierzig Mark, freie Wohnung, Deputat und Livree. Seine Frau arbeitete im Garten
gegen Stundenlohn. Er durfte uns Kinder verprügeln, wenn er
es für richtig hielt, tat es aber fast nie, obwohl er sehr unter uns
zu leiden hatte. Er kannte alle Geheimnisse der Eltern; auf den
langen Fahrten im offenen Wagen hörte er jedes Wort, das sie
sprachen, und sie legten sich keinerlei Zwang auf. Er schwieg

darüber bedingungslos. Es ist zwar möglich, daß die Kutscher der benachbarten Güter sich gegenseitig interessante Interna erzählten, aber aus ihrem Kreis drang nie eine Neuigkeit nach außen.

Scholz hatte bei den Dragonern in Lüben gedient und konnte reiten, tat es aber nie. Im ersten Weltkrieg war er Fahrer beim Train gewesen und hatte dort anscheinend keine großen Heldentaten verrichtet. Er war sogar ein wenig unter sozialistischen Einfluß geraten, was sich darin äußerte, daß er 1918 meinen Vater einige Male nicht mit steifem Hut, sondern in einer Feldmütze kutschierte. Er soll ihn sogar gelegentlich mit seinem Namen, ohne Titel, angeredet haben. Aber diese revolutionären Neigungen hielten nicht lange vor und wurden bald wieder durch unverbrüchliche Treue und gegenseitige Achtung zwischen ihm und den Eltern ersetzt. Mit uns Kindern war es noch anders: Wir liebten ihn, und ich glaube, er hat auch uns geliebt.

Scholz sah aus wie der Tatarenkhan in den Comic-Serien, nur etwas schlanker. Er war klein und ging etwas gebeugt. Nein, hübsch war er nicht. Seine Gesichtshaut glich vergilbtem Pergament, die Augen zwei dunklen Schlitzen. Eine mächtige gebogene Nase, an der fast immer ein Tröpfchen hing, ragte über den dünn herabhängenden Schnurrbart hinaus. Dieses Nasentröpfchen beschäftigte oft unsere Beobachtungsgabe: Es hing immer an der Nasenscheidewand und drohte jeden Augenblick abzustürzen. Aber es stürzte nie, obwohl Scholz weder schniefte noch das Taschentuch benützte. Der Mund wurde nicht eben geziert durch eine Reihe ungeheuer langer, sehr gelber Zähne, die er nie putzte. Mit der Zeit wurden es weniger, schließlich war es nur noch einer. Scholz ging natürlich nie zum Zahnarzt.

Gekleidet war Scholz immer mit großer Sorgfalt und genau seiner jeweiligen Tätigkeit entsprechend. Die Livree, in der er bei Tisch servierte, war dunkelblau mit silbernen Knöpfen, wohl wegen der Wappenfarben. Aber zur täglichen Arbeit trug er eine graue lange Militärhose und eine blauweiß gestreifte Drillichjacke. Für gewöhnliche Kutschfahrten behielt er die graue Hose an und band nur ein Hemd vor, wie er es nannte. Das war ein steifes Textilbrettchen, ein sogenanntes Chemisett, an dem noch ein steifer Kragen befestigt wurde. Statt der Drillichjacke zog er einen schönen blauen Rock an, nicht den »guten«, und auf dem Kopf trug er einen runden, steifen Hut. Den trug er aber nur, wenn er allein oder mit der »Herrschaft« fuhr. Wenn er Personen zu befördern hatte, die er nicht zur Herrschaft rechnete, holte er unter dem Kutschbock die schon erwähnte graue Feldmütze hervor und ließ den steifen Hut verschwinden. Wer Anspruch auf Hut hatte und wer sich mit Mütze begnügen mußte, wußte nur er. Es gab darüber mit lieben Hauslehrerinnen, selbstbewußten Gutsverwaltern oder schönuniformierten Forstleuten peinliche Auseinandersetzungen, in denen alle Bitten meiner Eltern nichts fruchteten. Scholz blieb unangefochten Sieger.

Sonntags zur Kirche und bei anderen feierlichen Gelegenheiten trug er bei schönem Wetter den guten Rock, der von etwas hellerem Blau war, weiße Hosen und schwarze Stiefel mit gelben Stulpen. Dazu gehörte ein hoher Zylinder mit Kokarde. Im Winter trug er entweder Mantel oder Schafspelz, außerdem riesige, mit Stroh ausgepolsterte Überschuhe. Alle Stücke pflegte er so sorgfältig, daß fast nie eine Erneuerung notwendig wurde und er vieles noch an seinen Nachfolger weitergeben konnte.

Sein Reich waren Pferdestall und Wagenremise. Im Kutschstall standen drei bis fünf Pferde und meist noch ein Pony. Alle bekamen täglich zehn Pfund Hafer, dazu reichlich Heu von der Osterwiese. Sie wurden täglich mit Striegel und Bürste bearbeitet und glänzten wie poliertes Mahagoni. Wenn sie geschwitzt hatten, wurden sie sorgsam mit Stroh abgerieben. In einer Box wuchsen meist noch zwei Fohlen heran, und nebenan in der Kammer hingen Geschirre aller Art und ein paar Sättel.

In der Wagenremise standen die Kutschwagen. Es wird im Sinne von Scholz liegen, wenn ich sie nach ihrer Rangordnung beschreibe – Rangordnungen liebte er sehr. Das ranghöchste und prächtigste unter den Fahrzeugen war der Landauer, ein schwerer, schwarzer Wagen mit aufklappbarem Verdeck. Er wurde fast nie gefahren, weil er schwer für die Pferde war und sich vielleicht zu schnell abgenützt hätte. Auf dem Treck 1945 ist er auf einem Gutshof bei Leipzig stehengeblieben. Wenn man schon im »zugemachten« Wagen fahren mußte, weil es allzu kalt oder naß war, wurde meist die »grüne Plaue« genommen. Das war ein wenig eleganter, aber sehr praktischer Wagen, wie ihn die schlesischen Bauern hatten. Er fuhr leicht, man saß bequem, und auch der Kutscher hatte seinen Platz im Trockenen. Letzteres war für den oft unter Erkältungen leidenden Scholz besonders wichtig, wenn er selbst das auch nie zugegeben hätte. Für regengefährdete Familienfahrten gab es noch die »gelbe Plaue«. Bei ihr war nur das Dach fest, während die Seitenwände aus Leinwandbahnen bestanden, die man je nach Wetter aufrollen oder zuknöpfen konnte. Mutter verachtete dieses Gefährt, weil es wirklich sehr unvornehm war; gleichwohl fuhren wir oft damit. Viel lieber und fast bei jedem Wetter nahmen wir aber einen der offenen Wagen. Da gab es den schicken sechssitzigen »Fürst Bülow«, den sehr eleganten »Striegauer«, der jedoch für ein Pferd zu schwer und für zwei Pferde zu empfindlich auf unseren schlechten Wegen war, den »guten Blauen« und den »alten Blauen«. Letzterer wurde von allen am meisten benutzt, denn wie Scholz sagte: »Wenn de willst gutte Wagen haben, mußte haben alte!«

Die ältesten Leute konnten sich nicht erinnern, daß dieser Wagen jemals angeschafft worden wäre: Wahrscheinlich war er schon bei der Schöpfung mitgeliefert worden. Blau hieß er nach der Farbe der Kissenbezüge. Vater nannte ihn den Grünen. Tatsächlich war die Farbe im Lauf der Jahre ziemlich undefinierbar verschossen; ob sie ursprünglich grün oder blau war, habe ich nie erfahren. Vaters Angaben über Farben waren

10

Das alte Gutshaus mit Kutschenstall und Wagenremise

auch nicht ganz zuverlässig. So behauptete er von einem unserer Ochsen, einer Kreuzung aus rot- und schwarzbunt, er sei grün, obwohl das Tier allenfalls ein wenig olivfarben war. Schließlich nannten wir den Wagen den »alten Gelben«, denn die Holzteile waren einwandfrei gelb oder zumindest gelb gewesen. Er war der unterste im Rang unter den richtigen Kutschwagen, der »Arbeiter«, auf dem die größte Last lag. Nach ihm kam nur noch der »Schulwagen«, ein sehr leichter, sehr scheußlicher zweisitziger Einspänner, mit dem ich zur Schule fuhr. Er war gebraucht gekauft worden und repräsentierte gewissermaßen den fünften Stand unter den Fahrzeugen unserer Remise.

Außerhalb der Rangordnung standen der Ponywagen und zwei Schlitten. Der kleine Schlitten hatte knapp Platz für vier Personen und war so leicht, daß die Pferde ihn bei guter Schlittenbahn mit den Zügeln ziehen konnten. Da er gern umkippte, wenn die Pferde bei Kälte durchgingen und die Finger von Scholz trotz Pelzhandschuhen immer steifer wurden, waren die Fahrten damit oft recht spannend. Der andere Schlitten war sechssitzig, schwer, ziemlich prächtig, konnte aber nicht gefahren werden, weil Vater Gewehre darin versteckt hatte.

In einem Schuppen standen außerdem noch der sehr wakkelige Pony-Kastenwagen, der »Schieber«, ein klappriges Fahrzeug, das man heute als Kombi bezeichnen würde, und die arg verstaubte »Leuteplaue«, in der die Arbeiter bei Taufen und Hochzeiten zur Kirche fuhren.

Das Fahren mit den Kutschwagen stellte einen wesentlichen Faktor unseres Lebens dar. Erstens machte es Spaß, und zweitens war es die wichtigste Art der Fortbewegung. Ständig lag ein umfangreiches Fahrprogramm vor: Private und geschäftliche Besucher mußten vom Bahnhof abgeholt und wieder hingebracht werden; die Eltern machten ihre wöchentlichen Fahrten zur Kreisstadt oder zu Einkäufen in das benachbarte Landstädtchen, und man fuhr zu Besuchen in die Nachbarschaft, zur Kirche oder, im Sommer, auf eine Pirsch- oder Spazierfahrt. Obwohl Vater seine landwirtschaftlichen Inspektionsrunden zu Fuß machte - das Gut war klein genug -, gab es immer mehr Fahrerei, als man den Pferden zumuten wollte.

Die Pferde zu schonen war eine Art von Religion, gegen die wir uns immer wieder versündigten. Der Hohepriester dieser Religion war Scholz. Nicht etwa, weil er selbst nicht auf dem Bock sitzen wollte - das Kutschieren nahmen wir ihm gern ab -, nein, die Pferde mußten geschont werden. Sorgfältig wachte er darüber, wieviel Kilometer sie im Trab, im Schritt, mit leichten oder schweren Wagen zurücklegten. Wußten wir, daß die Pferde in letzter Zeit viel zu tun gehabt hatten, getrauten wir uns kaum, Scholz eine weitere Fahrt anzukündigen. Das schlimmste war, wenn er den Auftrag mit den Worten quittierte: »Was befohlen wird, wird gemacht.« Dieser Aus-

Der schicke sechssitzige »Fürst Bülow«; auf dem Kutschbock Vater und Scholz

spruch war von allen, einschließlich der Eltern, gefürchtet. Er bedeutete, daß er uns alle für verrückt hielt und in den nächsten Tagen nur noch durch Knurrlaute mit uns verkehren würde. So entwickelten wir hohe diplomatische Künste, um ihm erst die Verkehrsproblematik darzulegen und ihn möglichst selbst zu dem Schluß kommen zu lassen, daß noch einmal angespannt werden müßte.

Die herrschaftlichen Kutscher mit ihrem stark ausgebildeten Ehr- und Standesbewußtsein bildeten eine Kaste für sich. Wer einmal aufgenommen war, gehörte für immer dazu, auch wenn er etwa Diener oder Chauffeur wurde. Wer nicht paßte, blieb ewig ausgeschlossen. Einer unserer Nachbarn hatte die vernünftige Idee, seinen besten Ackerkutscher zum herrschaftlichen zu befördern, als sein alter Kutscher pensioniert wurde. Er versäumte es jedoch, diesen Schritt mit dem Vorgänger abzustimmen. Der arme Neue, gegen den sich nichts sagen ließ, wurde von den Kollegen nicht akzeptiert. Das ging so weit, daß er bei großen Essen nicht wie alle anderen mitservieren durfte. Er mußte in den Wirtschaftsräumen bleiben, Flaschen öffnen und Gläser spülen.

Andererseits gab es Kutscher, die sich für vornehmer hielten als die der einfachen Gutsbesitzer, weil ihre Herren Grafen und Barone waren. Diese weigerten sich, die Pferde auszuspannen, wenn sie mit ihrer Herrschaft auf einem anderen Gut zu Besuch waren. Das führte zu erheblichen Komplikationen, weil die Pferde die nötige Erholung entbehren mußten, und da Pferdeschonung nicht nur bei uns eine Religion war, gab es wenig Verkehr mit diesen Häusern – sehr zur Zufriedenheit der Kutscher.

Als mein Jugendgespiele Ernst die Nachfolge vom Scholz Karl antreten sollte, besprachen die Eltern das mit dem Alten. Der konsultierte zwei seiner Kollegen und teilte den Eltern dann die Zustimmung der »Standesgenossen« mit. So gab es mit der Nachfolge keine Probleme.

Während des zweiten Weltkriegs war Ernst Soldat und es gab keinen herrschaftlichen Kutscher. Johann, ein polnischer Arbeiter, fuhr als Ackerkutscher ein Gespann Oldenburger Warmblüter, die auch die notwendigen Kutschfahrten besorgten. Gleichzeitig war er – was niemand wissen durfte und jeder wußte – der lokale Führer der nationalpolnischen Widerstandsbewegung. Er war ein ausgezeichneter Mensch, stolz, einfach und zuverlässig. Als die Rote Armee immer näher kam, erschien er als Führer einer Deputation mit einem Franzosen und einem Russen bei meinem Vater. In völliger Verkennung der politischen Wirklichkeit versicherte er, sie seien alle mit der Herrschaft zufrieden und würden dafür sorgen, daß die Sieger alles beim alten ließen. Die Eltern könnten unbesorgt sein. Nur eine Forderung habe er: Er wolle in Zukunft herrschaftlicher Kutscher werden.

Ein herrschaftlicher Kutscher hatte nicht nur treu zu sein.

Er mußte auch herrschaftlich denken. Was das war, ist heute kaum mehr zu schildern. Jedenfalls bedeutete es nicht, so wie die Herrschaft zu denken. Vor Wahlen erkundigte man sich zwar, welcher Partei der Chef seine Stimme geben würde, und richtete sich danach. Das Wort »Wes Brot ich eß, des Lied ich sing« wurde aber eher mit einem zynischen Unterton gebraucht, und es wurde auch tüchtig auf die Herrschaft geschimpft, wenn man unter sich war. Zum herrschaftlichen Denken gehörte neben der Loyalität auch eine gute Portion Arroganz, die sich zunächst auf die Stellung der Herrschaft bezog und daraus das eigene Selbstbewußtsein ableitete. Als meine Mutter die Schwimmlehrerin, die uns unterrichten sollte, mit einem Wagen in ihrer Wohnung abholen wollte, brummte Scholz wütend: »Gnä'Frau wird sich noch Läuse holen.«

Herrschaftliches Denken mag abgeleitet sein aus dem Treueverhältnis zwischen Lehnsherren und Hintersassen. Es gehörte unter anderem der Mut dazu, dem Herrn die Meinung zu sagen, wenn man glaubte, er begehe einen Fehler. So setzte der Herr sich scharfer Kritik aus, wenn er zu Personen anderen Standes nicht eine freundliche Distanz hielt, deren Grenzen instinktiv von ihm erfühlt werden mußten. Er konnte sich wohl einmal »gemeene machen«, konnte mit Arbeitern oder Bauern in der Dorfwirtschaft trinken – auch zuviel trinken. Er konnte eigentlich alles machen, hätte selbst ein Verhältnis mit einem Arbeitermädchen haben können, ohne daß ihn das vernichtende Urteil getroffen hätte, er sei »keine Herrschaft nicht«. Er mußte nur auf der anderen Seite jener unsichtbaren Schranke bleiben, deren Überschreiten ihn disqualifiziert hätte.

Ich versuche das Wesen dieser Schranke zu erklären, was sehr schwer ist, weil ich nie mit jemand darüber gesprochen habe; sie war so selbstverständlich wie Morgen und Abend. Sicher gehörte dazu, daß plumpe Vertraulichkeiten vermieden wurden; es gehörte aber auch viel Höflichkeit dazu, die besonders bei Scherzen zu beachten war. Zwei Beispiele: Auf dem Gut eines Onkels regierte ein recht origineller, aus Oberschlesien stammender Inspektor, »Panje« genannt. Damals wurde vorwiegend mit Ochsen gepflügt, mit Dreiergespannen, die von halbwüchsigen Jungen gefahren wurden. Eines Tages revoltierten die Ochsenjungens: Sie verlangten, nicht ganz unberechtigt, eine Zulage, weil sie regelmäßig eine Viertelstunde vor Arbeitsbeginn in den Stall gehen mußten, um die Ochsen aufzuschirren und pünktlich um sechs Uhr herauszuziehen; bezahlt wurde aber erst ab sechs Uhr. Sie schimpften gewaltig. Panje dachte eine halbe Minute lang nach. Dann sagte er: »Dreimal am Tag geht ihr scheißen; muß ich auch bezahlen.« Das war der richtige Ton.

Auf demselben Gut waren die Frauen beim Mistaufladen. Es war ein naßkalter Februar, und in der Mistgrube stand die Jauche bis an die Felgen der Bretterwagen. Mein Vetter Christian, fünf Jahre alt, sah zu. Da fingen die Frauen an, ihn zu necken, er solle in die Schloßküche gehen und Kaffee für sie besorgen. Das lag nun außerhalb der Gepflogenheiten und überstieg auch Christians Befugnisse. Die Frauen hörten nicht auf, ihn zu ärgern, bis er wütend krähte: »Ihr Äster könnt Mistjauche saufen!« Das war eine Katastrophe. Die Frauen erklärten, der Knabe müsse das von seinen Eltern gelernt haben (die nie auf einen solchen Gedanken gekommen wären). Eine wütende Abordnung kreischte und heulte meinem Onkel die Ohren voll. Er mußte sich feierlich für die Verfehlungen seines Juniors entschuldigen, und der Delinquent mußte bei allen Frauen demütig Abbitte leisten. Daß der peinliche Vorfall auch eine komische Seite hatte, wurde von allen Beteiligten streng ignoriert. Übrigens, die Antwort mit dem »dreimal am Tag ...« konnte sich auch nur der Inspektor leisten. Von der Herrschaft her wäre es eine Beleidigung gewesen. Ohne weiteres akzeptiert wurde hingegen eine ziemlich derbe Äußerung meines Bruders: Als ihn die Arbeiter für irgendeine Unbill, von der sie betroffen waren, verantwortlich machten, sagte er:

»Wenn euch der Wind die Pisse an die Hose treibt, soll ich auch dran schuld sein.« Das wurde verstanden und belacht.

Nun ja, die unsichtbare Schranke: Zur Illustration noch ein paar Beispiele. Wir Kinder konnten die Arbeiter in ihren Wohnungen besuchen und uns mit einer Schmalzschnitte oder einem Eierkuchen bewirten lassen. Wir hätten aber niemals an einem Wellfleischessen teilnehmen dürfen. Unseren Eltern war es grundsätzlich nicht gestattet, sich bewirten zu lassen, allenfalls durften sie von einem Gericht »kosten« ... Das Inspektor-Ehepaar ging ein und aus in unserem Hause und wir in ihrem. Es wäre aber undenkbar gewesen, daß wir uns zum Essen besucht hätten, wenn Verwandte und Freunde da waren ... Mit einem Ackerkutscher konnte ich unbedenklich einen Schnaps in der Kneipe trinken, nicht aber in seiner oder unserer Wohnung. Das wiederum war mit dem Inspektor möglich.

Zu einer »gutten« Herrschaft gehörte es, daß sie es verstand, sich auf richtige Weise »gemeene zu machen«. Tat sie es nicht, so galt sie als »stolz«. »Stolz« hatte eine rein negative Bedeutung im Sinne von hochmütig und arrogant; die positiven Nuancen, die wir mit dem Wort verbinden, fehlten ganz, was leicht zu Mißverständnissen führen konnte. »Er hat keen Stolz nich« war nämlich höchstes Lob, ohne den stark kritischen Unterton, den wir aus dem Satz herauslesen würden. Immerhin, eine »stolze« Herrschaft konnte sogar »gutt« sein – wenn sie zum Beispiel materiell gut für ihre Leute sorgte.

Scholz Karl stand etwas über all den Rangproblemen, weil er menschliche Größe besaß, die diese Spielregeln nicht brauchte. Grundsätzlich unbeteiligt blieb er auch bei den steten kleinen Eifersüchteleien und Intrigen, jener Ehrenkäsigkeit, durch die sich sonst die besten und treuesten Dienstboten auszeichneten.

Scholz war katholisch. Aber seine Frau und Tochter waren evangelisch. Deshalb fanden wir es »nicht so schlimm«. Jeden zweiten Sonntag fuhr er die Eltern ins Nachbardorf zur Kirche, und bis der Gottesdienst zu Ende war, kutschierte er im Dorf herum. Am nächsten Sonntag wanderte er dann die fünf Kilometer zur nächsten Kleinstadt, um an seinem Gottesdienst teilzunehmen. Über Konfessionsfragen wurde nicht gesprochen, aus Taktgefühl und vermutlich weil beide Parteien nicht recht wußten, warum sie sich so feindlich gegenüberstanden. Wir hörten, daß der Pfarrer Scholz mächtig ins Gewissen redete, weil er die Mattel evangelisch erziehen ließ. Es mag sogar sein, daß er zeitweilig exkommuniziert war. Aber davon ließ er sich nicht erschüttern. Wenn ein Pferd lahmte, war er mehr beeindruckt. Er hatte seiner Anna versprochen, daß die Kinder evangelisch erzogen würden, und dabei blieb es. Scholzens bekamen am laufenden Band Kinder, aber alle starben gleich nach der Geburt. Nur Mattel, die älteste, überlebte, wenngleich auch sie mit neunundzwanzig starb. Der Priester meinte, es liege am Protestantismus.

Im Schlafzimmer des Ehepaares befand sich eine merkwürdige Gedenkstätte: An der Wand zwischen den beiden Fenstern hingen kleine Rehbockköpfe aus Pappmaché. Daran waren Schildchen angebracht, auf denen Name, Geburts- und Todestag eines jeden Kindes verzeichnet waren: Fritz, Frieda, Paul und so weiter. Die Anna bekam noch öfter einen dicken Bauch, die Hebamme erschien, es gab ein wenig Hoffnung und bald wieder Trauer. Dann hing nach einiger Zeit ein neuer Rehbockkopf an der Wand – es waren alles Böcke, auch für die toten Mädchen.

Gegen Ende seines Lebens vertrug Scholz das Fahren auf dem kalten hohen Bock nicht mehr. Seine Tuberkulose machte rasche Fortschritte. Außerdem wurden die Pferde durch ein Auto verdrängt. Nun wurde er Hofverwalter. Das war eine Position, die es vorher nicht gegeben hatte, aber nachdem Scholz sie übernommen hatte, stellte sich bald heraus, daß sie dringend nötig war. Er sorgte nun an allen Ecken für Ordnung. Er gab das Pferdefutter aus und achtete darauf, daß nicht zu viel Hühnerfutter geklaut wurde. Er verwaltete den Kunstdünger und paßte auf, daß der Stallmist richtig gestapelt wurde. Er gab Holz aus und Kohlen und überhaupt alle Deputate. Er kümmerte sich darum, daß defekte Fahrzeuge oder Werkzeuge repariert wurden. Er sorgte für Sauberkeit allerorten, und er »klapperte«. Geklappert wurde mit einem Hammer auf einer ausgedienten Pflugschar, die an einer Kette hing. Es gab ein lautes, recht wohltönendes Geräusch, und das war das Signal zum morgendlichen und mittäglichen Arbeitsbeginn. Für das Arbeitsende gab es kein Zeichen, das ging von allein. »Klappern« setzte eine gewisse Stellung in der Hierarchie des Hofes voraus; es war eines der vielen Rangabzeichen, und Scholz trug es mit Stolz. Als Hofverwalter war er fast noch besser als in seiner Eigenschaft als Kutscher: umsichtig, fleißig, sachkundig und von unbestrittener Autorität.

Scholz hat das Amt nur wenige Jahre ausgeübt. Dann warf ihn die Krankheit endgültig nieder. Noch in Fieberdelirien sprach er ausschließlich von seiner Arbeit und seiner Herrschaft. Er wurde in der »Fünf-Scheune« aufgebahrt; das war eine große Ehre. Die Anna zog nach Quaritz zu einer Verwandten, aber sie war ebenfalls schon von der Tuberkulose gezeichnet. Vor ihrem Tod luden die Eltern sie noch einmal für vierzehn Tage ein. Natürlich aß sie in der Küche; sie hätte sich zu Tode geniert, wenn sie mit den Eltern hätte bei Tisch sitzen sollen. Aber es war dennoch eine Ehre und eine Freude für alle Beteiligten. Bald darauf ist sie ihrem Karl gefolgt. So brauchten beide das Kriegsende nicht zu erleben.

Das Gutshaus

Es war nur ein Landhaus mit dreizehn Zimmern und reichlich Nebenraum. Fast alle unsere Nachbarn hatten richtige Schlösser; dennoch nannten die Leute auf dem Hof auch unsere Behausung Schloß. Und die Besitzer der Schlösser sprachen, so wie wir, nur von ihrem Haus. Unser Haus war recht repräsentativ, weil es fünf große ineinander übergehende Wohn- und Gesellschaftsräume hatte. Da konnte man viele Gäste unterbringen. Das Haus lag in einem Park. Er war nur einen Hektar groß und wurde deshalb mit einigem Understatement als Garten bezeichnet. Aber er war recht hübsch mit vielen Blumen, großen Rasenflächen, Gebüschen und alten Bäumen.

Das Haus war in der Mitte des vorigen Jahrhunderts gebaut worden und daher verhältnismäßig modern. Es gab keine Türme und winkligen Mauern, keine Zinnen, Schießscharten und modrigen Keller. Zunächst gab es allerdings weder fließendes Wasser und WC noch elektrischen Strom; das wurde erst in den Jahren nach 1918 eingerichtet.

Baumeister oder Bauherr hatten sich eine seltsame Bauzeichnung ausgedacht: Erdgeschoß und Parterre hatten normale Größe, aber der erste Stock war viel kleiner als der Gesamtgrundriß; er hatte drei Zimmer weniger. Wer das Haus sah, meinte, es habe im Parterre einen Anbau. In Wahrheit war der erste Stock nicht voll ausgebaut. Das Rumpfstück war mit einem flachen Zinkdach gedeckt. Dieses Zinkdach war eine Quelle steter Freude für uns Kinder und dauernden Ärgers für meinen Vater: Man konnte durch zwei Fenster im ersten Stock bequem hinaussteigen. Im Sommer konnte man die Betten hinaustragen und nachts im Freien schlafen. Man konnte große Teile des Schattenmorellenbaums illegal abernten; vor allem aber konnte man durch ein kleines Fenster in die streng verschlossene Vorratskammer eindringen und Mamsells Schätze wählerisch besteuern. Es gab da große Säcke mit Zucker, aus denen wir dicke Klumpen herausholten, Backobst in reichlichen Mengen und die besonders begehrten Rosinen, die allerdings knapp waren und nicht zu sehr geplündert werden durften, weil unser Tun sonst bemerkt worden wäre.

Nun war es Vater zwar ziemlich gleichgültig, was wir in der Vorratskammer machten, aber unseligerweise vertrug es der Zinkbelag des Daches nicht, wenn wir darauf herumtrampelten. Die Platten brachen, und beim nächsten Regen erschienen große graue Flecken an der Decke des Eßzimmers. Wannen wurden aufgestellt, der Maler mußte kommen, und natürlich wurde das Dach ausgebessert. Später gab es einen neuen Dachbelag aus einer Spezialpappe, der aber unsern Stiefeln auch nicht gewachsen war. Das flache Dach blieb die verwundbare Stelle des Hauses.

Die Beschreibung des Hauses fange ich am besten im Kellergeschoß an: Dort gab es drei Dienstbotenzimmer, eine große Küche mit gewölbter Speisekammer, das »Gewölbe« genannt, zum Naschen nicht sehr geeignet, weil ständig von Mamsell eingesehen, und nur während der Festzeiten durch große Kuchenvorräte interessant. Es gab einen Weinkeller, eine Plättstube, eine Kohlenschütte, einen Platz zum Schuheputzen, ein Klo und eine große Halle mit einem Brunnen in der Mitte und der riesigen Wäscherolle.

Im Parterre lagen die erwähnten fünf Wohn- und Gesellschaftszimmer, Schlafzimmer der Eltern, ein Gästezimmer, meist von Großmutter bewohnt, ein Klo und Vaters Ankleidezimmer, in dem auch ein zweiter Schreibtisch und der Gewehrschrank standen. Hier lockte ein weites Feld zu ungesetzlichen Forschertätigkeiten, die man natürlich nur ausüben konnte, wenn Vater mit Sicherheit abwesend war. Wenn man Schrotpatronen zerlegte, ließen sich mit dem so gewonnenen Pulver wunderschöne Stichflammen verschiedener Höhe erzeugen; auch der Schreibtisch, das »Zylinderbüro«, steckte voller Schätze.

Ein Landhaus mit dreizehn Zimmern, das von der Bevölkerung wie selbstverständlich als Schloß bezeichnet wurde

Auf der Nord- und Südseite des Hauses lagen Terrassen, eine davon halb überdacht. Wir nannten beide aus mir heute unbekannten Gründen Veranda. Die Nordveranda stellte zugleich den Eingang für »Herrschaften« dar. Hier lag auch die »Vorfahrt«, der Platz, an dem die Wagen vorfuhren. Die Eingangshalle war klein und eng und hieß deshalb auch nur Flur. Hier gab es einen großen Schrank für Pelze und Fahrmäntel, eine Truhe für Wagendecken und Pelzfußsäcke, ein paar Kleiderhaken, einen bescheidenen Spiegel und, etwas unmotiviert, eine schöne, alte englische Pendeluhr.

Der Eingang war nicht sehr vornehm. Ursprünglich war wohl die Südterrasse als Eingang vorgesehen. Da hätte man eine schöne Diele gehabt. Aber diese Diele war unser gemütlichstes Wohnzimmer. Vom Flur in den ersten Stock führte eine Treppe, deren Geländer mir in besonders guter Erinnerung ist. Man konnte darauf nämlich bequem, sehr schnell und

Das Wohnzimmer der »jungen Herrschaft« ...

ohne große Gefahr hinunterrutschen. Im ersten Stock kam man auf eine hübsche Diele, die allerdings erst in den zwanziger Jahren ausgebaut worden war. Ursprünglich ging es über den Dachboden in die Gästezimmer. Es gab fünf Gästezimmer, ein zweibettiges und vier einbettige. Als wir erwachsen waren, bekam jedes der drei Kinder hier sein Zimmer – bis dahin waren wir im Parterre untergebracht. Neben den Zimmern lagen große Kammern, in denen aller erdenkliche Kram verstaut war. Dutzende alter Koffer, Schränke mit alten Kleidern, Truhen mit Bettzeug, alte Waffen und Tabakspfeifen, eine nie benutzte Hobelbank, alte Spazierstöcke – einer mit einem darin eingelassenen Dolch –, unbrauchbare Möbel und Sportgeräte wie Stelzen oder rostige Florette. All dieses Zeug konnte unter Umständen gebraucht und mußte daher aufbewahrt werden.

Das Haus war einfach zu klein. Mit den ca. 700 qm Wohn- und Wirtschaftsfläche reichte es nicht hin und nicht her. So planten die Eltern eine Vergrößerung, wozu sich der seltsame

und das Eßzimmer

Anbau anbot, dessen anfälliges Zinkdach Vater ohnehin ein Dorn im Auge war. Es wurde also ein Architekt angesprochen, der sich gern bereit erklärte, ein paar Vorschläge zu machen. Ob der nun wirklich ein Strolch war, wie es in der Familie hieß, oder ob die Eltern sich unklar ausgedrückt hatten, oder ob beides zutraf: Jedenfalls legte der Herr ein wunderbares Projekt vor, das 80.000 Reichsmark kosten sollte, ein Betrag, der für die damalige Zeit und für unsere finanziellen Verhältnisse völlig indiskutabel war. Es war so, als ob man heute für den Bau einer Garage 200.000 DM ausgeben sollte. Natürlich wurde der Vorschlag entsetzt zurückgewiesen. Aber nun kam die Rechnung des Architekten, der für seine Bemühungen etwa so viel verlangte, wie die Eltern für den ganzen Bau hatten ausgeben wollen. Es kam zum Prozeß, und weil dabei von entscheidender Bedeutung war, was zwischen den Parteien verabredet worden war, hing alles von dem Zeugnis meiner Mutter ab, die an allen Gesprächen teilgenommen hatte. Sie wußte genau, daß die Angaben meines Vaters richtig waren, und bestätigte sie in der Verhandlung. Aber dann sollte sie ihre Aussage beschwören. Und da kamen ihr Bedenken: Durfte man Gottes Namen in einer solchen Sache anrufen? Hieß es nicht: »Du sollst in meinem Namen nicht fluchen, schwören ...«? Sollte sie ihre ewige Seligkeit aufs Spiel setzen, wenn sie vielleicht doch in irgendeinem Punkt nicht »die Wahrheit, die volle Wahrheit und nichts als die Wahrheit« gesagt hatte? Sie sagte, sie wolle lieber nicht schwören, und Vater verlor den Prozeß. Das Architektenhonorar und die Prozeßkosten vergrößerten den langsam wachsenden Schuldenberg.

Die sanitären Anlagen und die Installationen des Hauses waren bescheiden. Als wir 1918 nach dem Tode der Großmutter einzogen, gab es noch Plumpsklo und Petroleumlampen. Dennoch war alles ganz ordentlich: Der Inhalt der Klos wurde vom Nachtwächter allabendlich durch eine von außen zugängliche Klappe herausgenommen und nützlicher Verwendung zugeführt. Die Petroleum- und einige Spirituslampen – letztere nur für festliche Gelegenheiten – standen tagsüber auf einem Tisch im Kellergeschoß und wurden dort regelmäßig gereinigt und aufgefüllt. Natürlich ging man mit dem Brennstoff sehr sparsam um, und nicht jeder Hausbewohner hatte Anspruch auf eine Lampe. Die Familie versammelte sich, wenn es dunkel wurde, meist an dem großen runden Tisch im Herrenzimmer. Dort konnte man lesen, Schularbeiten oder Handarbeiten machen, und oft wurde auch etwas vorgelesen, »Heidi« oder »Familie Pfäffling« oder »Die Diamanten des Peruaners«. Für die Nebenräume gab es Funzeln, kleine, scheußliche, ewig blakende Petroleumlämpchen, die gerade so viel Licht verbreiteten, daß man nicht mit dem Kopf an die Wand rannte. Auch im Flur hing eine Funzel, was mein Vater eigentlich schon als Verschwendung ansah. Wenn man zu Bett ging, wurde einem ein solcher Apparat in die Hand gedrückt. Kerzen gab es nur für große Gesellschaften.

Elektrisches Licht bekamen wir im Jahre 1923. Es war eine große Aufregung. Schon lange vorher waren Überlandleitungsmaste errichtet, ein Transformatorenhaus gebaut, im Haus Installationen vorgenommen und Lampen gekauft worden. Nun warteten wir voller Ungeduld auf den Anschluß an das Stromnetz. Es geschah nichts. Eine Nachbargemeinde wandte sich mit einem zornigen Telegramm an das Elektrizitätswerk. Die Antwort lautete: »Evang. Provinzialgesangbuch Nr. 7 Vers 6.« Dort las man:

>»Er wird nun bald erscheinen
>In seiner Herrlichkeit,
>Der alle eure Leiden
>Verwandeln wird in Freud.
>Er ist's, der helfen kann.
>Macht eure Lampen fertig
>Und seid fein sein genwärtig;
>Er ist schon auf der Bahn.«

Tatsächlich brachte dann auch einer der nächsten Bummelzüge den Monteur, der das Ortsnetz an die Stromverteilung anschloß.

Bei uns erwarb sich nur meine sechsjährige Schwester einigen Ruhm, indem sie durch das Haus rannte und gellend schrie: »Es brennt, es brennt!« Obwohl man sich eigentlich denken konnte, daß sie das elektrische Licht meinte, gelang es ihr, eine gelinde Feuerpanik auszulösen. Die plötzliche, strahlende Helligkeit war umwerfend. Wir hatten im allgemeinen 25kerzige Birnen. Eine Kerze war etwas weniger als ein Watt. Nur im Saal war in den großen Kronleuchtern eine hundertkerzige eingebaut, die aber ausschließlich für besondere Feste bestimmt war; sonst diente auch hier eine 25er. In den Schlafzimmern hatten wir 15kerzige Birnen; wir fanden sie wunderbar hell – im Vergleich zu den Funzeln.

Mit Licht wurde auch weiterhin eisern gespart. Nie durfte eine Lampe brennen, die nicht unbedingt erforderlich war, nie zwei Birnen eingeschaltet werden, wo zur Not auch eine

genügte. Niemand hatte eine Vorstellung, wie sich die Strom-
rechnung auf Licht- und Kraftstrom verteilte. Als mein Bruder
uns vorrechnete, daß es weniger als einen Viertelpfennig
koste, wenn eine 25er Birne eine Stunde brennt, hielten wir
ihn für einen Verschwender. Aber gespart wurde weniger nach
realen Gesichtspunkten als grundsätzlich und aus einer preu-
ßisch-spartanischen Lebensauffassung heraus.

Das WC war schon etwas vor der Elektrizität zu uns gekommen. Aber auch mit dieser wichtigen Neuerung wurde kein
Luxus getrieben. Es gab ein Dienstbotenklo im Kellergeschoß
und eines für Herrschaften im Parterre. Ein weiteres existierte
im ersten Stock, war aber nur durch das Zimmer meines Bruders zu erreichen und hatte außerdem keinen richtigen Was-
serdruck, so daß es ewig verstopft und sehr unappetitlich war.
Es gab immer wieder Brüche in der Leitung und böse Flecken
an der Hauswand. Die Schäden wurden so sparsam repariert,
daß der nächste Rohrbruch schon programmiert war. So kon-
zentrierten sich die menschlichen Bedürfnisse fast ausschließlich auf das Klo im Parterre.

Das ging ganz gut, solange wir allein waren. Hatten wir
jedoch Logiergäste, so überstieg der Andrang bei weitem die
Leistungsfähigkeit der Institution. Dazu kamen noch einige
erschwerende Momente. So gab es aus Sparsamkeit kein Klo-
papier. Vater lagerte sorgsam alte Zeitungen, bis die Drucker-
schwärze getrocknet war, und zerriß sie dann mit Hilfe eines
großen Lineals zu handlichen Rechtecken. Leider hatte das
grobe Papier die Eigenschaft, den Abzug zu verstopfen, so daß
häufig Reparaturen nötig wurden. Noch nachteiliger wirkte
sich die Gewohnheit des Hausherrn aus, die Jagdzeitschrift
»Wild und Hund« auf einem Schemel neben dem bewußten
Zeitungspapier zu lagern. Es war ungeheuer gemütlich, behaglich sitzend aufregende Jagdabenteuer zu lesen. Inzwischen
aber stauten sich vor der Tür weitere Anwärter auf den
begehrten Platz, bis Mutter kam und schalt oder die Warten-
den auf die Gebüsche im Park verwies. Ich selbst fürchtete

Vater

mich viele Jahre, an der Kette zu ziehen und die Spülung in Gang zu setzen. Ich war von der fixen Idee geplagt, hinter dem Badeofen stecke ein Einbrecher und werde mich angreifen, sobald das Wasser rauscht. Natürlich wußte ich, daß es Unsinn war, konnte mich jedoch von dieser albernen Angst nicht frei machen. Ich zwang mich, hinter den Badeofen zu schauen, fürchtete aber, da niemand zu sehen war, daß der Schurke lautlos den Ofen so umschlich, daß ich ihn nicht bemerkte. So verließ ich den Raum oft erst nach langem Zögern und ohne die gefährliche Kette zu ziehen.

Die heikelsten Situationen aber entstanden zwischen Vater und unserer Großmutter: Vater war sehr schamhaft und hielt es für unkorrekt, angesichts einer Dame den stillen Raum zu verlassen. Seine Schwiegermutter aber hatte bis dorthin einen ziemlich weiten Weg und dachte nicht daran, in ihr Zimmer zurückzukehren, wenn die Tür verriegelt war. Es war ja auch stets zu fürchten, daß ihr dann ein anderer zuvorkäme. So wartete sie vor der Tür des Kabinetts, daß der Platz frei werde. Vater nun, wenn er merkte, daß sie draußen stand, traute sich nicht hinaus, sondern versenkte sich keusch in einen weiteren Artikel der Jagdzeitung. Großmutter trippelte unterdessen aufgeregt vor der Tür auf und ab. Ihre Schritte verrieten dem belagerten Familienoberhaupt, daß die Bahn noch immer nicht frei war. Wenn niemand kam, der Oma ein wenig zur Seite lockte, konnte das lange dauern. Endlich schoß dann Vater mit wütendem Gesicht heraus und verschwand in seinem Arbeitszimmer.

Mit der Wasserversorgung gab es viel Sorgen. Im Keller lag ein ziemlich ergiebiger Brunnen, der durch eine Handpumpe genutzt und von dem später die gesamte Wasserleitung des Hauses gespeist wurde. Täglich pumpte Scholz mit der Hand in zwei große Bassins, die auf dem Dachboden standen. Aber das Wasser war von miserabler Qualität. In dem Brunnen stank es, als ob ein toter Hund darin läge. Viele Jahre später wurde die Ursache entdeckt und beseitigt, aber da reichte das

Wasser bald nicht mehr aus, um das Haus zu versorgen. Das übelriechende Wasser konnte zum Waschen, Schrubben und für die Klosettspülung benutzt werden. Zum Trinken, Kochen und Zähneputzen war es ungeeignet. So fuhr der Nachtwächter alle zwei Tage mit einem Ochsen und einem zweirädrigen Wagen, auf dem ein Faß aus Zinkblech montiert war, in den Wald – genauer zu einem kleinen Feldgehölz, das wegen des nahen Friedhofs die Toten-Erlen hieß. Dort pumpte er das Faß voll mit erstklassigem Wasser, während der Ochse mit seinem kotigen Schwanz faul nach den Bremsen schlug. Der Wasserwagen wurde dann in der Nähe des Kellereinganges abgestellt und das Wasser in Blechkannen ins Haus getragen.

Waschwasser lief kalt aus drei Hähnen, in jedem Stockwerk einer, Anschlußwaschtische waren unbekannt; warmes Wasser aus der Leitung schien uns eine Form der Verweichlichung zu sein, durch die schon der Untergang von Babylon und Rom verursacht worden war. In jedem Schlafzimmer stand ein Waschtisch, meist mit einer Marmorplatte gedeckt und mit einer Kommode kombiniert. Dazu gehörten eine große porzellanene Waschschüssel und eine kleine fürs Händewaschen, eine schwere Wasserkanne aus dem gleichen Material und eine gläserne Karaffe für das gute Wasser. Abends stellte das jeweils zuständige Dienstmädchen eine kleine Emaillekanne mit warmem Wasser dazu, ebenso morgens für die sich rasierenden Herren. Sonnabends und manchmal wohl auch unter der Woche wurde eine flache Zinkblechwanne von anderthalb Meter Durchmesser vor den Waschtisch gestellt. In die trat man hinein und seifte sich gründlich ab. Den Rest des warmen Wassers konnte man sich als Dusche übergießen, ohne daß der Fußboden bespritzt wurde. Es gab auch Sitzbadewannen aus Zinkblech, in denen aber kein vernünftiger Mensch sitzen konnte, und wenn sich ein Erwachsener hineinstellte, brach der Boden durch. Für eheliche Schlafgemächer gab es zudem Bidets, eine sanitäre Einrichtung, deren Geheimnis mir bis heute nicht recht klargeworden ist.

Wie war es nun mit dem Baden? Hierüber gab es sehr unterschiedliche Ansichten. Kinder, solange sie in die Kinderbadewanne paßten, wurden einvernehmlich mindestens einmal in der Woche gebadet. Diese Badewanne stand auf einem hohen Untersatz und wurde mit Wasser aus dem Küchenherd gefüllt. Spätestens im Alter von vier Jahren waren wir ihr entwachsen. Im Herrschaftsklo stand eine Badewanne mit einem Badeofen – demselben, hinter dem ich den Schurken vermutete. Man konnte den Ofen mit Holz heizen, und dann lieferte er eine Wanne nach der anderen voll heißen Wassers; es war am wirtschaftlichsten, wenn die ganze Familie hintereinander badete. Mutter hielt ein solches Familienbad jede Woche, zumindest aber alle vierzehn Tage für wünschenswert. Vater hielt Baden für verwerflich; die alten Spartaner hätten es auch nicht getan – außerdem sei es zu teuer. So kam es immer wieder zu Kompromissen; Mutter ließ sich nicht so einfach unterkriegen. Es wurde also gebadet, aber selten, sehr selten – und wenn der Badeofen defekt war, dauerte es ewig, bis er repariert wurde. Im Kellergeschoß stand noch eine große Zinkbadewanne, die zweifellos für Menschen gebaut war, nämlich für die Dienstmädchen. Ob sie tatsächlich zum Baden verwendet wurde, entzieht sich meiner Kenntnis. Wenn es geschehen sein sollte, dann sicher ohne Wissen meines Vaters. Und auch mir hat man nichts davon gesagt, schon damit ich nicht in Versuchung käme, durch irgendwelche Schlüssellöcher zu gukken.

Zur Heizung des Hauses dienten Kachelöfen – in jedem Zimmer einer –, die mit Holz, Steinkohle und Braunkohlenbriketts geheizt wurden: Holz zum Anheizen, Kohle zur schnellen Erwärmung und Briketts für nachhaltige Temperatur. Natürlich wurde auch mit dem Heizmaterial gespart. Vater war der Ansicht, daß 14 Grad Reaumur als Zimmertemperatur ausreichten. Das waren 17,5 Grad Celsius. Als man später von Reaumur- auf Celsiusthermometer überging, versuchte er bei 14 Grad Celsius zu bleiben, aber das wurde dann auch ihm zu knapp. Es war klar, daß nur die Zimmer geheizt wurden, die man wirklich brauchte. Welche das waren, war ein Gegenstand vielfältiger Dispute und wurde nie endgültig geklärt. Drei Wohnzimmer wurden aber doch fast immer geheizt. Wenn wir Kinder im Hause waren, war es auch in unseren Zimmern schön warm. Am wärmsten war es natürlich im Kellergeschoß, wo sich niemand um Sparverordnungen kümmerte. In den dreißiger Jahren wurde dann eine kleine Etagenheizung eingebaut, die den Teil des Hauses heizte, der gebraucht wurde, wenn weder Kinder noch Gäste anwesend waren.

In der Küche stand ein mächtiger Kachelherd mit angebautem Backofen und einem großen Becken für warmes Wasser. Er war fast pausenlos in Betrieb und unterstand der souveränen Herrschaft von Mamsell, einer der wichtigsten Personen meiner Kindheit, ja fast meines ganzen Lebens. Vor dem Herd stand eine lange Holzbank, die für die Abwaschwannen reserviert war. Das schmutzige Wasser wurde in ein Becken am Hausbrunnen gegossen. Während ich das schreibe, kommt mir die Vermutung, daß ich die Ursache für den Gestank im Brunnen gefunden habe. Damals habe ich mir keine Gedanken darüber gemacht.

Es gab einen Arbeitstisch, verschiedene Schränke und den großen Eßtisch, an dem die Mädchen aßen und der beim Schlachten und Backen als zusätzlicher Arbeitstisch diente. Kühlschrank und Kühltruhe ruhten noch im Schoß der Zukunft. Die Vorratswirtschaft mußte sich andere Konservierungsmethoden einfallen lassen. Dazu diente unter anderem die Räucherkammer, die sich auf dem Dachboden befand. Der Rauch wurde in einem Spezialofen mit schwelenden Sägespänen – Wacholder hatten wir nicht – im Keller erzeugt. Auf der Reise bis unter das Dach kühlte er ab, was wichtig für die Qualität der Würste, Schinken und Speckseiten war.

Auch elektrische Plätteisen hielten verhältnismäßig spät Einzug in unsere Hauswirtschaft. Für kleinere Bügelarbeiten wurde ein Bolzen ins Herdfeuer gelegt, bis er glühte, dann mit

einem Haken herausgefischt und in den Hohlraum eines Plätt-
eisens befördert, während ein zweiter Bolzen ins Feuer kam.
Bei großer Wäsche wurde der Plättofen geheizt. Auf dessen
schräger Platte standen sechs massive Bügeleisen, die immer
wieder ausgewechselt wurden.

Eine Errungenschaft der Technik muß noch erwähnt werden: Es gab einen Speiseaufzug von der Küche zum Eßzimmer, der im Handbetrieb an Seilen bewegt wurde. Man pustete
im Eßzimmer in ein Rohr, was in der Küche einen mißtönen-
den Pfiff erzeugte. Ein Pfiff hieß: Der nächste Gang kann serviert werden. Zwei Pfiffe bedeuteten, daß ein Gespräch durch
das Rohr geführt werden sollte. Mamsell nannte die Pfiffe
»fauchen« und mochte sie nicht. Selbstverständlich konnte
nur von oben nach unten, nicht umgekehrt »gefaucht« werden. Damit waren die technischen Einrichtungen des Hauses
erschöpft. Wenn man sie mit den heutigen vergleicht, versteht
man vielleicht besser, warum wir so viele Dienstboten brauchten.

Die Hauswirtschaft

Für die Versorgung des Haushalts standen vier Hausange-
stellte – schlicht Mädchen genannt – fest zur Verfügung: Zwei
Stubenmädchen, von denen eines bei Tisch servierte und das
andere meine Mutter persönlich bediente, ein Küchenmädchen und, als Rangälteste, Mamsell. Mamsell war als alte Jung-
fer zur Welt gekommen, war aber gleichwohl oder gerade deshalb von äußerster Vortrefflichkeit. In der Küche herrschte sie
unumschränkt, hatte aber auch gegenüber den Stubenmädchen gewisse disziplinarische Rechte, die durch Gewohnheit
leidlich fest umrissen waren. Die Stubenmädchen mußten täglich alle benutzten Zimmer aufräumen, ausfegen und Staub
wischen. Es wurde ja auch eine Menge Schmutz hereingetragen, da es in Hof und Park kein Pflaster gab und niemand auf
den Gedanken kam, die Schuhe zu wechseln, wenn er von
draußen hereinspazierte. Putzen und Kochen waren die täglichen Arbeiten. Beim Abwasch half die Jung Emma, die sonst
Hühner und Schweine besorgte.

Darüber hinaus wurde der Haushalt durch zahlreiche Son-
derarbeiten in Atem gehalten. Die zeitraubendste war die
Wäsche. Wäsche hörte eigentlich nie auf, obwohl nur alle vier
Wochen gewaschen wurde. Die Waschküche befand sich im
früheren Herrenhaus, wo auch Scholz wohnte. Am Waschtag
kamen zwei bis drei Arbeiterfrauen, geführt von der Heinzen,
die unter ihnen den höchsten Rang bekleidete. Der Waschkes-
sel wurde angeheizt, und im Nu dampfte und brodelte alles in
feuchtem Nebel. Schmutzwäsche wurde in großen Körben
hereingetragen, und bald hörte man ein schauriggellendes
Gelächter, mehr ein Geheul: die Heinzen »lachte in die Unter-
hosen«. Das war unbedingt nötig, damit es gutes Wetter zum
Trocknen der Wäsche gab. Die Heinzen nahm eine der langen
Männerunterhosen aus der Waschbütte, versenkte ihr Haupt

in die Gegend, wo sonst die Hinterbacken des Besitzers ruhten, und stieß dann das erwähnte Geheul aus.

Die Frauen standen den ganzen Tag über an den hölzernen Waschbütten, die wir »Schäffer« nannten, und rubbelten die Wäsche auf blechbeschlagenen Waschbrettern in der aus Kernseife und Chemikalien fabrizierten Waschlauge. Wenn sie dann gespült war, kam sie wieder in die Körbe und wurde per Schubkarren zum Trocknen nach dem Wäscheplatz gefahren. Der lag zweihundert Meter von der Waschküche entfernt, auf der entgegengesetzten Seite des Hofes. Es war sehr unpraktisch; ein paar Pfähle zum Aufspannen der Wäscheleinen hätte man leicht in der Nähe setzen können. Zwanzig Jahre später geschah es auch, aber vorerst hielt man nicht viel von Veränderungen, und das Wort Rationalisierung gelangte erst während des Krieges in unseren Sprachschatz. Wenn die Sonne schien und der Wind blies, konnte die Wäsche oft noch am gleichen Tag abgenommen und ins Haus gefahren werden. Aber wehe, wenn es längere Zeit regnete oder wenn Frost herrschte. Dann mußten die Wäschekörbe auf den Dachboden geschleppt werden, und oft dauerte es Wochen, bis das Zeug trocken war. Der nächste Akt war dann das Bügeln. Ein großer Teil der Wäsche, die Kragen, Hemden, Schürzen und auch Tischwäsche, wurde gestärkt, wobei der Grad der Steifheit, die man den Sachen verlieh, sehr unterschiedlich war. Es war eine ganze Wissenschaft, die richtige Brühe herzustellen, die Sachen darin zu baden und dann so zu plätten, daß es keine Falten gab.

Bett- und Küchenwäsche, auch Handtücher, wurden gerollt. Dazu diente die Rolle, ein etwa 3 Meter langer, mächtiger Holzkasten, der mit Steinen gefüllt war und durch eine von Hand betriebene Kurbel auf zwei Rundhölzern hin- und hergerollt wurde. Die Wäsche wurde um die Rundhölzer herumgelegt – geschützt durch ein Filztuch – und auf diese Weise schön glattgemacht. Beim Bügeln und Rollen wurden alle reparaturbedürftigen Stücke aussortiert und kamen in den

Der Autor und seine Mutter

Flickkorb. Flickkörbe wurden fast nie leer. Jedes Loch, und es gab viele Löcher, wurde sorgfältig gestopft oder geflickt. Ein Strumpf oder ein Handtuch mußten schon morsch und wie ein Sieb durchlöchert sein, bis sie weggeworfen wurden. Brauchbare Teile wurden dann noch herausgeschnitten und als Flikken verwendet. So war meist schon die nächste große Wäsche fällig, ehe die Flickerei, die übrigens meist von der Hausfrau besorgt wurde, beendet war.

Viel Arbeit machte die Konservierung von Obst und Gemüse. Ob es in der Stadt im Winter dergleichen zu kaufen gab, weiß ich nicht. Bei uns wurde nichts gekauft, außer manchmal ein paar Apfelsinen. Die erste Banane habe ich mit achtzehn Jahren gegessen. Obst und Gemüse aller Art wurde reichlich geerntet. Aber es kam darauf an, es durch den Winter zu bringen.

Das feine Gemüse wurde eingeweckt: grüne Bohnen und Erbsen, Karotten und mit geringem Erfolg Spargel. Dann saßen die Mädchen nachmittags vor der Küchentür und paalten Schoten aus oder schnitten den kleinen grünen Bohnen die Köpfe ab und zogen ihnen die Fäden (Züchtungen ohne die lästigen Fäden gab es noch nicht). Das war eine gemütliche Arbeit, bei der viel geschwatzt und gelacht wurde. Oder es wurden Kirschen entsteint, Erd- und Stachelbeeren von Blütenresten gereinigt, Johannisbeeren mit einer Gabel von der Rispe abgestreift, Pflaumen entkernt, Birnen und Pfirsiche geschält, Blau- und Himbeeren von den Blättern gereinigt, die beim Pflücken in den Korb gefallen waren. Das alles »kam in den Weck« und füllte lange Reihen von Gläsern in den Regalen der Vorratskammer.

Schnittbohnen wurden geschabbelt und in großen Tontöpfen eingesalzen, Kraut wurde gehobelt und in Fässer eingestampft. In dem niederen Gewölbe unter der Veranda entstand eine mächtige Pyramide von Weiß-, Rot- und Wirsingkohlköpfen, die mit Erde leicht abgedeckt wurden und sich fast bis zur neuen Ernte hielten. Daneben befand sich ein ähnlicher Haufen von Mohrrüben. Äpfel und Birnen wurden in Regalen in der Apfelkammer gelagert, die sich im Nebenhaus befand. Sie mußten regelmäßig durchgesehen, die reifen verbraucht, angefaulte weggeworfen werden. Die Äpfel mußten reichen, bis es wieder frisches Obst gab; wir hatten Sorten, die bis in den August hielten.

Fast alle Wege des Gutes waren von Pflaumenbäumen eingefaßt, die reichlich ordinäre und sehr wohlschmeckende blaue Früchte trugen – in Süddeutschland würde man sie Zwetschgen nennen. 50 kg brachten 5 RM, wenn man sie verkaufen wollte. Die Alleen wurden daher an einen Händler verpachtet, der sie vermutlich zu günstigeren Bedingungen losschlug. Teil des Pachtzinses war ein »Auszug« von 350 kg; auch ein Teil unserer Äpfel kam daher, obwohl in unseren Alleen kaum welche wuchsen. Die Pflaumen waren die Grundlage für unsern wichtigsten Brotaufstrich, das Pflaumenmus. Sie wurden entsteint und dann in einem großen Kessel mit eigener Feuerung, der in eine Ecke der Küche gemauert war, viele Stunden lang gekocht. Die ganze Küche war dann in einen süßlich-feuchten Dampf gehüllt. Wenn man mit dem ruderähnlichen Rührholz in dem langsam zäher werdenden Brei herumwirtschaftete, wurde man von den heißen Schwaden fast verbrüht. Erst wenn das Mus fast schwarz und so fest war, daß man es schneiden konnte, wurde es in große Steintöpfe umgefüllt. Frisch und fest schmeckte es am besten, aber aus Sparsamkeit wurde es vor dem Verzehr meist mit Wasser aufgekocht – es gab dann mehr aus. Pflaumenmus durfte jeder essen, soviel er wollte. Man durfte es zwar nicht zu dick aufstreichen oder gar ohne Brot essen, aber als Aufstrich war es nicht rationiert und stand stets für die zahllosen Schnitten zur Verfügung, die in unsern stets hungrigen Kindermägen verschwanden.

Butter dagegen war begrenzt auf eine Kugel, später zwei pro Nase. Die Kugeln wurden von Mamsell gerollt und abgezählt; ihre Größe variierte mit Mamsells Laune. Feine Marmeladen oder Honig kamen in winzigen Schüsselchen auf den Tisch. Nachlieferungen waren so undenkbar wie Mitternachtssonne. Wenn wir dann munter die kleine Schüssel leergekratzt hatten, pflegte Vater, der sehr langsam aß, plötzlich zu sagen: »Darf ich auch mal um die Marmelade bitten.« Er wußte längst, daß keine mehr da war, wollte aber unsere Unbescheidenheit strafen, und es gelang ihm. Entsetzt mußten wir bekennen, daß die Schüssel leer war und wir unsern Ernährer um das ihm zustehende Quantum geprellt hatten. Er trug sein Unglück mit heldisch-sauertöpfischer Miene, war aber durch nichts zu bewegen, beim nächsten Mal rechtzeitig Marmelade zu nehmen.

Mit Obst und Gemüse war die Vorratshaltung keineswegs erledigt. Kartoffeln lagen in Mieten, Mehl und Zucker in einer Kiste oder in großen Säcken in der Vorratskammer und verursachten wenig Arbeit. Der Zucker wurde übrigens von der Fabrik, an die wir unsere Rüben verkauften, zum Selbstkostenpreis geliefert. Die Fleischversorgung und -konservierung verursachte dagegen viel Mühe und Arbeit. Fleisch zu kaufen galt als ein Eingeständnis hausfraulicher Untugend und kam nur in ganz seltenen Ausnahmefällen in Betracht. Die Vorratshaltung war nicht einfach. Wenn es im Winter mal ordentlich fror, zog die Belegschaft zum Hofteich, um Eis einzufahren. Eisblöcke wurden mit der Säge geschnitten und auf Bretterwagen verladen. Über eine Rutsche donnerten sie dann hinab in die Tiefen des Eiskellers. Ein Eiskeller befand sich im Park, ein weiterer, mehr ein Loch mit Strohdach, hinter dem Schafstall. Dieser diente vorwiegend zur Kühlung des Biers, das in der kleinen Gastwirtschaft, die zum Betrieb gehörte, von einem Pächter ausgeschenkt wurde.

Auf dem »Gipfel« des Eiskellerhügels im Park legten wir unsern Tierfriedhof an. Tote Tiere, die man nicht essen kann, muß man begraben: Das ist eine Urüberzeugung aller Landkinder. Der aufgeschüttete Eiskellerberg eignete sich vorzüglich zum Anlegen von Gräbern, weil es keine störenden Wurzeln gab. So beerdigten wir hier eine ganze Sammlung kleiner Tiere. Halbierte Dachziegel dienten als Grabsteine; es sah sehr würdig aus. Nur Vater hatte mal wieder etwas dagegen. Er machte sich zwar keine großen Sorgen, daß durch das Aas die Vorräte im Keller leiden könnten, fürchtete aber - vielleicht mit Recht -, daß durch unsere Buddelei die Erddecke des Kellers immer dünner werden und an Isolierfähigkeit verlieren würde. Kein Bitten half. Uns wurde ein anderer Begräbnisplatz zugewiesen. Die übelriechenden Reste von zwei Kaninchen, einem Eichhörnchen, zwei Gösseln, einer Kohlmeise und drei Ratten wurden exhumiert und in feierlichem Zuge per Bollerwagen nach ihrer neuen Ruhestätte geleitet. Diese blühte und gedieh dann viele Jahre und beherbergte die Kadaver zahlreicher weiterer Tierchen, bis Sepp, der Dackel, sich als Grabräuber betätigte, ein paar ausbuddelte, sich den Magen daran verdarb und scheußliche Haufen in das Wohnzimmer spie. Da wurde der Friedhof eingezogen.

Im Eiskeller konnte man frisches Fleisch, vor allem Wild, im Sommer einigermaßen kühl lagern. Aber sehr lange durfte es nicht liegen, denn so kalt war es wiederum nicht, und außerdem war spätestens Ende August alles Eis weggetaut. Nebenher, aber äußerst selten diente dieser Eisvorrat zur Herstellung der köstlichsten Nachspeise unserer Kinderzeit: Vanilleeis oder Familieneis, wie es meine Schwester nannte. Zu diesem Zweck wurde ein Klumpen Eis in kleine Stücke geschlagen und in eine Eismaschine gefüllt, in deren Mitte der Topf mit der Creme stand. Mit einer Kurbel wurden dann schnelle Drehungen erzeugt und so lange fortgesetzt, bis die Creme sich auf geheimnisvolle Weise versteifte und schließlich als ein fester Körper in die gute Kristallschüssel gekippt werden konnte. Ach, wie gut das schmeckte! Nur war immer zuwenig davon da!

Natürlich reichte der Eiskeller nicht, um unsere Fleischversorgung zu sichern. Fleischspender Nr. 1 war das Schwein. In jedem Winter wurden zwei bis vier Schweine geschlachtet und konserviert. Über das Gewicht dieser Schweine gab es immer neue Dispute zwischen den Eltern. Der sparsame Vater sagte sich »Schwein bleibt Schwein« und wollte am liebsten ganz leichte Tiere, deren Fleischqualität er rühmte. Mutter hatte zwar auch ganz gern Schweine mit wenig Fett, liebte aber doch Masse mehr als Qualität. So wogen die Schlachttiere meist um die drei Zentner. Erst im zweiten Weltkrieg wurde volle Einigkeit zwischen den Ehepartnern erzielt: Man nahm ein Vierzentnerschwein und ließ es für die Behörde zwei Zentner wiegen.

Am Schlachttag erschien bei guter Zeit der Fleischermeister Ludwig aus Zöbelwitz und begab sich zum Stall. Das Opfer wurde herausgeholt und mit einer umgekehrten Axt so lange auf die Stirn geschlagen, bis es tot oder doch so weit betäubt war, daß man ihm die Halsschlagader durchschneiden und das Blut abzapfen konnte. Das war eine ziemlich böse Prozedur. Das Schwein quiekte ganz jämmerlich, und oft gelang es ihm, zu entkommen; dann mußte es, schon halbtot, mühsam wieder eingefangen werden. Vater, der einmal hinzukam, war entsetzt. Er gab dem Fleischer seinen alten Revolver, und fortan wurden die Schweine bei uns ehrenvoll erschossen. Warnungen der Fachleute, sie würden dann nicht richtig ausbluten, wurden von Vater mißachtet und erwiesen sich auch als Unsinn. Nur wir waren etwas traurig, denn der Kampf mit dem quiekenden Schwein, die kreischenden Weiber und fluchenden Männer waren immerhin ein schönes Theater gewesen.

Nun kam das Schwein in den Brühtrog, wurde mit heißem Wasser begossen und rasiert. Dann wurde es ausgenommen und aufgehängt, um auszudünsten.

Der zweite Schlachttag war der nahrhaftere. Morgens in der Küche regierte Mutter wie Blücher an der Katzbach. Meister Ludwig teilte das Schwein nach ihren Weisungen in seine kulinarischen Bestandteile, während um den großen Küchentisch alles saß, was ein Messer halten konnte, um Fleisch und Fett in kleine Würfel zu zerschneiden. Nach strengen Grundsätzen – ich bin heute noch von ihrer universellen Gültigkeit überzeugt, ohne sie genauer zu kennen – wurden große Blechwannen mit der Grundsubstanz für Blut- und Leber-Kochwurst, Dauerleberwurst sowie feine und grobe Cervelatwurst gefüllt, während Braten und Schinken seitwärts gestapelt, gepökelt oder eingeweckt wurden. Dann griff Meister Ludwig zum Wursttrichter und füllte mit faszinierender Geschwindigkeit sauber gewaschene Därme zu prallen Würsten. Sorgfältig mit einem hölzernen Speil verschlossen, lagen sie wie die Zinnsoldaten in einem flachen Korb nebeneinander. Inzwischen brodelte bereits das Wasser im Wurstkessel, demselben, in dem wir das Pflaumenmus kochten, und bald waren die ersten Würste fertig, ebenso die Wurstsuppe, das Wasser, in dem sie gekocht worden waren und in das Kartoffelscheiben hineingeschnitten wurden. Sie schmeckte vorzüglich und wurde kannenweise verschenkt. Als erstes waren in dem Wurstkessel natürlich das Fleisch und das Fett gekocht worden, das wir nachher in Streifen schnitten.

Das frische Kochfleisch hieß Wellfleisch und war die Leidenschaft der Schlesier. Manche unserer Arbeiter aßen das ganze Schwein mit Freunden und Nachbarn an einem einzigen Abend als Wellfleisch auf. Das lag allerdings auch daran, daß sie wenig Konservierungsmöglichkeiten hatten. Bei uns wurde Wellfleisch nur ganz wenig gegessen, aber auch die Brühe zum Mittagessen schmeckte mit einem tüchtigen Klacks Kartoffelbrei darin ganz prächtig. Weil Mutter diese Brühe lieber aß, bekamen wir meist keine Wurstsuppe.

Wichtig ist noch die Sache mit dem Schweineschwänzchen. Es wurde mit einer Sicherheitsnadel versehen und einem Besucher der Küche – möglichst dem prominentesten – heimlich an die Rückseite geheftet. Wenn der dann mit dem Schwänzchen hinten über den Hof ging, starben alle vor Lachen. Vater erschien nie beim Schlachten in der Küche. Vielleicht deshalb.

Schinken, Kasseler, Rippchen und dergleichen waren inzwischen im Pökelfaß verschwunden. Wenn die Würste im großen Fremdenzimmer zum Trocknen auf Stangen gefädelt und über zwei Stuhllehnen aufgehängt waren, war der große Tag vorüber. Nur an der Aufwaschbank schrubbten Küchenmädchen und die Jung Emma noch lange fettige Töpfe, Schüsseln und Geräte.

Es wurde nur im Winter geschlachtet. Im Sommer wäre das Fleisch verdorben. So mußten die Vorräte etwa bis November

Die Tränke vor dem Kuhstall

reichen. Sie wurden sorgfältig eingeteilt; erst wurde die leichter verderbliche Ware gegessen, die haltbarere später. Im Sommer gab es mal ein Huhn und dann Wild; Rehe wurden wenig geschossen, und Niederwild gab es erst im Oktober. Auch Puten, Enten und Gänse wurden erst im Winter schlachtreif. So wurde manchmal der Fleischvorrat knapp. Ohnehin gab es oft fleischloses Mittagessen, und die Portionen waren lächerlich klein. Ein Fasan reichte für vier bis fünf Personen, ein Hase für acht. Wenn besondere Mangellagen eintraten, wurde ein Hammel geschlachtet. Es gab im Schafstall fast immer ein Tier, das sich dazu eignete, und man konnte es so schnell verbrauchen, daß nichts verdarb. Vater zog dann zwar ein schiefes Gesicht, denn er hätte das Vieh lieber verkauft, aber es war ihm doch lieber, als wenn beim Fleischer gekauft werden mußte.

Der Abrechnungsmodus zwischen den Eltern hatte seine eigenen Gesetze: Vater hatte die Kasse des Betriebes, Mutter

alles private Geld mit Ausnahme von ein paar Mark, die Vater
für seine persönlichen Bedürfnisse aus der Betriebskasse
nahm. Das Bargeld, das der Familie zur Verfügung stand,
stammte ausschließlich aus Vaters Offizierspension. Der
Betrieb lieferte lediglich alle Naturalien. Er zahlte auch die
Löhne des Gärtners und der Gartenfrauen, während Mutter
unbekümmert die Erlöse aus dem Verkauf von Obst und
Gemüse einstrich. So hatte ihre vielgepriesene Sparsamkeit
ein paar Hilfsquellen. Dennoch führte sie mit sehr geringen
Mitteln einen angenehmen und ziemlich breiten Haushalt.

Mit dem Essen wurde kein Luxus getrieben. Es ging etwa
nach dem Grundsatz »viel aber billig«. Morgens Körnchenkaffee, immer Körnchenkaffee. Frau Scholz brannte ihn aus
selbsterzeugter Gerste in einer Eisentrommel, die in offenem
Feuer gedreht wurde. Kinder bekamen warme Milch, meist
mit Haut, vor der es uns ekelte. Hänschen, der Ziehbruder,
hatte in seiner Wohlerzogenheit einmal gesagt, er esse Haut
ganz gern. Daher bekam er jahrelang die Milchhaut der ganzen Familie, bis ihm einmal schlecht wurde.

Zum zweiten Frühstück wurde erneut gedeckt. Es gab eine
Milchsuppe und ein Stück Brot mit Schweineschmalz. Mittags
fingen wir mit einer Suppe an – na ja, wie Suppen damals eben
waren, nichts von Ochsenschwanz oder Haifischflossen. Das
Hauptgericht war zwei- bis dreimal in der Woche fleischlos:
Salzkartoffeln und Gemüse in einer Mehlschwitze. Diese
Mehlschwitzen verdarben jeden Geschmack, waren aber
nahrhaft. Wenn es Fleisch gab, zauberte Mamsell aus den
kleinsten Braten mit Hilfe von reichlich saurer Sahne köstliche
Bratensoßen in unbegrenzter Menge, und so schmeckten die
Salzkartoffeln auch ohne große Bratenstücke.

»Schlesisches Himmelreich« durfte natürlich nicht fehlen.
Wir stellten uns den Himmel freilich anders vor, zumindest
anders als die bei uns übliche Version dieses Gerichtes. Es gibt
nämlich verschiedene Möglichkeiten der Zubereitung. Wohl-
schmeckend, aber aufwendig ist allein die Kombination von

Schweinebraten und Sauerkraut zu den obligaten Kartoffel-
klößen. Sauerkraut ohne Schweinebraten ist noch eßbar.
Bei uns aber herrschte der Aberglaube, daß es im Himmel
Backobst geben müsse. Das Backobst – meist Pflaumen, aber
auch ein paar Schnitzel von Äpfeln und Birnen – wurde in
Wasser aufgekocht und sollte mit den Klößen gegessen werden. In Zeiten relativen Wohlstandes gab es leicht angebrate-
nen fetten Speck dazu. Man konnte sich streiten, ob das Schlesische Himmelreich mit oder ohne Speck schlimmer war.
Große Freude herrschte dagegen, wenn eine Apfelcharlotte
auf den Tisch kam: Apfelscheiben mit geriebenem Brot in
einer Auflaufform gebacken, kalte Milch und viel Zucker darüber, nicht teuer und doch ein Genuß. Wir bekamen auch
davon stets zu wenig.

Immer gab es einen Nachtisch: Kompott oder »Speise«, also
Grießflammeri, Pudding aus der Tüte – Oma hatte eine
Bekanntschaft mit Dr. Oetker und bekam reichlich Pudding-
pulver geschenkt –, bestenfalls eine rote Grütze, die aber in
Wahrheit nur ein rot gefärbter Grießpudding war.

Zur Vesper verzehrte man in einer gemütlichen halben
Stunde das gleiche wie beim Frühstück. Abends gab es Brot,
Butter und reichlich Aufschnitt sowie richtigen Tee. Vorher
aber wurde ein warmes Gericht serviert, »damit ihr nicht so
viele Schnitten futtert«. Das konnten Bechamelkartoffeln
sein, auch Milchreis oder Nudeln, beides mit Apfelmus. Unser
Leibgericht hatte Großmutter Tiedemann aus Westpreußen
mitgebracht: Buttermilch und Speckkartoffeln. Das sind
gekochte Kartoffeln, gerührt oder gestampft, mit reichlich
gebratenen Speckstückchen darin. Buttermilch wurde darüber
gegossen, und dann löffelte man das Ganze aus einem Sup-
penteller. Eine Stunde nach dem Abendessen wurde dann
meist noch eine Schale mit frischem Obst auf den Familien-
tisch gestellt, natürlich mit Obsttellern, Messern und Fin-
gerschalen.

Beim Mittag- und Abendessen stand das Mädchen in

schwarzem Kleid und weißer Schürze an der Anrichte, reichte die Schüsseln herum und goß auf Anforderung aus der großen Glaskaraffe frisches Brunnenwasser ein, unser einziges Getränk. Bei allen Mahlzeiten standen unsere Teller unter elterlicher Aufsicht. Unbescheidenheit wurde, wenn wir unter uns waren, mit scharfen Worten, mit noch schärferen Blicken bei Anwesenheit von Gästen geahndet. Dasselbe galt für »Kiesätigkeit«, das heißt, wenn wir nicht oder zuwenig von einem Gericht nahmen, das wir nicht mochten.

Die Gutswirtschaft

Das Gut hatte eine Gesamtfläche von ca. 300 Hektar oder 1200 Morgen. Ich werde in meinem Bericht von Morgen sprechen. 600 Morgen waren Acker, 500 Wald und der Rest Wiese; dazu kamen ein paar kleine Teiche, der Hof und der Park. Es war eines der kleinsten Güter in der Umgebung. Als mein Urgroßvater es kaufte, sagte sein Schwager, der als Hugenotte noch vorwiegend französisch sprach: »Il a toutes les qualités d'un bijou: c'est petit, joli et cher.« Mit 75.000 Preußischen Talern war es 1847 wirklich recht teuer gewesen, aber der Urgroßvater wollte es gern haben, weil seine Verwandten sich schon in der Nachbarschaft eingekauft hatten.

Nach der Bauernbefreiung wechselten in Schlesien viele Güter ihre Besitzer. Aber auch später wurde viel verkauft und gekauft. Von neunzig Gütern im Landkreis Glogau waren nur ganz wenige länger im Familienbesitz als unseres. Viele Besitzer »lebten über ihre Verhältnisse«. Das wäre nicht so schlimm gewesen, wenn sie richtig gewirtschaftet hätten. Aber da die Väter bis zu ihrem Tode die Verantwortung nicht abgaben, gingen die Erben in den Staatsdienst. Wenn der Erbfall eintrat, waren sie oft 50 bis 60 Jahre alt, hatten von Landwirtschaft keinen Schimmer und ließen den Inspektor weiterwursteln, der schon ihren Vater betrogen hatte. Sie hatten noch Hypotheken zur Abfindung von Geschwistern aufzunehmen, und bei der nächsten Agrarkrise war es dann soweit: Mit den restlichen paar Talern zog man in die Stadt. Das leicht verwahrloste Schlößchen übernahm ein neuer, meist bürgerlicher Eigentümer, dessen Familie, wenn alles gut ging, innerhalb von drei Generationen geadelt wurde und pleite machte.

Sicherlich ist diese Schilderung stark vereinfacht. Eine zuverlässige Darstellung bedürfte genauen Studiums der Einzelheiten, würde aber in jedem Fall unterschiedliche Komponenten aufweisen. Interessant bleibt, daß nicht mehr als zwanzig Prozent der Güter unseres Landkreises in adliger Hand waren. Nach dem Weltkrieg änderten sich die Verhältnisse grundlegend, teils weil das 100.000-Mann-Heer kaum Bedarf an Offizieren hatte und Beamtenstellungen schwerer als früher zu erreichen waren, vor allem aber, weil sich eine andere Einstellung zum Besitz und zur Arbeit darauf durchsetzte. Intensive landwirtschaftliche Tätigkeit gehörte nun zum guten Ton. Väter übergaben rechtzeitig ihre Betriebe an den Sohn, oder der Sohn arbeitete als Inspektor unter seinem Vater. Trotz böser Agrarkrisen wechselten zwischen 1918 und 1945 nur wenige Güter die Besitzerfamilie.

Im Gegensatz zu seinen Standesgenossen hatte unser Großvater gründlich Landwirtschaft gelernt, nur kurz seinen Militärdienst absolviert, und dann mit fünfundzwanzig Jahren schon das elterliche Gut übernommen. Er war kein brillanter Mann, nur unendlich fleißig und sparsam bis zum Geiz. Er übernahm den Betrieb schwer verschuldet, weil er mit seinen vier Geschwistern praktisch zu gleichen Teilen erbte, so daß ihm nur ein Fünftel gehörte. Als er 1916 starb, war das Gut schuldenfrei. Seine Frau hatte ihm wenig Mitgift, aber ein fröhliches Temperament und unermüdliche Arbeitskraft in die Ehe gebracht. Sie hatte an der Seite ihres schwierigen und etwas sauertöpfischen Gatten unverdrossen ausgehalten und ein von Kindern und Enkeln heißgeliebtes Zuhause geführt. Nie hatte sie auch nur einigermaßen genug Geld zur Verfügung gehabt.

Als ihr Mann starb, sah sie die große Chance, zu Geld zu kommen: 1916 waren alle landwirtschaftlichen Produkte bedeutend im Preis gestiegen, und die Preise kletterten immer weiter. Diese großartige Konjunktur galt es auszunützen. Großmutter »bildete Kapital« und verkaufte nicht nur die Vorräte, sondern auch einen großen Teil des Inventars. Pferde, überall knapp wegen des Kriegsbedarfs, wurden teuer verkauft, aber auch, bis auf geringe Reste, die Rinderstammherde,

Die Großeltern im Park

Schweine und Geflügel. Es war zum Heulen, aber Vater war an der Front und Mutter tat gut daran, keinen Krach mit der Schwiegermutter anzufangen. Als die alte Dame 1918 starb, sah es auf dem Gut aus, als ob die Russen es geplündert hätten. Das Geld verschwand in der Inflation.

Wenn Vater von 1919 bis 1923 unbedenklich die Chancen der Inflation ausgenützt hätte, wäre das Unglück zu heilen gewesen. Er tat einiges, kaufte Maschinen, wo er sie kriegen konnte, und Pferde aus Heeresbeständen. Aber zum einen gab es nicht alles zu kaufen – beispielsweise keine Kuhherde –, und zum anderen konnte von Vater mit Fug nicht die Gerissenheit professioneller Währungsgewinnler erwartet werden. So laborierte das Gut noch lange an den Wunden der letzten Kriegsjahre.

Es gab noch eine weitere Belastung: Vaters Schwester, unsere heißgeliebte gütige Tante, deren Mann schon 1914 gefallen war, hatte beim Erbfall eine Abfindung erhalten, die ihr ausgezahlt und von der Inflation aufgefressen worden war. Nun kam die Rentenmark und mit ihr die Aufwertung bestimmter Forderungen. Die Tante, der nichts ferner lag, als ihren Bruder auszupressen, kannte die Gesetze nicht und übergab die Sache einem Anwalt ihres Bekanntenkreises, ohne zu wissen, daß es der geschickteste Anwalt für Aufwertungssachen in ganz Berlin war. Unser Landadvokat wurde von ihm nach allen Regeln der Kunst ausmanövriert. Es gab keinen Prozeß – dazu war das Verhältnis zwischen den Geschwistern viel zu gut –, aber eine Kapitulation auf unserer Seite. Die Forderung wurde zu 100 Prozent aufgewertet, während gewöhnlich 30 bis 40 Prozent als gut galten.

Großvater hatte seinem Sohn nie etwas von Landwirtschaft erzählt. Obwohl er lange vor seinem Tode seinen Sarg nach Maß anfertigen ließ, bezahlte und beim Tischler deponierte, hat er anscheinend eine seltsame Scheu vor dem Tode gehabt. Jedenfalls durfte in seiner Gegenwart nie über Dinge gesprochen werden, die sich erst nach seinem Tode ereignen würden. So hielt er jeden Gedanken an eine landwirtschaftliche Ausbildung seines Sohnes und Erben für grobe Taktlosigkeit. Vater, der aus dem verlorenen Krieg tief deprimiert und physisch erschöpft nach Hause kam, wußte nicht mehr von seiner zukünftigen Aufgabe, als jedes Landkind mit der Muttermilch in sich aufnimmt. Da er außerdem einen charakterlich vortrefflichen Hansnarren als Inspektor erbte, standen seine Chancen zu Beginn nicht gut. Vater war ein hervorragender Offizier gewesen, leidenschaftlich verehrt von seinen Untergebenen. Aber eigentlich war er ein Gelehrter. Er besaß ein umfangreiches Wissen und viel eigenes Urteil, vor allem in Geschichte und Humanismus. Seine Pflichttreue, Selbstlosigkeit und Güte kamen ihm bei der Bewirtschaftung des Gutes mehr zu Hilfe als seine Geistesgaben, die eher in eine andere Richtung wiesen. Seine ganze Größe haben wir erst erfahren, als er alles verloren hatte.

Der Kern des Betriebes war die Ackerwirtschaft. Großvater hatte sich für den Wald überhaupt nicht interessiert. Er schlug nichts und pflanzte nichts. Nur ein paar Akazien hatte er angelegt. Daraus wurde das Brennholz geschlagen, das als Stockausschlag wieder nachwuchs. Für den Eigenbedarf wurden auch andere Bäume abgehackt, aber nicht für den Verkauf. Einmal allerdings gab es einen Kahlschlag, dessen Ertrag für eine Reise nach Rom benötigt wurde. Dieses Waldstück hieß dann »das römische Holz«. Wenn ich mir die Geschichte überlege, paßt sie nicht zu den Großeltern. Ich vermute, daß dafür eher mein Urgroßvater verantwortlich war; auch das Alter des inzwischen herangewachsenen neuen Bestandes würde dafür sprechen.

Der Wald bestand überwiegend aus schlecht gepflegtem, altem Kiefernbestand. Durch den Forstmeister der Landwirtschaftskammer beraten, lockerte Vater die zu dichten Altholzbestände auf, machte vorsichtig Kahlschläge, legte neue Kulturen mit gemischten Holzarten an und schuf im Laufe von zwei Jahrzehnten einen mustergültigen, wertvollen – heute würde man sagen: ökologisch gesunden – Waldbestand. Viel Geld hat er allerdings nicht herausgeholt.

Leben mußte der Betrieb vom Acker. Die Felder teilten sich in A- (Außen) und B- (Binnen) Schläge. Die Binnenschläge lagen in Hofnähe und hatten gute Böden, die Zuckerrüben und Weizen trugen. Die A-Schläge lagen meist weiter entfernt und etwas höher, am Rand unseres Talkessels. Diese Böden waren leichter und trugen Kartoffeln und Roggen. Gerste und Hafer beziehungsweise Gersthafer als Futtergemenge wurden auf allen Schlägen angebaut. Die Fruchtfolge auf den B-Schlägen war Rüben – Weizen – Gerste, auf den A-Schlägen Kartoffeln – Roggen – Gersthafer. Die Hackfrucht bekam jeweils Stalldünger. Zur Erholung der Felder wurden in nicht ganz regelmäßigen Abständen Brachen angelegt, auf den guten Böden mit Rotklee, der als Futter für den Kuhstall gebraucht wurde. Raps und Lein wurden nur mit geringem

Erfolg angebaut. Die einzelnen Schläge sollten dreißig Morgen groß sein, was aber nicht konsequent durchgeführt werden konnte, weil Lage und Bodenqualität vielfach kleinere Unterteilungen erforderten.

Die Arbeiter

Die Feldarbeit oblag im wesentlichen drei Arbeitsgruppen: den Gespannführern oder Ackerkutschern, den Freiarbeitern und Jungen und den »Weibern«. Die Gespannführer stellten in dieser Ordnung die Oberschicht dar. Jeder hatte zwei Gäule, »seine Pferde« zu betreuen. Auch unter den Gespannen – es waren immer vier oder fünf – gab es eine bestimmte Rangfolge, die mit den Ständen im Pferdestall zusammenhing. Die Ackerkutscher mußten morgens um vier im Stall sein, um zu füttern und zu putzen. Während die Pferde verdauten, hatten die Ackerkutscher noch eine Stunde Freizeit. Für diese Sonderleistung erhielten sie wöchentlich eine Zulage von 1,80 RM. Im übrigen hatten sie den gleichen Lohn wie alle Deputatarbeiter: freie Wohnung, Licht und Heizung, 28 Zentner Getreide und 60 Zentner Kartoffeln im Jahr, ein Viertel Morgen Gartenland, einen Liter Milch täglich sowie einen Stall für zwei Schweine, Hühner, Enten und Kaninchen, für die das Futter traditionsgemäß geklaut wurde. Es mag noch andere Leistungen gegeben haben, zum Beispiel Butter, aber die wichtigsten habe ich aufgeführt. Der Barlohn betrug 0,105 RM pro Stunde, die wöchentliche Arbeitszeit 60 Stunden. Diese Sätze blieben meiner Erinnerung nach etwa von 1924 bis 1945 unverändert. Sie waren nicht hoch, aber sie reichten zum Leben – vorausgesetzt, auch die Frau arbeitete, und da lag das Problem.

Die Gruppe der Freiarbeiter führte in aller Regel kein Gespann. Sie besaßen eigene Häuser im Dorf oder in der Nachbarschaft und erhielten kein Deputat. Ihr Lohn betrug

Die Arbeiter

0,35 RM pro Stunde. Vielfach erhielten sie nebenher und unter dem Preis kleinere Naturalien. Sie fuhren mit Ochsen oder arbeiteten mit Mist-, Heu- oder Getreidegabel, mit Schaufel, Spaten oder Hacke, wo sie gerade gebraucht wurden. Sie bedienten auch Drill- und Dreschmaschine und stellten später den Traktorfahrer, der dann allerdings Deputant wurde.

Die »Jungens« oder »Hofgänger« waren schulentlassene Söhne von Arbeitern, die im elterlichen Haushalt lebten. Sie waren besonders billige Arbeitskräfte, denn sie bekamen kein Deputat und je nach Alter und Leistung 20 bis 25 Pfennig pro Stunde, während sie fast ebensoviel leisteten wie die Freiarbeiter. Deshalb wurde in Arbeitsverträgen mit Deputanten nicht selten vereinbart, daß ein Hofgänger mitzubringen sei. Der Arbeitgeber konnte allerdings wenig oder nichts dagegen tun, wenn der junge Mann eines Tages »fortmachte«.

Die dritte Arbeitsgruppe waren die »Weiber«, meist Ehefrauen und Töchter der Arbeiter sowie die eine oder andere uneheliche Mutter, die auf eigene Faust leben mußte. Weiber (das war kein Schimpfwort) bekamen kein Deputat und einen Stundenlohn von 0,17 RM, der um 1934 auf 0,22 RM erhöht wurde. Sie arbeiteten 50 Stunden in der Woche und hatten ein schweres Leben. Sie mußten neben der Gutsarbeit ihren eigenen Haushalt führen, ohne Kühlschrank und Waschmaschine, ohne WC und Zentralheizung. Die Kinder waren zu versorgen, Schweine und Hühner zu füttern, der Garten zu pflegen und das Essen zu kochen. Anfangs hatten sie nicht einmal eigene Küchen; die richtete Vater ihnen ein, ebenso einen Kindergarten, der ihnen unentgeltlich zur Verfügung stand. Auch die Wohnungen wurden ausgebessert, und es wurde ein kleiner Einkaufsladen gebaut und verpachtet, der den Frauen den lästigen Weg ins Nachbardorf ersparte. Gleichwohl war der Arbeitstag dieser Frauen einfach zu lang, die Arbeit selbst vielfach zu schwer, nach unsern heutigen Begriffen ein sozialer Mißstand ersten Ranges.

Frauenarbeit war vielfältig: Rübenverziehen, Hacken und Jäten von Unkraut, Mistaufladen und -breiten; bei der Heuernte das Rechen und Fudermachen und das Einlagern des Heus auf dem Boden, bei der Getreideernte das Garbenbinden (solange das die Mähmaschine noch nicht besorgte) und wieder Fuderladen und Einlagern in der Scheune. Im Herbst wurden im Akkord Kartoffeln und Rüben geerntet, und im Winter standen die Frauen an der Dreschmaschine, gabelten die Garben von der Scheune auf den »Tisch«, legten sie in die Dreschtrommel ein und beteiligten sich am Abtransport von Stroh und Spreu. Im Winter waren die Arbeitszeiten bis zu drei Stunden täglich kürzer, da man auf das Tageslicht angewiesen war. Der Versuch, zum Ausgleich die Mittagspause abzukürzen, scheiterte an dem energischen Widerstand der Frauen, die diese zwei Stunden für Küche und Kinder brauchten.

Neben den für die Feldwirtschaft Verantwortlichen standen

einige Arbeiter, deren Tätigkeit sich auf dem Hof abspielte. Da war vor allem der »Schweizer«, der mit seiner Frau den Kuhstall versorgte, dann der Schäfer, der auch noch die Jungrinder betreute, der Stellmacher, der Gärtner (zugleich Förster), Emma, die Herrscherin über Hühner und Schweine, und schließlich, als Chef des Ochsenstalles, der alte Hoffmann.

Ich habe Hoffmann den Säufer nur als »Gefängnisurlauber« gekannt. Der juristische Hintergrund war mir unbekannt. Jedenfalls erschien er bei uns, blieb für drei Monate oder ein halbes Jahr und wanderte dann wieder mit einem Pappkarton, der seine Habseligkeiten enthielt, in Richtung Kittchen davon, um nach einigen Monaten ohne besondere Begründung wieder zu erscheinen.

Der Grund für seine Bestrafung allerdings war bekannt: Noch zu Großvaters Zeiten hatte er mit dem Heinze Gottlob, der damals die Kühe versorgte, einen Streit gehabt. Beide waren total besoffen gewesen; der alte Hoffmann hatte den Gottlob bei dieser Gelegenheit siebenmal mit dem Messer in den Bauch gepikt, was Gottlob ziemlich gut überstand. Gleichwohl gab es eine Anzeige und ein strenges Urteil mit langer Freiheitsstrafe. Die Rückkehr des Delinquenten aus dem Gefängnis stellte für den Hof regelmäßig eine Bedrohung dar, denn sein Jähzorn war ebenso ungebrochen wie seine Trunksucht. Gleichwohl kam niemand auf den Gedanken, ihm zu kündigen. Wo sollte er denn hin? So durfte er die Herrschaft im Ochsenstall übernehmen, der seine angestammte Domäne war. Er versorgte die Ochsen einwandfrei, fütterte sie, mistete den Stall aus und fuhr mit den beiden größten zu allen Feldarbeiten. Diese beiden großen roten Ochsen, von uns »Popoderich der Große« und »der Alte Fritz« genannt, waren ihm vorbehalten, während die übrigen zehn Ochsen nach Bedarf auf Freiarbeiter und Jungens verteilt wurden. Er fuhr sein Gespann meisterhaft, machte von der Peitsche wenig Gebrauch, bedachte die wackeren Tiere nur mit einer nie endenden Flut grimmig ausgestoßener gräßlicher Verwünschungen, an die die beiden Hornviecher so gewöhnt waren, daß sie erstaunt stehenblieben, wenn er mal eine Pause machte. Was sie verstanden, war sein »hoit, hoit, hoit« (rechts) oder »schwoide gehste« (links), sein »Brrr« und sein »Jüääh«, die übliche Sprache der schlesischen Ochsen.

Soweit war alles gut. Aber es gab zwei Probleme: Zum einen hielt Hoffmann alle zwölf Ochsen für seinen persönlichen Besitz und ebenso den Ochsenstall. Es war ziemlich schwer für den Inspektor, Hoffmanns Zustimmung zu dem jeweiligen Einsatzplan für die Tiere zu erhalten, und die Jungens, die die ihnen zugeteilten Tiere pflichtgemäß aus dem Stall holten, waren jedesmal froh, wenn sie wieder draußen waren, ohne daß es Krach gab. Kam aber jemand in den Stall, der dort nach seiner Meinung nichts zu suchen hatte, dann wurde es gefährlich. Nun pflegten wir im Ochsenstall mit Rutenbesen und Mistgabeln auf die dort zahlreich anwesenden Spatzen Jagd zu machen. Türen und Fenster wurden dann schnell verrammelt, und ehe die aufgeregten Vögel ein passendes Loch in einer Fensterscheibe oder ein sicheres Versteck fanden, konnten wir den einen oder anderen erschlagen. Natürlich ging es dabei ziemlich unruhig zu. Die Ochsen hatten gute Nerven, und ich glaube kaum, daß wir sie mit unserem Gejage psychisch belasteten. Immerhin war die Nützlichkeit unseres Tuns sowohl vom humanitären als auch vom wirtschaftlichen Standpunkt aus zweifelhaft. Wir unternahmen solche Jagden selbstverständlich nur, wenn Hoffmann im Gefängnis war oder wir ihn sicher auf dem Felde wußten. Aber manchmal täuschten wir uns: Er muß dann zwischen zwei Ochsen ruhig an der Futterkrippe gesessen haben, so daß wir ihn nicht sehen konnten. Und plötzlich schoß er wie der Deibel aus dem Kasten auf uns los. In der Hand schwang er dann einen dicken Strick oder gar eine Anbindekette. Der Stall hatte zwei Ausgänge; man konnte ihn durch die Eingangstür oder mit einem gefahrlosen Sprung aus der Luke in der Futterkammer verlassen. Das war aber schwierig, wenn wir gerade alle Löcher verrammelt hatten. So liefen wir, wie wir glaubten, um unser Leben. Nie hat es allerdings eine ernsthafte Verletzung gegeben, nicht einmal, als der Alte einer Cousine, die überhaupt nichts ausgefressen hatte, ziemlich hart mit einer Kette ins Kreuz schlug. Unsere Beschwerden bei Vater hatten keinerlei Erfolg. Er fand zwar auch, daß Hoffmann nicht im Recht sei, hielt aber ein Einschreiten für sinnlos. Das Temperament des Alten war eine Zuchtrute Gottes für uns alle.

Problem Nr. 2 waren die Sonnabende. Am Sonnabend gab es Lohn – nicht viel, aber der Korn bei Schneider, unserem kleinen Gutsgastwirt, kostete zehn Pfennig. Das war schon ein ziemlich großer Korn, der zwar in Wahrheit aus Kartoffeln gemacht, aber ganz schön kräftig war. Für fünfzig Pfennig konnte man einen ordentlichen Schwips, für eine Mark einen Bombenrausch bekommen. Das war finanzierbar und wäre ja auch gut und schön gewesen, wenn Hoffmann durch Alkohol nicht streitsüchtig geworden wäre. Er war dann gemeingefährlich. Ab elf Uhr am Sonnabend trauten sich Kinder nur noch mit größter Vorsicht auf den Hof, und auch Erwachsene mieden jede Begegnung mit dem Wüterich.

Die heißesten Konflikte entstanden zwischen Hoffmann und seiner würdigen Gattin. Sie versuchte, wie alle Trinkerfrauen, das Lohngeld zu ergattern, bevor es in die Kneipe wanderte. Der Erfolg war begrenzt. Hatte der Herr der Ochsen nämlich erst getrunken, so gefiel ihm seine Frau überhaupt nicht mehr. Auch stand sie bei ihm im Verdacht, seine Trinkgewohnheiten nicht angemessen zu respektieren. Er kam dann zu dem Schluß, daß eine Bestrafung unumgänglich sei. So ergriff er die Axt in mörderischer Absicht. Frau Hoffmann floh nach dem häuslichen Herd und verbarrikadierte die Tür. Aber die Tür konnte dem Hausherrn nur kurze Zeit widerstehen. Dann sprang die rüstige Hausfrau zum ebenerdigen Fenster hinaus und begab sich zu Vater, der als Amtsvorsteher auch die Obrigkeit verkörperte. Vater fürchtete sich vor beinahe nichts, doch in diesen Fällen ging auch er dem Hoffmann lieber aus dem Wege.

Eines Tages starb der Alte. Jedermann war hocherfreut, am meisten die Ehefrau. Sie behielt die eheliche Wohnung, bekam ein kleines Deputat und »machte« die Ochsen. Sie war schon sehr alt und hätte eigentlich Rente bekommen müssen, aber sie wußte nicht, wann und wo sie geboren war. Immer wieder gab sie neue Daten und Orte an, die alle nicht stimmten. Schließlich - sie muß schon weit über siebzig gewesen sein – gelang es Vater, ihr eine Rente von 60 RM monatlich zu verschaffen. Als alleinstehende Frau mit so hohem Bareinkommen wurde sie zu einer guten Partie. Schön war sie nun wirklich nicht, auch nicht eben gepflegt. Dennoch fand sich bald ein Verehrer: Ein 35jähriger Gelegenheitsarbeiter zog als Untermieter bei ihr ein und trug ihr sein Herz an. Sie zögerte nicht lange und ließ sich gern entführen. Eines Tages hörte ich, daß die beiden »fortgemacht« wären. Das freundliche Kartoffelgesicht und ihre blumigen Kraftworte fehlten uns. Wir sahen sie nie wieder.

Der vom alten Hoffmann in den Bauch gepikte Heinze Gottlob hat bald nach dem ersten Krieg den Kuhstall verlassen und wurde Führer des ersten Pferdegespanns. Damit war er der erste unter allen Feldarbeitern, ein Rang, den ihm der Herr im Schlaf verliehen haben muß. Er hatte eine seltsame Art, mit etwas schleppendem linken Bein - irgendeinen Muskel hatte der Hoffmann ihm wohl doch zerschnitten - hinter seinen stets mageren Pferden eilig über den Acker zu marschieren. Wo er war, wurde zügig gefahren, das war sein Hauptverdienst. Die Pferde pflegte er schlecht; man mußte ihm ein paar alte »ausgewürgte« geben, die er nicht kaputtkriegen konnte. Seinen Horizont als begrenzt zu bezeichnen, ist bestimmt kein leichtfertiges Urteil. Warum er erster Gespannführer geworden war, weiß ich nicht recht; ich vermute, daß es nach dem Krieg wenig Konkurrenz gab, und Heinze war eben am längsten auf dem Hof. Seine Aufgabe als Sprecher der Männer versah er schlecht und recht.

Das zweite Pferdegespann führte der Stenzel. Er war außerordentlich häßlich, aber dem Gottlob an Fleiß, Intelligenz, Körperkraft, Geschicklichkeit und Charakter weit überlegen. Seine Pferde waren immer am besten gepflegt, die Furchen, die er zog, waren schnurgerade, nie fehlte etwas am Geschirr, und seine Frau sowie seine beiden Töchter waren stets sauber, ordentlich, höflich und ebenso fleißig wie er. Seine Frau war die Schwester der hochgeachteten Jung Emma und um einige Ecken mit Kutscher Scholz verwandt; das bedeutete eine soziale Aufwertung, wenn es auch nicht so weit ging, daß die Familien sich gegenseitig besuchten. Die Töchter nahmen, als sie erwachsen wurden, Dienst in guten Häusern und heirateten dann »etwas Besseres«. Mit den Stenzels gab es nie Ärger und Aufregung, nur, wenn Mutter Stenzel krank war, was leider öfters vorkam.

Vater hatte zwei hübsche schwere Absatzfohlen gekauft, die sich prächtig entwickelten. Als sie eingespannt wurden, war es klar, daß Stenzel sie bekam. Er liebte sie heiß: Das eine war ein Dunkelfuchs, der Hugo genannt wurde, das andere, ein helleres, hatte keinen Namen. Hugo war leider etwas fehlerhaft. Er war zwar sehr stark, hatte aber eine bärentatzige Hinterhand, und infolgedessen watschelte er nicht eben elegant. Auch war er nicht immer geneigt, schwere Lasten zu ziehen, und lehnte derartige Anstrengungen grundsätzlich ab, wenn jemand anders als Stenzel sie von ihm forderte.

Hugo war noch gar nicht alt, als der Pferdemusterungsoffizier auf den Hof kam. Der erkannte sofort, daß Hugo ein vortreffliches Artilleriepferd sein würde; die seltsamen Gänge störten ihn nicht. Aber nun sollte der dicke Fuchs im Trab vorgeführt werden. Hugo trabte nicht. Stenzel forderte ihn auf; nichts geschah. »Das werden wir gleich haben«, meinte der Unteroffizier und kam mit einer langen Peitsche. Hugo schlug einmal matt nach hinten aus, dann tat er, als spüre er die Peitsche nicht. Die Vertreter der Wehrmacht schrien und tobten. Hugo zeigte nicht das geringste Verständnis. Ob das Pferd denn auch sonst nicht trabe, wurde Stenzel gefragt. Bei uns werde im Acker nur Schritt gefahren, war die Antwort, die auch fast der Wahrheit entsprach. Unter harten Verwünschungen und mit dem Ausdruck tiefster Verachtung wurde Hugo »d.u.« befunden. Die umstehenden Arbeiter fühlten sich von der Verachtung der Vaterlandsverteidiger in ihrer Ehre getroffen, bis sie den Blick bemerkten, den mein Bruder und Stenzel austauschten. Hugo bleckte nur einmal die Zähne.

Ein paar Wochen später zog am Schluß der Gerstenernte ein Gewitter auf. Nichts ist ärgerlicher, als wenn es in die vom Binder gemachten Gerstengarben regnet. Sie trocknen nicht, man muß sie aufschneiden, und das Korn verliert die Farbe; die Händler zahlen sofort zehn Prozent weniger, obwohl das Bier kein bißchen anders schmeckt, wenn die Körner graue Spitzen haben. Die letzte Fuhre sollte trocken hereingeholt werden. Stenzel machte sich auf den Weg. Und siehe da, er gab dem Hugo ein wenig »langen Hafer«, nämlich die Peitsche, und im flotten, wenn auch nicht gerade schlanken Trab rumpelte der Leiterwagen ins Feld. Sogar zurück mit dem vollen Fuder wurde getrabt. Hugo hatte sich von der Dringlichkeit der Sache überzeugen lassen. Er ist später durch einen Unfall ums Leben gekommen.

Der fahle Fuchs, sein Partner, wurde für tauglich erklärt. Aber bei Kriegsausbruch entkam auch er dem Kommiß. Die Musterungskommission hatte nämlich keinen Unterschied zwischen braunen Pferden und Füchsen gemacht. Alle waren als braun bezeichnet worden. So standen fünf braune Wallache auf der Liste. Nun hatten wir sechs oder sieben braune Wallache. Einige davon waren recht alt und unansehnlich, aber richtig braun. Die schickte ich bevorzugt zur Sammelstelle. Sie wurden mit bösartigen Kommentaren zurückgewiesen. Nur die beiden dämpfigen Füchse von Oswald wurden einbehalten; man hatte ihr Leiden nicht erkannt. Thomas und Paul, die ich als Begleiter zur Sammelstelle geschickt hatte, waren tief entrüstet: Alle hätten gute Pferde gebracht, nur wir hätten uns blamiert mit den alten Böcken. Ich zeigte mich auch sehr traurig über das bedauerliche Mißverständnis; aber auf diese Weise behielten wir die Pferde für die Feldarbeit. Der fahle Fuchs blieb uns den ganzen Krieg über erhalten; ihn haben die Russen übernommen.

Eine Viertelstunde, bevor es »klapperte«, wurde morgens und mittags die Arbeit eingeteilt. Gewöhnlich tat das der Inspektor. Ich habe es ebenfalls oft gemacht. Die Männer standen dann vor dem Pferdestall, die drei würdigsten saßen auf der einzigen Bank – nie kam jemand auf den Gedanken, eine zweite Bank hinzustellen. Man tat gut daran, das Gespräch zu beginnen, indem man fragte: »Na, Heinze, was mach ba heite?« In aller Regel bekam man keine sehr geistreiche Antwort, aber Heinze war damit in den Prozeß der Entscheidungsfindung eingeschaltet. Nach ihm konnten auch die anderen Männer ihren Senf dazugeben. Letzten Endes kam das Programm dabei heraus, das man sich vorher überlegt hatte. Aber die Männer wußten wenigstens, warum die Arbeit so und nicht anders eingeteilt wurde, und konnten auf Fehler aufmerksam machen. Auch war es so gut wie ausgeschlossen, den Chef hereinzulegen, indem sie etwas »falsch verstanden« oder auf ihre Art »Dienst nach Vorschrift« machten.

Gerade das war das Unglück unseres braven Inspektors. Er war zu unsicher, als daß er die Arbeiter um Rat gefragt hätte. Wenn er es tat, entstand ein unendliches Palaver, und schließlich wußte keiner mehr, was er tun sollte. So ließ er es bei kurzen Weisungen ohne Diskussionen. Darüber ärgerten sich die Männer und ließen ihn aufsitzen. Bei der Einteilung waren zwei Gesichtspunkte zu beachten: Einmal sollten die vorhandenen Kräfte möglichst massiv eingesetzt werden. Sie waren dann leichter zu beaufsichtigen; auch war es meist richtig, erst ein Feld fertigzumachen, ehe man mit dem nächsten anfing. Das Verzetteln der Kräfte führte dazu, daß überall gemurkst wurde. Andererseits machten die Entfernungen zu schaffen: Zwischen den Feldern gab es Entfernungen bis zu 50 Minuten Fußmarsch, mit Ochsen 75 Minuten. Es war auch durchaus möglich, noch mehr Zeit unterwegs zu vertrödeln. Setzte man nun Menschen und Betriebsmittel zusammen auf einem Feld so ein, daß die Arbeit etwa um 9 Uhr fertig war, und lag der nächste Arbeitsplatz weit entfernt, dann konnte es geschehen, daß der ganze Apparat dort erst um 10 Uhr mit der Arbeit anfing und nach einer halben Stunde schon wieder den Heimweg antrat, denn rechtzeitig um 11 Uhr zur Mittagspause mußte man zu Hause sein. Dann mußte man nachmittags oft noch einmal hinaus. Solche Leerläufe zu vermeiden, war neben der richtigen Fruchtfolge die wichtigste Aufgabe der Betriebsleitung. Es gab eine Fülle von Tricks. Aber immer war man auf den guten Willen der Arbeiter angewiesen. Wenn sie nicht wollten, klappte nichts, und ein Verschulden war nie nachzuweisen. Darum war das Gespräch vor dem Pferdestall so wichtig.

Die »Weiber«

War man am Pferdestall fertig, ging man zum größten der Arbeiterwohnhäuser, vor dem sich die »Weiber« unter Führung der Heinzen versammelt hatten. Die Heinzen war völlig unbestritten unter den Weibern die Erste. Wenn man das Porträt einer schlesischen Landarbeiterfrau zeichnen wollte, würde sie ein vortreffliches Modell abgeben. Sie hatte neun Kinder, sieben Söhne und zwei Töchter. Das waren die lebenden, ein paar als Säugling gestorbene mögen hinzugekommen sein. Diese Kinder zog sie alle ordentlich auf und ohne daß eines hungern mußte. Aber wie hatte sie auch geschuftet!

Morgens gegen halb fünf begann ihr Tag. Dann stand Gott-

Die »Weiber« unter Führung der Heinzen (Mitte)

lob, ihr Mann, zum Füttern auf. Er hätte eigentlich schon um vier im Stall sein sollen, aber davon hielt er nichts. Zuerst machte sie die Betten, heizte den Herd an und weckte die Kinder. Um halb sechs gab es Frühstück, die Kinder wurden für den Schulgang fertiggemacht, um fünf Minuten vor sechs stand sie mit den anderen Frauen zur Arbeit bereit.

Es gab keine Landarbeit für Frauen, die nicht hart war. Hatten die Männer es manchmal gemütlich, wenn sie hinter dem Pflug gingen oder Rüben zur Bahn fuhren, die Frauen mußten immer ran. Jede Arbeit war schwer und belastete einseitig, meist den Rücken. Verschnaufen wurde nicht gestattet.

Um elf Uhr kam die Heinzen zur Mittagspause nach Hause, holte vielleicht ein Kind noch im Kindergarten ab, machte erneut Feuer im Herd und begann, das Essen zu kochen. Kartoffeln mit Stippe waren das Standardgericht. Es erforderte keine große Kochkunst. Während der Gottlob sich ein wenig ausruhte, flickte sie eine der ewig zerrissenen Hosen ihrer Söhne.

Um fünf vor eins stand sie wieder zur Arbeit bereit, palaverte vielleicht noch ein wenig mit den anderen Frauen oder mit dem Inspektor, der die Einteilung machte. Mit einer halben Stunde Vesperpause ging es dann weiter bis sieben. Die Wege zum Feld und zurück zählten als Arbeitszeit. Dann galt es, Abendbrot zu machen, ein wenig nach den Kindern und den Kaninchen und Hühnern zu sehen – die Schweine fütterte der Gottlob –, und dann war der Tag zu Ende, ohne daß es, mit Ausnahme der Frühstücks- und Vesperpause, eine Minute Freizeit gegeben hätte. Am Sonnabend ging sie nicht zur Gutsarbeit; sie wusch, backte, pflegte den Garten oder die Wohnung. Mittags mußte sie dem Gottlob den Lohn abjagen, damit er ihn nicht versoff. Sonntags ging sie alle vierzehn Tage zu Fuß die vier Kilometer zur Kirche. Sonst flickte, wusch und putzte sie.

Im Winter war die tägliche Arbeitszeit auf sieben oder acht Stunden verkürzt. Dafür entstand während der Akkordarbeit beim Rübenverziehen und -ernten eine zusätzliche Belastung bis an die Grenze des Tragbaren. Als ich die Heinzen kennenlernte, war ihr jüngstes Kind schon geboren. Sie mag damals 35 Jahre alt gewesen sein, aber in meinen Augen war sie schon eine alte Frau. Gegenüber dem faltenlosen Gesicht meiner etwa gleichaltrigen Mutter unterschied sich das der Heinzen durch tiefe Risse in der gesund durchbluteten derben Haut. Sie ging auch schon früh etwas gebeugt, war aber gesund, solange ich sie kannte.

Sie konnte ganz entsetzlich keifen, und das ohne Rücksicht auf Rang und Ansehen dessen, der ihren Zorn erregt hatte. Gewöhnlich aber war sie heiter und zu Späßen aufgelegt. Mit ihren Kindern hatte sie nicht viel Glück. Die Töchter, die irgendwo in Dienst standen, hatten von Zeit zu Zeit uneheliche Kinder, von denen sie das eine und andere aufzog. Paul und Richard, die beiden ältesten Söhne, waren durchschnittliche Landarbeiter und wohl ebenfalls unverheiratet. Otto hatte etwas mehr Format und ist Handwerker geworden.

Oswald war ursprünglich mein Freund. Aber als er konfirmiert war und ich ihn fragte, ob ich nun »Sie« zu ihm sagen müsse, knurrte er: »Ich bin aus Schule« und drehte sich um. Von da an trennten sich unsere Wege. Arthur, mein Altersgenosse, war ein unbeschreiblich frecher Lümmel, mit dem ich viel Ärger hatte und der mir jeden erdenklichen Schabernack spielte. Meist erlag ich in ohnmächtiger Wut seiner List und seiner überlegenen Körperkraft. Wenn ich heute an ihn denke, vermute ich fast, daß er ein ganz liebenswerter Kerl war. Bruno, der Jüngste, hieß ursprünglich Wilhelm. Als neuntes Kind war er Patenkind des Kaisers gewesen. 1918 wurde er umgetauft – die Revolution war auch aufs Land gekommen. Mit Bruno vertrugen wir uns – meist – vorzüglich. Er wurde Soldat und ist gefallen.

Am schlimmsten war es mit Hermann, dem dritten Sohn der Familie. Er war immer sehr langsam gewesen, faul und dämlich. Eines Tages nun bekam er die »Schlafkrankheit«. Ich weiß nicht, was das medizinisch bedeutete – sicher ist nur, daß er einschlief, wo er ging und stand. Er schlief die ganze Nacht über und am Tage weitere acht Stunden. Man wußte nie, ob er noch oder schon wieder müde war. Er lag hinter seinen Ochsen in der Ackerfurche und pennte, er fiel beim Mistladen in die Kuhscheiße und entschlummerte sanft. Der Dr. Rübsam wurde zitiert und wußte auch keinen Rat. Wenn er irgendwelche Medikamente verordnet hat, so blieben sie doch ohne Wirkung. Schließlich meinte er, es würde dem Hermann guttun, wenn er etwas ritte. So wurde die alte fromme Rotschimmelstute gesattelt und Hermann hinaufgehievt. Zweimal ging es gut. Beim dritten Mal kamen die beiden nicht nach Hause, das heißt, sie kamen, aber erst nach acht Stunden: Offenbar waren beide eingeschlafen.

Es muß Hermann zwischendurch bessergegangen sein, denn es wurde ihm ein Pferdegespann anvertraut. Er sollte vom Neuland Kartoffeln abfahren. Dazu hatte man einen Kastenwagen. Vorn und hinten waren diese Kästen durch einen »Schub« geschlossen, ein trapezförmiges Brett, das zwischen den Seitenbrettern befestigt wurde: fest, aber nicht allzu fest. Deshalb war es streng verboten, auf einem beladenen Kastenwagen mitzufahren. Hermann war müde und tat es doch. Das Schicksal nahm seinen Lauf. Vom Neuland zum Hof mußte man den Milkauer Berg hinunterfahren. Er ist nicht steil, aber die Wagen hatten keine Bremse, und man mußte schon etwas aufpassen. Die Pferde kamen im Galopp auf den Hof: mit dem halbleeren Wagen und ohne Hermann. Der lag am Milkauer Berg und war tot. Nachträglich wurde der Unfall rekonstruiert: Hermann muß auf dem Wagen eingeschlafen sein. Der Wagen aber war, als es bergab ging, den Pferden in die Beine gerollt. Die Pferde waren ausgebrochen, und durch das schnelle Tempo hatte der Schub sich gelöst; die Kartoffeln waren nach vorn heruntergerollt und der schlafende Hermann mit ihnen. Er muß unter die Räder gekommen und auf der Stelle tot gewesen sein.

Die Heinzen genoß die kleinen Ehrungen, die ihr als Anführerin der Frauen zufielen. An den ersten Erntetagen durfte sie die Herrschaft »binden«. Wenn die ersten Garben gebunden waren, gingen die Eltern aufs Feld und wurden von ihr und der Neugebauer Berta mit bunten Bändern angebunden. Mit einem Taler Lösegeld mußten sie sich freikaufen. Beim Erntefest tanzte Vater den ersten Walzer mit der Heinzen. Die Wetterregel vom Scholz lautete zwar »Murgenregen und alter Weiber Tanz, die tauern nie lange«, aber die beiden walzten doch recht munter – mit einem Hopser bei jedem dritten Takt, der mich immer leicht aus der Fassung brachte.

Schwierig war ihre Aufgabe, dem Gottlob zu seiner Ansprache zu verhelfen. Dazu war er berechtigt und verpflichtet. Er brachte die Erntekronen, und dazu mußten ein paar Worte gesagt werden. Aber so gesprächig der Gottlob sonst war, bei dieser Gelegenheit blieben ihm die Worte im Halse stecken: »Sehr geehrte gnädige Herrschaft ... Scheiße, wo huab eich den Zettel jetze? Sehr geehrter Herr Oberst und gnä... gnä... gnädige Frau! Heute feiern wir das Erntefest ... Heinzen, gib ok meine Brille har! Das Erntefest. Wir freien uns, daß die Ernte ... Heinzen, kumm ok har, ick kann das nie lasen ... her – eingebracht ist. Sch... Was huaste gesagt? Schweiß und Mühe ... Eich versteh das nie; nu gib ok den alen Zettel har. Sehr geehrte Herrschaft ...« Dann ging das Ganze wieder von vorn los, und mit den Worten »Das andere hab ich vergessen« zog er sich zurück. Der Stellmacher brachte dann ein Hoch auf die Eltern aus – einer mußte es ja tun –, und auch die Erntekronen wurden irgendwie übergeben.

Das alles war nicht ganz im Sinne der Heinzen, und beim nächsten Erntefest fand sie eine andere Lösung. Die Heinze Martha hatte ein Grammophon. So wurde eine Platte mit einer Rede gekauft und als Ersatz für Gottlob abgespielt. Das Grammophon funktionierte, nur hatte es keine Rede für Erntefeste gegeben. So krächzte denn eine zackige Stimme aus dem Kasten: »Mein liebes Geburtstagskind ...« Mutter fand, daß der Ton des Plattenredners zu vertraulich gewesen sei und den ihr gebührenden Respekt habe vermissen lassen. Aber es war doch ein Ereignis, die moderne Technik einmal so direkt vor dem Schloß erlebt zu haben.

Das Leben der Heinzen erscheint uns heute als tiefstes Elend. Es gab damals noch keinen Urlaub, kein Radio und kein Fernsehen. Sie besaß nicht einmal einen bequemen Stuhl und hätte auch keinen brauchen können, weil sie keine Zeit hatte, darin zu sitzen. Es gab keine Badewanne und keine Freizeit, nichts. Wenn ich mich aber heute frage, ob die Heinzen unglücklich war, muß ich mit Nein antworten. Sie war eine allgemein angesehene und keineswegs einflußlose Persönlichkeit, das war ihr vermutlich das Wichtigste. Manchmal beneidete sie uns, und manchmal war sie unzufrieden und zornig, aber ich glaube kaum, daß es ihr in den Sinn gekommen wäre, die Gesellschaftsordnung ändern zu wollen. Sie hatte eine ziemlich große soziale Sicherheit, teilweise durch Gesetze verbürgt, vorwiegend aber durch das Verantwortungsgefühl der Herrschaft, dem sich eigentlich kein Herr entziehen konnte. Es war undenkbar, daß ein Gutsherr einen Arbeitsunfähigen oder Altersrentner einfach seinem Schicksal überließ. Jeder bekam seine Wohnung und ein kleines Deputat unentgeltlich. Die Alten machten sich nützlich, wo und wie sie konnten, und lebten weiterhin in der Gemeinschaft. Meine Großmutter erzählte folgende Geschichte: Ihr Vater, ein recht vermögender Gutsbesitzer aus Hinterpommern, beschloß, mit dreien seiner sieben Töchter eine Rheinreise zu machen. Das war für die damalige Zeit ein großes Unternehmen. Sie kamen bis Köln. Dort erreichte den Vater ein Telegramm: Der Knecht Jochen Pesel liege auf dem Totenbett und wolle vor seinem Tode den Herrn sehen. Urgroßvater setzte sich in den nächsten Zug und fuhr mit seinen Töchtern zurück nach Hinterpommern. Jochen Pesel wartete, bis er kam, und starb dann in Frieden.

Etwas Ähnliches wäre in unserer Jugend nicht mehr denkbar gewesen, nicht nur, weil es kein Geld für eine Rheinreise gab. Die Beziehungen zu unseren Arbeitern waren nicht mehr so stark, daß sie ohne Herrschaft nicht hätten sterben mögen. Dennoch war Mutter selbstverständlich an jedem Krankenbett, half den Wöchnerinnen und drückte den Toten die Augen zu.

Es war nicht nur die Herrschaft, die der Heinzen ein gesichertes Dasein gewährleistete. Sie lebte in einem Kreis von Kollegen und Kolleginnen, die bereit waren, in Notfällen zu helfen, so wie auch ihnen geholfen wurde. Es gab keine Gefühle von Einsamkeit, Angst, Frustration, Gefühle, unter denen viele heute leiden. Das Leben war mit Arbeit überfüllt, aber nie leer, nicht einmal langweilig, denn die Landarbeit bot ständig Abwechslung. Es hätte ein ganz gutes Leben sein können, wenn etwas mehr Freizeit, mehr Zeit für die Kinder und für gelegentliche Ruhepausen gewesen wäre – und nicht der verrückte Streß des Rüben-Akkords.

Rüben-Akkord gab es im Frühjahr beim Hacken und Verziehen und später bei der Ernte. Die Rüben wurden mit der Drillmaschine gesät und gingen in dichter Reihe auf, weil viel zu viele Samen in die Erde kamen und jedes Samenkorn mehrere Pflanzen trieb. Heute steckt man einzelne Samenkörner im Abstand von 30 bis 40 Zentimetern in die Erde, und diese Samenkörner haben jeweils nur einen Keim, so daß nicht mehr vereinzelt werden muß. Damals aber mußte der größte Teil der Pflänzchen mit Hacke und Hand beseitigt werden, so daß nur alle 30 bis 40 Zentimeter eine Rübe wachsen konnte. Gleichzeitig wurde in den Zeilen das Unkraut gehackt, während zwischen den Zeilen diese Arbeit von der Hackmaschine erledigt wurde.

Die Frauen arbeiteten mit einer kurzstieligen Hacke und knieten dabei meist auf der Erde. Diese Arbeit wurde im Akkord vergeben und nach Quadratruten bezahlt. 180 Ruten waren ein Morgen. Der Inspektor hatte einen »Rutenzirkel«, einen großen hölzernen Zirkel, der jeweils eine halbe Rute maß. Damit ging er über das Feld und maß den Frauen ihre Lose zu. Am Wochenschluß wurde gemessen, wie viele Ruten jede Frau bearbeitet hatte, und gleichzeitig die Qualität der Arbeit kontrolliert. Soweit war alles klar. Was nicht klar war, war der Preis, der pro Rute bezahlt wurde. Der Akkordsatz hing von der Größe der Pflanzen, dem Grad der Verunkrautung und der Härte des Bodens ab und mußte ausgehandelt werden. Am ersten Tag der Akkordarbeit trat dann der Inspektor – oder eben auch ich – zu den vor dem Arbeiterwohnhaus versammelten Weibern und kündigte an, daß zum Beispiel auf dem Grenzfeld Rüben verzogen würden. Dann fragte die Heinzen: »Was krieg ba denn fier die Rutte?« Wenn man nun einen Preis nannte, konnte der leicht zu hoch oder zu niedrig sein, weil man nie genau wußte, wie die Arbeit sich anließ. Der Disput über die Arbeitsbedingungen, der nun mit der Heinzen zu führen war, brachte keinen Kompromiß. »Geht halt erst mal raus, dann sehen wir schon, was ihr schafft.«

Ein solcher Test war sehr nützlich und als Rechengrundlage für den Akkordsatz im Grunde unentbehrlich. Aber nun kam der Gegenvorschlag: »Mach ba halt heute im Tagelohn.« Und dann saß man in der Klemme. Einmal sprach ich aus, was alle wußten: »Wenn ihr im Tagelohn arbeitet, macht ihr ja doch extra langsam, um den Satz hochzudrücken.« Das war wie der Griff in einen Bienenschwarm. Nicht nur die Heinzen, sondern alle anwesenden Weiber erhoben ein wütendes Gekreisch: Ob ich das Recht hätte, sie zu beleidigen, weil sie nur Arbeiter seien? Ob ich nicht wüßte, wie sie sich abrackerten? Ob ich junger Mensch es wagte, sie zu verspotten? Früher seien sie gerecht behandelt worden ... Beim Herrn Oberst würden sie sich beschweren; nein, sie würden überhaupt nicht mehr arbeiten, sie gingen jetzt nach Hause. Und tatsächlich griffen sie ihre Siebensachen und schickten sich an, unter ebenso lautstarken wie fürchterlichen Verwünschungen abzurücken. Das einzige, was man bei einem solchen Weiberaufstand tun konnte, war, daß man selbst auch wegging. Nach zehn Minuten kam ich dann zurück und mußte den Vorschlag mit dem Tagelohn annehmen. Es war eine totale Niederlage, nur deshalb nicht so schlimm, weil nach den vorangegangenen Entrüstungsstürmen allzu langsames Arbeiten meine anstößigen Worte gerechtfertigt hätte.

Normalerweise nannte man nach langem Hin und Her einen relativ niedrigen Akkordsatz. Der stieß auf herbe Kritik und auf die Drohung, man werde im Tagelohn arbeiten. Also wurde der Satz ein wenig erhöht und vereinbart, daß er, je nachdem wie die Arbeit voranging, noch überprüft werden solle. Dann stürzten sich die Frauen auf das Rübenfeld.

Die Akkordarbeit bot ihnen die Chance, doppelt, ja dreifach soviel zu verdienen wie im normalen Tagelohn. Sie arbeiteten, solange es hell war, und fast ohne Pausen. Sie ließen sich von ihren Kindern und, nach Feierabend, von ihren Männern helfen und arbeiteten auch am Sonnabend durch, nur sonntags gingen sie nicht aufs Feld. Wenn der Boden trocken war, quäl-

ten sie sich mit ihren Hacken; war er feucht, bekamen sie beim
Knien Rheumatismus. Wenn die Nachbarin mehr geschafft
hatte als sie, blieb die Heinzen noch eine halbe Stunde länger
draußen, oder sie fing einen hysterischen Streit an, indem sie
der anderen vorwarf, sie habe schludrige Arbeit gemacht.
Wenn die Akkordarbeit zu Ende ging, waren die Frauen fertig – mehr noch mit den Nerven als körperlich. Der kleinste
Konflikt konnte zu explosionsartigem Geschrei führen. Sie
waren erschöpft und depressiv. Im Herbst bei der Ernte wiederholte sich derselbe Ablauf, wenn auch nicht ganz so hek-
tisch.

Wir haben damals diese hemmungslose Gier nach Geld
belächelt. Ich fürchte, zu Unrecht. Der Verdienst aus der
Akkordarbeit war im Familienbudget eingeplant und erforderlich, um notwendige Anschaffungen, besonders an Kleidung,
zu machen, für die der Tagelohn nicht ausreichte. Der alte
Spruch »Akkord ist Mord« hatte schon seine Berechtigung:
Aus den Frauen wurde eine Arbeitsleistung herausgeholt, die
nicht nur weit über dem normalen Pensum, sondern auch über
ihrer physischen und psychischen Leistungsgrenze lag.

In meiner Familie wurde manchmal darüber nachgedacht,
aber nichts Grundsätzliches unternommen, um die Lage der
Arbeiterfrauen zu verbessern. Es war eben so; man brauchte
diese billigen Arbeitskräfte, und niemand begriff, wie es zum
Beispiel möglich war, daß in Pommern die Frauen zu Hause
blieben.

Die »Besseren«

Die Zweite unter den Weibern, nach der Heinzen, war die
Neugebauer Berta. Sie war länger auf dem Gut als die Stenzeln
und gehörte zur gehobenen Klasse der unehelichen Mütter.
Außerdem war sie ein kluger und gütiger Mensch. Die alten
Neugebauers hatten ein eigenes kleines Haus im Dorf; nichts

Großartiges, aber mit einem Garten und sogar mit einer Kuh im Stall. Vater Neugebauer kam als Freiarbeiter aufs Gut mit dem tariflichen Stundenlohn von 35 Pfennig; ich glaube allerdings, daß er ein kleines Deputat hatte, und sicher hat er nie Futter für seine Kuh gekauft. Die alte Neugebauern kam nicht zur Arbeit; sie waren eben »etwas Besseres«. Die Berta hatte einen unehelichen Sohn, den Emil, einen meiner besten Freunde. Später überlegte ich, ob er ein Halbbruder von mir sein könnte, aber die Daten stimmten nicht. Wer sein Vater war, wußten wir nicht. Der Emil war stark kurzsichtig, was an sich auf Verwandtschaft mit höheren Kreisen schließen ließ. Er war auch überdurchschnittlich intelligent und dennoch fleißig, freundlich und wohlerzogen – etwas zu wohlerzogen für meinen Geschmack und für die schlimmeren Schandtaten ungeeignet. Er erwarb sich später das volle Vertrauen meines Vaters und hatte eine Art Verwalterstelle inne, bis er zur Wehrmacht eingezogen wurde.

Die Berta war der Inbegriff von Loyalität und Anstand. Die Heinzen mochte im Zorn manchmal zu weit gehen. Kam aber von der Berta eine Kritik, so konnte man sicher sein, daß sie berechtigt war. Sie war bescheiden und besaß eine natürliche Vornehmheit. Ich höre noch, wie die timpliche Scholz Marie die von ihr gehüteten Kinder anhielt, »der Tante Berta« guten Tag zu sagen. Die Berta sagte: »Nä, nä, ihr Kinder, eich bei ni eire Tante.« Die Worte klingen mir regelmäßig im Ohr, wenn mit falschen Onkel- und Tantenbezeichnungen umhergeworfen wird.

Hochgeachtete uneheliche Mutter war auch die Jung Emma. Eigentlich hieß sie Mahn. Aber ihre Mutter hieß Jung und auch ihr vorehelich geborener Sohn; Herr Mahn war nach kurzer Ehe im ersten Weltkrieg gefallen. Von ihm war nichts übrig außer dem Namen der Emma in deren Lohnliste. Emma hatte den Geflügelhof unter sich und die Schweine; außerdem kam sie nachmittags zum Abwasch in die Schloßküche, aber mehr um dort eine kostenfreie Mahlzeit einzunehmen, als weil sie wirklich gebraucht wurde. Emma war eine Vertrauensperson. Leider war ihr wirtschaftlicher Einsatz wenig rationell. Die 60 bis 80 Hühner fraßen eine Menge Futter, legten wenig Eier und waren auch als Brat- und Suppenhühner ohne Bedeutung. Vater behauptete, die Eier kämen ihn billiger, wenn er sie aus New York schicken ließe – er neigte zu solchen Übertreibungen. Auch bei den wenigen Gänsen, Enten und Puten stand der Aufwand in keinem Verhältnis.

Bei den Schweinen war es nicht besser: Wie soll man bei einem Bestand von sechs bis zehn Schweinen auch zu einer ertragbringenden Schweinehaltung kommen? Der Übelstand war unabänderlich, denn größere Bestände an Federvieh oder Schweinen hätten die Kräfte der Emma überfordert. Ihr jemanden vor die Nase zu setzen und sie damit großer Schande preiszugeben, war ebenso undenkbar wie die Abschaffung der Kleintiere. Aber auch ohne die Rücksichtnahme auf Emma war es besser, daß alles so blieb, wie es war. Es hätte dem Ansehen der Eltern geschadet, wenn sie Eier, Geflügel und Schweine hätten kaufen müssen – und ganz gewiß wäre das Essen schlechter geworden, wenn man bares Geld dafür hätte ausgeben müssen.

Emma war schon immer ziemlich alt, wenigstens in meinen Augen. Sie war klein, spindeldürr und sehr häßlich. Im Gegensatz zu Berta hielt sie nicht allzuviel von Sauberkeit. Vielleicht lag das auch an der Mutter Jungken. Jedenfalls herrschte in den zwei Stuben im »alten Schloß«, die sie bewohnten, eine Luft, die einen Ochsen betäuben konnte. Die Fenster wurden nie geöffnet, und auch sonst war es überhaupt nicht gemütlich. Ernst, mein Freund, war denn auch mehr bei Kutscher Scholz als bei Mutter und Großmutter.

Emma war fast immer unwirsch. Sie sprach nicht viel, aber wenn sie den Mund auftat, schimpfte sie meist. Oft hatte sie allerdings auch Grund dazu. Ob wir nun die frischgedämpften Schweinekartoffeln aufaßen oder auf Spatzen schossen, die zwischen den Hühnern saßen, ob wir den Hennen Nester bauten, in die sie ihre Eier legten, so daß wir sie bequem klauen konnten, oder ob wir durch eine Rattenjagd im Stall aus behaglich grunzenden Mastschweinen einen Haufen grell quiekender Wildsauen machten, stets hatte Emma für Ordnung und gegen uns zu kämpfen. Am schlimmsten aber wurde es, wenn Schnee fiel. Der »Hühnerberg« nämlich, der kleine Hügel, auf dem der Hühnerstall stand, war beim ersten Schnee die ideale Rodelbahn für Anfänger. Hier durften wir auch rodeln, ohne Mutter vorher um Erlaubnis zu fragen. Man konnte auf eine halbe Stunde hingehen, wenn man wenig Zeit hatte. Wir gingen oft hin mit unseren Schlitten. Das hatte zur Folge, daß die Bahn glatt wurde. Wenn Emma dann mit den Futtereimern den Berg erstieg, rutschte und »kaschelte« sie, daß es eine Freude war - für uns natürlich, Emma hatte dafür keinen Sinn. Zunächst schimpfte sie; sie schimpfte zwar nie mit unfeinen Worten - sie war ja etwas Besseres -, aber laut war sie schon. Sie versuchte von den Eltern ein Verbot der Rodelei auf dem Hühnerberg zu erreichen. Aber Mutter war immer froh, wenn wir uns nicht allzuweit vom Haus entfernten, und Vater war nicht sehr für Verbote. So kam nichts heraus als lahme Ermahnungen. Also schritt Emma zur Selbsthilfe. Sie nahm den Ascheimer der Inspektorsfrau, den sie ohnehin ausleeren sollte - im Nebenberuf putzte sie auch bei Inspektors - und streute Asche auf unsere Rodelbahn. Nun konnte sie gefahrlos den Hühnerstall erreichen, und unsere Schlitten glitten nicht mehr. Wir schäumten vor Empörung über solche Sabotage. Auch Ernst empfand mehr Loyalität gegenüber dem Wintersport als gegenüber seiner Mutter. Er war es, der uns darauf brachte, abends zwei Kannen Wasser den Berg hinab zu gießen. Das Wasser fror über Nacht zu einer prächtigen Eisbahn; nie waren unsere Schlitten so schnell gelaufen. Aber Emma fiel hin und holte sich ein paar böse blaue Flecken. Nun gab es doch Krach mit den Eltern. Das Verbot, am Hühnerberg zu rodeln, war jedoch ebenso schnell vergessen wie die blauen Flecken.

Jung Emma beim Füttern ihrer Hühner

Es mag eine Menge Ärgernisse gegeben haben, die Emma belasteten. So war die würdige Mutter Jungken ganz gewiß keine angenehme Hausgenossin. Schon ihr Anblick konnte die Milch sauer werden lassen, und wenn sie auf ausgetretenen Schuhen über den Hof schlurfte, tropfte es unaufhörlich aus ihrer großen schiefen Nase. Als sie starb, hat Emma die schlechte Laune als Gewohnheit angenommen. Wenn sie dann mit grimmigem Gesicht vorbeiging, pflegte mein Bruder zu sagen: »Emma, froh!« Dann erhellte sich ihre Miene – aber nur für fünf Minuten. Später, nach der Flucht, hat sie in Mitteldeutschland bei einer Familie Aufnahme gefunden, von der sie innig geliebt wurde. Wir erhielten von diesen guten Menschen Briefe, aus denen hervorging, daß Emma dort allseits geschätzt und hoch geachtet wurde. Vielleicht haben wir sie doch etwas verkannt.

Noch eine dritte uneheliche Mutter kam in den letzten Jahren vor dem Krieg auf den Hof. Sie bezog das Häuschen, das durch die späte Eskapade der Mutter Hoffmann frei geworden war. Eine schlanke, gutaussehende junge Frau, großgewachsen und kräftig, immer fleißig und guter Laune, führte sie einen ordentlichen Lebenswandel und brachte offensichtlich sich und ihr Kind problemlos durch. Wenn sie in ihren langen Hosen – damals noch eine Seltenheit – lachend auf einen Erntewagen oder in den Bansen einer Scheune kletterte, lief alle Arbeit gleich besser. Niemand wäre auf den Gedanken gekommen, in ihr einen »Sozialfall« zu sehen; sie war geachtet und beliebt. Sicher wäre sie eine ebenso wichtige Persönlichkeit auf dem Hof geworden wie Emma und Berta, wenn nicht das Kriegsende uns in alle Winde zerstreut hätte.

Außer den Neugebauers hatten auch noch die Kuschkes ein eigenes Häuschen im Dorf. Waren die Neugebauers gütig, fleißig und loyal, so waren die Kuschkes aus härterem Holz geschnitzt: temperamentvoll, aktiv und nervig, aber auch nervös. Der alte Kuschke besonders war ebenso tüchtig und treu wie kompliziert. Er war Maschinenführer, bediente die

Dreschmaschine, die Drill- und die Hackmaschine und über-
wachte den Düngerstreuer und die Mähmaschinen. Natürlich
arbeitete er auch mit Gabel und Schaufel, wenn er bei den
Maschinen nicht gebraucht wurde. Nun haben landwirtschaftliche mehr noch als andere Maschinen die Eigentümlichkeit,
häufig kaputtzugehen. Sie werden auf holprigem Boden her-
umgestoßen, Erde und Pflanzenteile verklemmen sich in den
Lagern, Messer und Schare zersplittern oder verbiegen sich an
Steinen, und oft stehen sie bei Regen im Freien. Vor allem
wechseln die Anforderungen, die an die braven Apparate
gestellt werden. Außerdem war Kuschke kein technisches
Genie und hatte überhaupt keine Ausbildung gehabt. Andererseits versah er seine Aufgabe mit großer Umsicht, hohem
Verantwortungsbewußtsein und einigem Geschick. So liefen
die Maschinen gewöhnlich ganz ordentlich. Aber wenn es
Pannen gab, wurde es mit Kuschke gefährlich. Wenn er den
Fehler nicht gleich beheben oder wenigstens finden konnte,
geriet er in heillose Aufregung. Klein, gutaussehend und mit
gepflegtem weißem Schnurrbart, trat er erst von einem Bein
aufs andere und tanzte schließlich wie ein balzender Birkhahn.
Wie dieser stieß er unverständliche Laute aus, die aber keineswegs verliebter Verzückung Ausdruck gaben, sondern höchster Unzufriedenheit. Mit allem war er in solchen Momenten
unzufrieden: mit der verdammten Maschine, mit dem Chef,
der in seinem Geiz keine bessere gekauft hatte, mit dem
Inspektor, der diese unmögliche Arbeit angeordnet hatte, mit
dem Kollegen, der einen Handgriff timplich ausgeführt hatte,
und nicht zuletzt mit dem Herrgott, der für alles verantwortlich war. Wenn Kuschke erst einmal »tanzte«, ging für einige
Zeit gar nichts mehr. Man mußte daher möglichst vermeiden,
daß es dazu kam. Es gab verschiedene Tricks: Man konnte ihn
wegschicken, um Liersch, den Schmied, zu holen, der alles
und alle beruhigte. Oder man ordnete eine vorzeitige Früh-
stückspause an und unterhielt sich mit ihm über den Krieg
oder seinen Garten. Alles war besser, als ihn toben zu lassen.

Aber auch schon mit einem minderen Zornesausbruch konnte der Alte seine Umwelt ziemlich verschrecken. Dabei hatte seine Wut keine materiellen Motive; die erzwungene Pause brachte ihm nichts. Und so loyal, daß er wegen Vaters Verlust in Verzweiflung geraten wäre, war er auch wieder nicht. Was ihn in Zorn versetzte, war einfach die Tücke des Objekts. Sein »Tanz« hätte durch Beethovens »Wut über den verlorenen Groschen« die richtige Untermalung gefunden.

Frau Kuschke – ich schreibe selbstverständlich nicht »die Kuschken« – war etwas Besseres. Sie ging nicht auf Arbeit, pflegte Haus, Garten, Ziege, Schwein und Federvieh und neigte zum Kränkeln. Letzteres mag nur eine Ausflucht gewesen sein. Wenn nämlich Mangel an Arbeitskräften herrschte, versuchte man gelegentlich, sie zur Mitwirkung zu bewegen. Das lehnte sie regelmäßig unter Hinweis auf ihre angegriffene Gesundheit ab, in Wahrheit aber wohl aus grundsätzlichen Erwägungen.

Kuschke hatte einen Sohn, der gut aussah und auch die Intelligenz des Vaters geerbt hatte, der aber frühzeitig »fortgemacht« war und nur vorübergehend auftauchte – vermutlich, wenn er arbeitslos war.

Höchst bemerkenswert aber war die Kuschke Elma. Sie war ebenfalls gutaussehend, mit etwas derben Zügen und großen Körperkräften. Sie hatte ein Mundwerk wie eine Dreschmaschine und ein Temperament wie ein Preßluftbohrer. Wenn sie nicht gerade zornig war, war sie immer in strahlender Laune. Sie lief in scheußlichen alten Klamotten und den viel zu großen Knobelbechern ihres Vaters herum und verachtete jeden »Prunk«. In der Schule war sie bei jedem bösen Streich meist führend beteiligt gewesen. Sie fürchtete sich vor nichts und langweilte weder sich selbst noch andere. Sie war ein richtiger Wildfang, dabei gutmütig, anständig und fleißig. Sie hatte nur einen großen Kummer – sie war kein Junge. Als sie konfirmiert war und zur Arbeit ging, machte ihr nichts Mühe. Nur für Weiberarbeit hatte sie nichts übrig.

Ihren Höhepunkt erlebte die Elma beim Streik. Kuschkes streikten nämlich nicht; sie waren eben etwas Besseres. Aber die Heinzes streikten. Sie wußten allerdings nicht warum; als Vater den Gottlob nach dem Grund fragte, meinte der: »Es kommt von oben.« Vater versicherte ihm zwar, der Herrgott habe den Streik gewiß nicht befohlen, drang aber mit seinen Argumenten nicht durch. Der Heinze Richard führte das dritte Gespann, das nun stillgelegt war. Elma durfte damit fahren. Ich sehe sie noch breitbeinig auf dem Leiterwagen stehen und strahlend im flotten Trab über den Hof poltern. Alle Männerarbeit beherrschte sie wie der erfahrenste Landarbeiter. Was war es für ein Jammer, daß der Streik nach vierzehn Tagen endete! Selbstverständlich kam niemand auf den Gedanken, Elma in Zukunft Männerarbeit machen zu lassen. Sie heiratete nachher den Ackerkutscher Ullmann, einen ordentlichen, etwas mürrischen Mann. Ich fürchte, daß die Lebenskraft dieser prächtigen jungen Frau allmählich im Grau des Alltags erstickt wurde. Es gab keinen Raum für sie.

Zu den »Besseren« gehörte auch Tschich, der Jungvieh und Schafe besorgte. Ursprünglich hatte er nur das Jungvieh. Vater erkannte, daß er damit nicht ausgelastet war, und beschaffte eine kleine Schafherde. Es waren nicht mehr als 150 »Muttern« – man zählte die Herden nach Mutterschafen –, aber die Schafe wurden zu Tschichs Lebensaufgabe. Sein gut geschnittenes Gesicht mit dem geschwungenen grauen Schnurrbart hätte ebensogut zu einem General gepaßt. Da er außerdem einen mittleren Buckel hatte, nannten ihn die Leute den »Herrn v. Hohenrücken«. In seiner leichten Krüppelhaftigkeit mag die Problematik dieses zwiespältigen und in seinen Reaktionen schwer einzuschätzenden Mannes begründet gewesen sein. Man wußte nie, woran man bei ihm war. War er freundlich, so umspielte ein hintergründiges Lächeln seinen Mund, und man mußte damit rechnen, daß er im nächsten Augenblick eine ätzende Kritik oder boshafte Anschuldigungen gegen einen Abwesenden vorbringen würde. Hatte man

Tschich führt seine Herde auf die Weide

Meinungsverschiedenheiten mit ihm, so bekam sein Blick etwas Lauerndes, seine Worte waren voll bissiger Ironie bei gespielter Unterwürfigkeit. Man konnte ihm nachgeben oder nicht: Nach einem solchen Gespräch kam man sich immer dumm und böse vor. Seine Arbeit machte er jedoch gut und völlig selbständig. Auf Kontrollen reagierte er giftig, brauchte sie aber auch nicht. Er war wohl kein glücklicher Mensch, und das laute, keineswegs immer freundliche Mundwerk seiner an sich tüchtigen Frau wird seine Laune kaum verbessert haben. Ausgeglichen und zufrieden schien er mir nur, wenn er seine Herde auf die Weide führte.

Schafe durften nur das abweiden, was anderweitig nicht genutzt wurde: Wegränder, Stoppelfelder oder Kleeäcker, die schon zweimal geschnitten waren. Tschich verstand es virtuos, solche Stücke zu finden. Zwei Hunde unbestimmbarer Rasse hinderten die Schafe an illegalen Ausflügen in wohlschmeckendere Weidegründe. Tschich stand auf seinen langen Stock gelehnt, rauchte die halblange Pfeife oder wanderte langsam der Herde voran: ein Bild gelöster Zufriedenheit. Es gab kein lautes Wort für Schafe und Hunde, die ihm blind gehorchten. Gelassen und heiter führte er seine nervösen und furchtsamen Tiere. Ich kannte einen älteren Professor, der seiner inneren Zwiespältigkeit entfloh, indem er jahrelang als Schäfer in der Heide lebte und dabei gesundete. Vielleicht ist das Hirtenleben ein Heilmittel für schizoide Naturen.

Eigentlich hätte auch der Schweizer, wie man den Herrn der Kühe nannte, zu den Besseren gehört. Aber damit war es so eine Sache: Schweizer haben eine harte Arbeit; Kühe richten sich nicht nach der Zeiteinteilung des Menschen, zwingen ihren Betreuern vielmehr ihre eigene auf. Sie verlangen, spätestens um 5 Uhr morgens gemolken zu werden; vorher sollte der Stall ausgemistet sein. Nach dem Abendmelken, das gegen sechs beendet ist, muß noch allerlei in Ordnung gebracht werden, so daß der Arbeitstag oft erst gegen acht oder neun zu Ende ist. Dazwischen gibt es vielfach Freizeit, aber nie für lange, und Wochenende fällt aus. Außerdem haben Kühe die Gewohnheit, immer gerade dann, wenn man sich zur Ruhe gelegt hat, zu kalben, zum Bullen zu wollen oder krank zu werden. Die an sich nicht sonderlich schwere Arbeit bringt daher eine große Nervenbelastung mit sich. Das gilt in besonderem Maße für kleinere Ställe, die von nur einem Mann betreut werden, der sich bestenfalls einmal von seiner Frau vertreten lassen kann. Die Folge ist, daß Melker entweder halbe Engel sind oder verkrachte Existenzen, die keine andere Arbeit finden. Die Engel sind natürlich rar, und in den Jahren nach dem ersten Weltkrieg fand sich keiner für uns. Die Melker wechselten in rascher Folge, stahlen, rauften, soffen und vernachlässigten das Vieh. Die Milcherträge waren ebenso schlecht wie das Sozialprestige des Stallpersonals. Erst Ende der zwanziger Jahre kam das Ehepaar Szymanski zu uns. Und wenn die beiden auch höchst überrascht wären, als Engel bezeichnet zu werden, möchte ich sie doch in diese Kategorie einordnen. Alles wurde besser: Der Stall war sauber, die Kälber gesund, die Kühe kamen rechtzeitig zum Bullen, und die Milchleistung stieg. Dann allerdings entschlossen sich die beiden, den kleinen Hof des Bayer Emil zu pachten. Man trennte sich einvernehmlich und hielt in Zukunft gute Nachbarschaft. In den Stall aber zog der Jäckel Paul ein und in die ehemalige Inspektorwohnung seine Familie mit ungezählten Kindern, die sich laufend vermehrten. Es gab Lärm, Geschrei, Gelächter, und überall roch es nach Kuhstall.

Jäckels waren keine ergebenen Diener, sondern loyale, fleißige Arbeitskameraden, die ihren Respekt nicht nach Stand, sondern nach Leistung verteilten. Sie paßten eigentlich nicht in die stockkonservativen Regeln der Betriebshierarchie. Aber sie störten sich nicht daran und störten ihrerseits niemand. Mein Bruder, der menschliche Qualitäten sofort erfaßte, tauschte derbe Späße mit dem Paul, und Mutter Jäckel sah es nicht ungern, wenn die Gutsfrauen sich ein wenig um ihre Kinder kümmerten. Es wurde mehr gelacht und weniger gedient. Am besten aber hatten es die Kühe, für die eine rosige Zeit anbrach und die sich durch vortreffliche Milchleistung revanchierten.

Förster Wolf

Eine wichtige Persönlichkeit, besonders wichtig für mich mit meiner Jagdpassion, war der Förster. Unser Wald war für einen hauptamtlichen Förster zu klein. So wurden Försterei und Gärtnerei in Personalunion betrieben. Das ging ganz gut – die Waldarbeit fand zum großen Teil im Winter, die Gartenarbeit im Sommer statt –, wenn man den richtigen Mann, besser: die richtige Familie, dafür fand.

Zuerst hatten wir einen völlig unfähigen Trottel. Mutter schickte Vater in den April, indem sie erzählte, der Förster habe eine Kuh für einen Rehbock gehalten und totgeschossen – und das in der Schonzeit! Dem Mann war alles zuzutrauen, und Vater glaubte es aufs Wort. Nur mühsam konnte Mutter ihn im letzten Augenblick davon zurückhalten, den Mann zur Rechenschaft zu ziehen.

Schon bald kam die Familie Wolf ins Försterhaus. Vor Frau Wolf hatte ich immer etwas Angst. Sie arbeitete fleißig im Garten mit und hielt ihr Haus und ihre fünf Kinder in Ordnung. Wenn sie Eierkuchen gebacken hatte, bekam ich einen ab – als Lohn für meine Stielaugen. Aber wenn ich ihre Kinder oder ihren Mann durch ewiges Schwatzen von ihren Pflichten abhielt, wurde ich ziemlich unfreundlich verabschiedet.

Wolf dagegen war immer freundlich. Er war gleich gut im Garten, im Wald und auf der Jagd. Mich interessierte nur die Jagd, denn am Plündern der immer knappen Obsternte hinderte er mich mit der gleichen Konsequenz wie seine Frau. Er schoß mit seinem alten Drilling wie der Teufel, kannte alle Kniffe, hatte immer einen guten Hund und konnte schön von jagdlichen Erlebnissen erzählen. Nicht sehr groß, ein wenig untersetzt und mit einem schönen Kaiser-Wilhelm-Schnurrbart geschmückt, besaß er vorzügliche Umgangsformen; dazu gehörte auch das Wissen, wie man als Förster einen nicht immer tugendhaften Herrensohn zu behandeln hat. Meine ersten Jagden auf Spatzen und Ansitzkaninchen machte ich ohne seine Mitwirkung. Erst als es darum ging, bei der Fasanensuche den Hund dabeizuhaben und das Frettchen für die Baujagd auf Kaninchen, zog ich gemeinsam mit ihm los.

Ich muß noch etwas über die Kinder der Wolfs erzählen: Es waren vier Töchter und ein Sohn. Der Sohn, etwas jünger als ich, war ein wenig langweilig. Er besaß ein 9-mm-Tesching, aus dem man mit Schrot Spatzen schießen konnte. Man traf sehr leicht damit, aber die Patronen waren zu teuer; auch war es kein richtiger Sport. Oft waren die Spatzen nur krankgeschossen und flogen noch davon. Herbert entwickelte sich wie ein normaler braver Junge.

Eine tragische Serie von Unglücksfällen lag dagegen über den Töchtern. Alle vier waren in ihrer Art bemerkenswert!

Hübsch und intelligent, gepflegt und nett. Erika, die älteste, war ein Stück älter als ich und etwas außerhalb meines Interessenbereiches. Sie war ein ausgeglichenes, freundliches Mädchen, man konnte nur Gutes über sie sagen. Wenn ich nicht irre, hat sie als ganz junges Mädchen eine große Enttäuschung erlebt.

Else, die zweite Tochter, war in meinen Augen eine alberne Gans! Pausenlos hatte sie etwas zu kichern; man konnte kein vernünftiges Wort mit ihr reden. Sogar bei den gemeinsamen Spielen zeigte sie nicht den nötigen Ernst und verdarb alles durch ihr dämliches Gelächter. Das dauerte so lange, bis sie eines Tages – sie mag elf oder zwölf Jahre alt gewesen sein – ihren Arm in die Kreissäge brachte. Es war für uns alle verboten, an der Kreissäge zu spielen, aber was nützte das? Die rechte Hand war ab. In der allgemeinen Aufregung sorgte Mutter dafür, daß der Arm abgebunden und der Blutstrom gestillt wurde. Else kam ins Krankenhaus und wieder heraus – ohne rechte Hand. Sie bekam keine Prothese; es mußte auch so gehen, und es ging. Sie lernte, sich mit einer Hand anzuziehen, die Schuhe zuzubinden, zu essen und – langsamer – links zu schreiben. Nun stellte sich heraus, daß hinter ihrer Albernheit eine ungewöhnliche Intelligenz versteckt gewesen war. Sie kicherte nicht mehr, aber sie war heiter, ausgeglichen, die Beste in ihrer Klasse. Ein wenig mager war sie zwar noch, aber hübsch und anziehend. Vielleicht hätte sie sich ähnlich entwickelt, wenn ihr das Unglück mit der Hand nicht passiert wäre. Jedenfalls war es erstaunlich, wie der Unfall ihre Persönlichkeit schlagartig verändert hatte.

Schlimmer war es mit Hilde, einem feingliedrigen, nervösen Kind, das empfindsamer und labiler war als ihre Geschwister. Eines Tages hieß es: Hilde ist epileptisch. Wir ließen uns von Mutter erklären, was das ist – und dann sahen wir es. Plötzlich, mitten im Spiel bei der Pumpe am Försterhaus, fiel sie auf die Erde, verdrehte die Augen und zuckte mit Armen und Beinen. Vor ihrem Mund bildete sich weißer Schaum, der Kopf schlug hin und her. Wir standen dabei und waren zu entsetzt, um nach Hilfe zu rufen. Dann beruhigte sich der zuckende Körper; langsam stand Hilde auf, war erst noch etwas benommen und wunderte sich dann, warum wir nicht gleich weiterspielen wollten.

Mutter meinte, wir sollten ihr bei diesen Anfällen nicht zusehen. Es könne ansteckend auf uns wirken. Andererseits sollten wir uns nicht von ihr zurückziehen; das würde sie noch mehr belasten. Für meine Schwester, die in Hildes Alter war, war das ein besonders schwieriges Problem, denn die Anfälle erfüllten uns mit kaltem Grauen, und Weggucken half nicht viel. Es wurde auch immer schlimmer damit. Unsere kindliche Scheu vor dem Krankhaften siegte über unsere christliche Erziehung und natürliche Gutmütigkeit. Ich fürchte, wir waren nicht sehr nett zu Hilde – bis sie starb.

Die vierte Tochter war die kleine Elli. Ich mochte sie nicht besonders. Wie alle kleinen Kinder auf dem Hof roch sie meist nach Pipi. Sie war auch noch sehr klein und kam als Spielgefährtin nicht in Frage. Aber sie war der Liebling der ganzen Familie Wolf: Lustig, dick, pausbäckig und gesund – ein richtiges Nesthäkchen und entsprechend verzogen.

Hinter dem Garten des Försterhauses lag der Hofteich. An seinem äußersten Ende, dem »Pferdeloch«, war er ziemlich tief. Dort durften wir nicht spielen; wir taten es dennoch, aber nur mit großer Vorsicht. Vor undenklichen Zeiten war dort angeblich jemand ertrunken. An den anderen Ufern war das Wasser flach, höchstens dreißig Zentimeter tief. Elli, die drei oder vier Jahre alt war, sollte natürlich überhaupt nicht am Teich spielen. Aber wer hielt sich schon an solche Verbote? Und wenn eines der größeren Geschwister dabeistand, fühlte man sich sicher. Elli fiel über die niedrige Böschung ins Wasser, das an dieser Stelle nicht mehr als zwanzig Zentimeter tief war. Ein Baby hätte herauskrabbeln können. Aber Elli blieb mit dem Gesicht nach unten platt im Wasser liegen. Als sie binnen einer halben Minute herausgezogen wurde, gab sie kein Lebenszeichen mehr von sich. Sie wurde auf den Kopf gestellt, damit das Wasser aus ihr herauslaufen konnte. Meine Mutter wurde eilends geholt und begann sofort mit künstlicher Beatmung. Eine Stunde lang wurden die Versuche fortgesetzt. Die Frauen arbeiteten bis zur völligen Erschöpfung an dem kleinen Körper. Es half nichts; Elli war tot. Der Arzt meinte nachher, sie sei wohl nicht ertrunken, sondern einem Herzschlag erlegen. Eine Obduktion erfolgte nicht; das wäre den Eltern widerwärtig gewesen und hatte ja auch keinen Sinn. Es war ziemlich gleichgültig, wie sie gestorben war; sie lebte nicht mehr.

Unter den vielfachen Schicksalsschlägen verlor die Familie allmählich ihre Widerstandskraft. Sie versah ihre Arbeit weiterhin pflichtgemäß, aber ohne Freude. Wolf wurde immer stiller, seine Frau immer lauter und ein wenig zänkisch. Sie sprachen kaum über ihr Unglück, aber sie mögen mit ihrem Schicksal und mit Gott gehadert haben. Immer häufiger kam es vor, daß Vater oder Mutter sich über einen Fehler oder eine Nachlässigkeit der Wolfs beklagten. Else ging aus dem Haus, Erika hatte keine rechte Aufgabe. Es war vielleicht auch so, daß die Familie dem Arbeitsplatz die Schuld an ihrem Unglück gab. So waren schließlich alle Parteien froh, als Wolf kündigte. Sie übernahmen selbständig eine Gärtnerei. Die Verbindung zu uns ging verloren.

Der Stellmacher

Auch der Stellmacher gehörte zu den Honoratioren des Betriebes. Alles Hölzerne war sein Arbeitsgebiet. Darum hieß er der Holzwurm. Vor allem war er mit den Ackerwagen beschäftigt, die in verschiedenen Typen und ziemlich großer Zahl vorhanden waren und deren exponierte Teile vom Zahn der Zeit nur allzu schnell angenagt wurden. Sie standen im Freien; es regnete darauf, das Holz saugte sich voll und schrumpfte zusammen, wenn hinterher ein paar Tage lang die Sonne schien. Prompt lockerten sich die hölzernen Felgen unter den Eisenstreifen; in traurigen Spiralbewegungen löste sich der Reifen vom Rad, das nun ganz zerfiel, und schon stand der Wagen auf drei Rädern. Oder einer von den tumben Ochsenkutschern drehte zu scharf ein und zerbrach die Deichsel oder die Runge, die die Wagenleiter hielt. Es gab noch eine Menge anderer Stellmacherarbeit: Stiele für die Gabeln, Schaufeln, Äxte und anderes Gerät – das die Arbeiter eigentlich selbst stellen mußten –, Fensterstöcke, Heuraufen, Schubkarren und Scheunentore. Der Stellmacher war voll ausgelastet, mindestens solange er keinerlei motorgetriebenes Werkzeug hatte. Hammer, Hobel, Stemmeisen, Axt und Säge stellten die Ausstattung der Werkstatt dar. Später, als Vater eine Bandsäge erworben hatte, konnte der Stellmacher auch draußen helfen, wenn Not am Mann war. Zunächst kam das aber auch deshalb nicht in Frage, weil Stellmacher John ein lahmes Bein hatte und behauptete, er könne damit nicht auf dem Feld arbeiten.

John war für mich von großer Bedeutung. Zunächst brauchte ich ihn für die Reparatur unserer Handwagen, die für unsere Spiele so wichtig waren. Von Vater hatten wir dabei wenig Hilfe, weil John sich hinter den Arbeiten an unseren Handwagen verschanzte, wenn man ihm vorwarf, mit dringenden Arbeiten für die Wirtschaft zurückzuhängen. So bedurfte es oft großer Bettelei, um ihn für derartige »Schwarzarbeiten« zu gewinnen, was um so schwieriger war, als wir keine Gegenleistung zu bieten hatten. Die Arbeiter und Bauern dagegen zeigten sich für kleine Reparaturen meist erkenntlich. Ich stand dann halbe Tage in seiner Werkstatt herum. Das führte schließlich zu einer gewissen Freundschaft zwischen uns, die sich noch vertiefte, als ich Werkunterricht von ihm bekam. Wenn die Eltern wollten, daß ich etwas Handwerkliches lernen sollte, hatte das wohl demokratische Motive und war vielleicht auch zurückzuführen auf eine Vorahnung des Zerfalls. Bei allem Standesbewußtsein und aller junkerlichen Begrenztheit waren sie insofern modern, als sie den ethischen Wert körperlicher Arbeit voll anerkannten, ja sogar mit einer romantischen Gloriole umgaben.

Leider blieb das Ergebnis dieser Werkstunden weit hinter den Erwartungen zurück. Ich habe schon immer zwei linke Hände gehabt, wenn es sich nicht gerade um Schußwaffen oder Pferde handelte. Das erwies sich auch in der Stellmacherei: Die Säge, mit der ich – einem Bleistiftstrich folgend – ein Brett zerteilen sollte, wanderte in Schlangenlinien. Sie machte sich einfach selbständig, entwickelte ein boshaftes Eigenleben und war weder durch Konzentration noch durch Wut zu bändigen. Mit dem Hobel hackte ich das Holz, statt elegant darüberzugleiten. Mit dem Stemmeisen schlug ich Löcher statt Nuten in das Holz, und mit dem Hammer haute ich mir auf die Finger und die Nägel krumm. Damals erkannte ich, daß ich verhungern müßte, wenn ich je von meiner Hände Arbeit leben sollte.

Mit größter Mühe, nach vielen Versuchen und dank reichlicher Hilfe von John gelang es mir, aus einem widerlich harten Stück Akazienholz die Felge eines Dreizöllerwagens und – quasi als Lehrstück – aus einem Lindenbrett einen Kleiderrechen zu fertigen. Er hatte zwar nur drei Haken, und die waren nicht getischlert, sondern aus Eisendraht, doch er war schön braun lackiert, voll funktionsfähig und sehr haltbar.

Vor allem aber genoß ich die Gespräche mit John, die etwas Wildes, Verbotenes an sich hatten. In meiner Erinnerung sind sie sehr harmlos; nur manche Ausdrücke und versteckte Anspielungen deuteten auf die Zügellosigkeit meines Lehrmeisters. Das höchste an Unmoral blieb es, wenn es meiner Bettelei gelang, ihn zum Vortrag eines »Scheißhausgedichtes« zu bewegen. Er setzte sich dann etwa auf den Hackklotz und illustrierte durch Gesten die Phasen des »Gedichts«:

Willst du recht bequemlich kacken,
Leg die Hände an die Backen,
Stemm die Ellbog'n auf die Knie –
So, dann scheißt du ohne Müh!

Diese Poesie machte mir so großen Eindruck, daß ich sie heute
noch auswendig weiß. Leider gab John nur wenige solcher
Gedichte zum besten. Er deutete zwar an, daß er noch andere,
schlimmere kenne, war aber durch nichts zu bewegen, sie zu
rezitieren. Etwas mehr Glück hatte ich damit bei meinem
Freund, dem Jung Ernst: Nach langem Drängen ging er mit
mir hinter die Scheune und sagte ein »Gedicht« auf, das mit
den Worten »Maria Lemken, mach hoch das Hemken«
begann und dann in rohster Weise die körperliche Beschaffen-
heit besagter Maria schilderte. Ich verstand nichts. Ernst,
immer peinlicher berührt, versuchte, mir die Sache zu erklären. Aber ich konnte überhaupt nicht begreifen, was daran
komisch sein sollte. Für eine gewisse Art von Witzen fehlt mir
noch heute der Sinn. John hatte weise gehandelt, indem er
schwieg.

Wie ich schon erwähnte, waren seine sonstigen Verdienste
nicht eben erschütternd. Außerdem bekam ich Krach mit seinem Hund: Johns Sepp war ein giftiger schwarzweißer Köter,
dessen Lieblingsplatz sich auf dem Vordach befand, das den
Windfang an der Eingangstür zum Stellmacherhaus bedeckte.
Dort pflegte er zu stehen und mit gefletschten Zähnen auf die
Passanten herunterzukläffen. Wenn ich nun aus irgendeinem
Grund zu John in die Wohnung gehen mußte, schimpfte er
wütend auf mich herab und versicherte mir in der Hunde-
sprache, einmal werde er mich schon erwischen. Ich hatte
nicht viel, aber doch etwas Angst vor dem Biest und habe ihn
deshalb nicht geneckt. Aber eines Tages sprang er vom Dach
herunter und biß mich ins Bein. John, der samt Ehefrau aus
dem Haus herausgelaufen kam, ergriff den Köter bei den Hin-
terpfoten und schlug ihn seiner treusorgenden Gattin um die

Ohren. Das tröstete mich aber nicht, denn ich wußte, daß diese Maßnahme nicht aus dem Herzen kam. Er machte das nur, um sich eine Rückendeckung gegen Vorwürfe der Herrschaft zu schaffen. Das Loch in meinem Bein war nicht tief, aber es war damals gerade Hundesperre wegen Tollwut, und ich mußte für vierzehn Tage nach Breslau fahren und mich täglich spritzen lassen, bis sich herausstellte, daß Sepp nicht toll war. Daß er nicht erschossen wurde, hat mich bitter enttäuscht. So war ich nicht traurig, als uns John – nicht ganz ohne Vaters Nachhilfe – verließ. Das galt um so mehr, als sein Nachfolger um vieles besser war.

Das Ehepaar Sattich, das nun bei uns einzog, wurde zu einer der wichtigsten Stützen des Betriebes. Sie war ziemlich »fein«, was sich in gepflegter Kleidung und Redeweise und in der Tatsache ausdrückte, daß sie nur ein Kind hatten: eine gutaussehende Frau, etwas derber im Gebaren als ihr Mann und eine fleißige, unermüdliche Arbeiterin. Er war ein guter und praktischer Handwerker, griff aber auch sonst zu, wo er gerade gebraucht wurde, und genoß gebildete Gespräche. Sattich durfte morgens und mittags zum Arbeitsbeginn »klappern« und nahm dem Heinze Gottlob die Reden zu Erntefest und ähnlichen Gelegenheiten ab. So wurde er bald Mitglied der Hofprominenz. Er veranlaßte Vater zum Ankauf verschiedener moderner Geräte und baute gummibereifte Ackerwagen, die unsere Transportprobleme wesentlich vereinfachten. Seine Frau übertraf, was noch keiner gelungen war, die Heinzen in der Akkordleistung im Rübenziehen. Sie war großartig!

Der Inspektor

An der Spitze der Hofhonoratioren stand selbstverständlich der Inspektor. Inspektoren aber befanden sich in einer unglücklichen sozialen Stellung. Zwar wurden sie als einzige von allen Mitarbeitern mit Herr angesprochen; sie waren deshalb

Das Inspektorhaus

aber noch lange keine Herren. Sie waren nicht Fisch und nicht Fleisch. Sie hatten mit der Herrschaft keinen gesellschaftlichen Verkehr und erst recht nicht mit Kutscher, Förster oder gar Stellmacher. Auch zu den Bauern hatten sie kaum Kontakt, weil Gutsbesitzer und Bauern stets in einigem Gegensatz standen und eine intensive Verbindung zu den Bauern dem Inspektor als Illoyalität ausgelegt worden wäre. Warum sie zu den Inspektoren anderer Güter keine Verbindung hatten, weiß ich nicht recht. Den meisten Inspektoren standen Pferd und Wagen nicht zur Verfügung, und ein Besuch zu Fuß hätte vermutlich als würdelos gegolten. So blieb als gesellschaftlicher Kontakt nur der Lehrer im Kirchdorf, den es nicht störte, vier Kilometer zu laufen, wenn er sich mal ordentlich satt essen konnte.

Als mein Vater den Betrieb Ende 1918 übernahm, fand er den Inspektor Geissler vor, den mein Großvater in Dienst genommen hatte und der während des Krieges UK gestellt worden war. Das Ehepaar Geissler blieb uns etwa zehn Jahre erhalten, zum beiderseitigen Unglück. Geissler war ein anständiger, unbedingt loyaler Mann mit guten Kenntnissen im Ackerbau. Es fehlte ihm aber an Führungsbegabung und an der Fähigkeit, schnell zu improvisieren und rasche, praktische Entscheidungen zu treffen, die den ständig sich wandelnden Gegebenheiten von Wetter und Konjunktur und sonstigen Mißhelligkeiten angepaßt waren.

Frau Geissler wiederum war ein Sonnenkind. Klein war sie, sehr dick und aus Thüringen. Ihre Sprache allein war eine Quelle nie versiegender Heiterkeit für uns alle: Sie »packte Prot« und »backte Baggede«. Sie war freundlich und stets heiter. Außerdem besaß sie die längsten Haare der Welt; ihre Zöpfe reichten bis zur Erde. Mutter schwatzte gern mit ihr, machte aber nicht gern mit ihr Geschäfte, weil sie dabei – etwa bei der gemeinsamen Bienenhaltung – immer hereinfiel.

Für uns Kinder besaß Frau Geissler, die selbst kinderlos war, zwei bedeutende Attraktionen: Sie »packte« zu Weihnachten soviel Pfefferkuchen, daß der Vorrat an Ostern noch immer nicht aufgebraucht war. Ihr unter allerlei listigen Vorwänden einen dieser steinharten Kuchen abzuschwatzen und dann langsam im Munde aufzuweichen, war eine ebenso schwierige wie genußreiche Sache. Außerdem besaß sie ein Grammophon, so ein richtig schönes mit gewaltigem Schalltrichter. Mit krächzender Stimme sang es nach Melodien von Walter Kollos »Wie einst im Mai«:

> Die Serben sind alle Verbrecher,
> Ihr Herz ist ein finsteres Loch,
> Die andern, die sind noch viel frecher,
> Aber Dresche, aber Dresche kriegen sie doch.

1918 hatten wir die Dresche bekommen. Aber das störte uns nicht in unseren nationalistischen Gefühlen, und der Gesang des Grammophons bestätigte unsere Hoffnung auf spätere Siege.

Jeder Schuß ein Russ,
Jeder Stoß ein Franzos.

Wenn es uns dann noch gelang, einen alten Pfefferkuchen zu erschnorren, war die Welt in Ordnung.

Herr Geissler kam jeden Abend zu Vater ins Herrenzimmer. Dann besprachen sie die Arbeit des nächsten Tages, und man durfte sie nicht stören. Sie machten tadellose Programme, die Geissler am Morgen in die Tat umsetzte. Aber wenn das Wetter umschlug, ein Pferd oder ein Gespannführer krank wurde oder die Mähmaschine einen ihrer vielen Defekte hatte, war alles geplatzt. Dann schnell von Ernte auf Mistfahren umzuschalten, das Pferdegespann durch ein paar Ochsen notdürftig zu ersetzen, eine Mähmaschine in Reserve zu haben, das brachte Geissler nicht fertig, und Vater war nicht zur Stelle – vermutlich weil es ihm auch nicht lag. Dann gab es unklare, sich widersprechende Anordnungen, Leerlauf, verlorene Zeit und hämisches Grinsen der Arbeiter. Und alles kostete Geld, das knapp oder nicht vorhanden war.

Gesellschaftlich gab es mit den Geisslers folgende Regelung: Sie wurden zum Nachmittagskaffee eingeladen und einmal im Jahr zu einem sonntäglichen Mittagessen, Mutter trank öfters mal eine Tasse Kaffee bei Frau Geissler, Vater dagegen nie einen Schnaps oder ein Glas Wein bei ihm. Zur Weihnachtsbescherung der Hofkinder und dem dazugehörigen Krippenspiel am 23. Dezember wurden sie eingeladen und bekamen ein Oberhemd, eine Schürze und einen geheimnisvollen Briefumschlag. Dieser enthielt, wie ich bald erforschte, »ein Geldgeschenk«. Das fand ich gut. Als ich einmal nicht wußte, was ich Vater zum Geburtstag schenken sollte, beschloß ich, meine Barschaft, die aus einem stark oxydierten eisernen Fünfpfennigstück bestand, als »Geldgeschenk« zu opfern. Ich war sehr enttäuscht, als Mutter diese Idee für unpassend befand.

Bei den gegenseitigen Besuchen war es undenkbar, daß

Geisslers etwa mit Gutsnachbarn zusammen eingeladen worden wären oder die Eltern zusammen mit dem Lehrerehepaar. Allenfalls Geschwister konnten dabeisein, wenn sie als Logiergäste im Hause waren. Bei großen Treibjagden durfte Geissler mitschießen. Er bekam die schlechtesten Stände und schoß unentwegt vorbei, wie alle Inspektoren, die Sinn für Anstand hatten. Das anschließende Jagdessen fand selbstverständlich ohne ihn statt.

Rückblickend kann ich nicht behaupten, daß wir Geisslers nett behandelten. Damals entsprach unser Verhalten den allgemeinen Gepflogenheiten. Geissler kündigte dann eines Tages und nahm eine Stelle auf einem Nachbargut an, das einem einfachen, erfahrenen Landwirt gehörte. Dort hat er seine Aufgabe meines Wissens gut erfüllt. Zu uns paßte er nicht recht.

Sein Nachfolger wurde der Dr. Weiss, ein Mann, der charakterlich und nach seinen Fähigkeiten den Durchschnitt weit überragte. Er stammte aus einem oberschlesischen großen Bauernhof – man nannte diese Höfe Erbscholtiseien –, war Hoferbe und arbeitete als Inspektor, solange sein Vater den heimischen Betrieb verwaltete. Er war unverheiratet und Anthroposoph. Die anthroposophische Wirtschaftsweise bei uns einzuführen versuchte er nicht. Aber er erzählte davon. Mit einem belustigten Lächeln schilderte er uns, wie man Mäuse fängt, backt, pulverisiert und dann mit Jauche verrührt – möglichst durch einen Idioten und bei Mondschein. Das so gewonnene Elixier hatte angeblich hervorragende Düngewirkung, obwohl es nur in homöopathisch kleinen Mengen verwendet wurde. Nie ist mir ganz klargeworden, ob Weiss sich mit diesen Erzählungen über sich selbst lustig machte oder über uns und unsere lächerlichen Vorstellungen von der Anthroposophie. Vielleicht tat er beides zugleich.

Er besaß alle Eigenschaften, die seinem Vorgänger fehlten, und dessen gute dazu. So arbeitete Vater gern und erfolgreich mit ihm. Leider wurde sein Vater bald so krank, daß er nach

Hause mußte; so blieb er uns nur kurze Zeit. Seine Nachfolger erreichten niemals sein Niveau. Sie wechselten häufig und hatten verschiedene, jeweils gravierende Mängel. Eine Besserung – dafür aber eine gründliche – trat erst ein, als mein Bruder seine Ausbildung und ersten Praxisjahre absolviert hatte und den Betrieb zunächst als Inspektor, bald aber mit weitgehenden Vollmachten ausgestattet übernahm.

Die Timplichen

Es bleibt noch eine Gruppe von Arbeitern zu beschreiben, die ich die Timplichen nennen möchte, um ein schlesisches Wort zu gebrauchen und um den Ausdruck Deppen zu vermeiden, der zu stark wäre. Richtig timplich waren die wenigsten; zum Teil waren sie wohl nur sehr unpraktisch oder faul. Aber mit dem Ausdruck timplich waren wir schnell bei der Hand, und so kann es dabei bleiben.

Da war zunächst die Familie Völker. Es wurde immer beteuert, daß sie Deutsche seien. Aber sie stammten wohl irgendwoher aus dem Osten; wahrscheinlich waren sie Volksdeutsche mit stark russischem Einschlag, denn sie sprachen nur gebrochen deutsch und waren auch sonst anders als wir. Es gab eine ganze Menge davon: den Karl, eine Klara, weitere Schwestern, eine alte Mutter und einen braven Vater, der tot war. Sie wohnten in drangvoll schmutziger Enge in einer an sich recht guten Wohnung im Stellmacherhaus. Ich weiß nicht, wie viele sie waren, nur noch, wie es in der Wohnung roch – gar nicht gut. Der Karl führte zeitweise ein Gespann, aber so schlecht, daß man es ihm nehmen mußte. Die Klara kam zur Arbeit. Was die anderen machten, blieb unklar. Deutlich war nur die Beziehung mindestens einer der Schwestern zu Stanislaus. Stanislaus stammte aus Polen und war vermutlich als russischer Kriegsgefangener nach Deutschland gekommen; vorerst machte er keine Anstalten, in die Heimat zurückzukehren. Manche vermuteten, daß er dort etwas auf dem Kerbholz hatte. Er hatte überall etwas auf dem Kerbholz, aber auch ein heiteres Gemüt und große Körperkräfte. Letztere setzte er manchmal für die Arbeit ein, lieber aber zur Vermehrung der Völkerfamilie und zu allerlei Schabernack.

Inspektor Geissler brachte er an den Rand der Verzweiflung. Der neue Benzolmotor, der zum Antrieb der Dreschmaschine diente, sollte angelassen werden. Acht Frauen und fünf Männer warteten auf den Beginn der Arbeit. Aber an diesem Tag wollte sich das Schwungrad, mit dem der Motor angelassen wurde, nicht auf Touren bringen lassen. Kuschke tanzte aufgeregt um die Maschine herum, fand aber keinen Defekt. Geissler gab einen Befehl nach dem anderen. Das Ding drehte sich langsam und schwerfällig und zündete nicht. Erst hatten nur zwei Männer wie üblich die Kurbel bedient; dann wurde ein langer Strick an dem Handgriff befestigt, und zwei weitere Männer und drei Frauen zogen auf Kommando mit aller Kraft. Kuschke kochte, Geissler schwitzte vor Nervosität, die Weiber kreischten und die Männer an der Kurbel murrten und keuchten; am meisten stöhnte Stanislaus, der auch kurbelte. Der Kampf mit dem tückischen Objekt dauerte einschließlich mehrerer Untersuchungen und Beratungen etwa eine Stunde. Dann kam heraus, daß Stanislaus, statt zu drehen, während der ganzen Zeit den Schwung des Rades mit aller Kraft gebremst hatte. Er wollte sich totlachen. Was macht man mit so einem Menschen?

Ein andermal ging ich mit Mutter am Sonntagvormittag im Park spazieren, als Stanislaus, der damals nicht mehr in unseren Diensten stand, lebhaft schwankend auf uns zukam. Er baute sich vor uns auf, lüftete mit Schwung seine Mütze und radebrechte »Tag, Frau!« Pause. Neues Mützeschwenken und anschließend unverständliche Worte, wahrscheinlich auf polnisch. Meine Mutter zögerte: Einerseits war sie doch ein wenig entrüstet über die respektlose Anrede, andererseits bereitete ihr der Anblick eines Betrunkenen Spaß. Der Spaß siegte, und sie setzte die Unterhaltung mit einer Frage nach Stanislaus' Wünschen fort. »Tag, Frau!« Die Mütze wurde wieder bewegt. »Meine Kinder hier geboren.« Man hatte es ja immer geahnt, woher die Völker-Mädchen ihre Kinder hatten. »Meine Kinder hier geboren« – Stanislaus schien inzwischen recht ärgerlich zu werden – »meine Kinder hier geboren. Will Arbeit haben!« Nun war es heraus: Er war mal wieder aus einem Betrieb herausgeflogen und meinte nun, durch seine illegitimen Sprößlinge gleichsam zu unserer Familie zu gehören. Mutter konnte und wollte ihm keine Zusagen machen, hatte aber einige Mühe, seinem wachsenden Zorn und seiner gewaltigen Schnapsfahne in würdiger Weise zu entkommen. Ich selbst hatte viel mehr Angst als sie, aber hinterher lachten wir alle herzlich. »Tag, Frau!« wurde eine beliebte Anrede in der Familie.

Die Völkers verschwanden nach und nach, ohne daß ihnen nachgeweint wurde. Ob Stanislaus eine der Schwestern geheiratet und nachgezogen hat, ob Karl eine andere Stelle fand? Eines Tages kam ein Leiterwagen – oder waren es zwei? – von einem anderen Gut. Kutscher Scholz, den ich nach dem Grund dieses seltenen Besuchs fragte, sagte kurz »nach Sterz«. Unter Sterz hatte ich mir bis dahin ein fettiges Gericht vorgestellt. Ich brauchte lange, um aus Scholz, der seinen einsilbigen Tag hatte, herauszubringen, daß es sich um Umzugsgut der Familie Völker handelte; sie »machten fort«.

Eine timpliche Familie waren auch die Hanischs. Vater Hanisch war von normalem Verstand. Er war Bergmann gewesen, hatte sich eine Staublunge geholt und darum eine leichte Arbeit in guter Luft suchen müssen. Er ersetzte unseren alten Nachtwächter, der durch einen Buckel zu dieser Aufgabe prädestiniert gewesen war.

Der Nachtwächter hatte verschiedene Aufgaben. Er besaß ein altes Kuhhorn, auf dem er ab zehn Uhr die vollen Stunden blasen mußte, damit Vater mühelos kontrollieren konnte, ob er nicht schlief. Er schlief trotzdem oft, im Stroh der Futterkammer des Ackerpferdestalls, und nach Mitternacht schlief auch Vater und merkte nicht mehr, ob getutet wurde. Hanisch war nur mit dem Horn bewaffnet. In erster Linie bestand seine Aufgabe darin, zu melden, wenn eine Kuh kalben wollte oder ein Pferd sich losgerissen hatte. Mit kriminellen Elementen ist er nie in Berührung gekommen; vielleicht hat seine Existenz sie abgeschreckt.

Tagsüber hatte Hanisch Holz zu hacken für den Bedarf des Herrenhauses, der allerdings gering war, da überwiegend mit Kohle, Koks und Briketts geheizt wurde. Außerdem mußte er unsere Schuhe putzen, eine oft recht lästige Arbeit: Gummistiefel waren unbekannt, und unsere Treter starrten oft vor Lehm und Dreck. Eine Ausnahme bildeten nur die von Vater, der auf unverständliche Weise mit sauberen Schuhen nach Hause kam, auch wenn Hof und Wege voller Schlamm waren.

Schließlich oblag es dem Nachtwächter, das Trinkwasser aus dem Wald zu holen. Er hatte also schon eine ganze Menge zu tun, ist dabei aber trotz Staublunge ziemlich alt geworden. Manchmal allerdings war er krank. Dann wurden seine Arbeiten verteilt. Die Schuhe blieben ungeputzt oder wurden von seiner Frau bearbeitet, was in etwa auf dasselbe hinauskam.

Die Hanischen war eine der uns allen auferlegten Zuchtruten Gottes: dick, faul, geschwätzig (mit rheinischem Dialekt), horndumm und schmutzig. Ihr Mann mußte das Essen von Mamsell beziehen, weil sie ihm nichts Vernünftiges kochte. Dabei muß die Familie mit der Knappschaftsrente und dem, was sie bei uns verdienten, überdurchschnittliche Einkünfte gehabt haben. Sie wohnten in einem zum Gut gehörigen Haus fünfhundert Meter vom Hof entfernt. Es war da eigentlich recht hübsch. Die Wohnung selbst habe ich jedoch nie betreten. Armeleutegeruch gab es damals nicht selten. Bei der Mutter Jungken oder bei Völkers roch es nicht gut. Wenn einem aber die Luft der Hanisch-Wohnung entgegenschlug, konnte man schon in der Tür kalte Schweißausbrüche bekommen. Wie es drinnen war, konnte ich nur ahnen.

Der Hanischen oblag es, den Küchenflur des Gutshauses zu scheuern. Das geschah unter großem Aufwand von Wasser, Schrubbern und Scheuertüchern einmal in der Woche. Danach roch es im ganzen Erdgeschoß nach Hanischen. Da sie sich keineswegs veranlaßt fühlte, ihre Wäsche öfter als alle zwei Wochen zu wechseln, wurde ihr Duft immer penetranter. Niemand dachte jedoch daran, auf ihre Dienste als Scheuerfrau zu verzichten. Man nahm die Dinge, wie sie kamen.

Kinder hatten die Hanischs auch. Es müssen vier oder fünf gewesen sein. Ich kann mich nur an die jüngsten Töchter Frieda und Klara erinnern. Von den älteren weiß ich nur, daß sie nach schlechten Schulleistungen verschwanden. Frieda und Klara waren echt timplich, so sehr, daß sie in der Schule nie weiter als bis zur ersten Klasse kamen. Sie hatten sprechen gelernt und konnten schließlich auch etwas lesen und ihren Namen schreiben. Sie waren weder verblödet noch mongoloid, nur ungewöhnlich dumm. Kräftig und gesund, arbeiteten beide zeitweise auf dem Hof mit.

Frieda wurden wir schließlich los, Klara blieb uns erhalten. Trotz jahrelanger Übung lernte sie nicht, eine Mistgabel richtig zu halten: Wenn sie Mist breiten sollte, fielen die Brocken in groben Klunkern ungleichmäßig in die Gegend, statt einen schönen feinen Teppich auf dem Acker zu bilden. Wenn sie in der Scheune Garben staken sollte, pikte sie den Spicker so ungeschickt hinein, daß die Bänder sich lösten und der ganze Arbeitsgang aus dem Takt kam. Schwierigere Arbeiten wie Fuder machen oder Garben auf der Dreschmaschine einlegen, konnte man ihr ohnehin nicht auftragen. Und beim Rübenakkord wäre sie verhungert. Sie war nicht einfach faul oder bösartig; sie war nur stur, dumpf und ungeschickt. In der Nazizeit wurden die Mädchen sterilisiert. Mutter Hanisch machte ein kleines Freudenhaus auf für Fremdarbeiter und Kriegsgefangene. Klein war sicher nicht nur das Haus, sondern auch die Freude. Aber das Geschäft blühte.

Timplich war auch Krug Bruno. Er wohnte in Wühleisen,

einem etwa vier Kilometer entfernten Dorf, das nur auf einem Waldweg zu erreichen war, den man mit einem Fahrrad kaum befahren konnte. So kam Bruno meist zu Fuß. Er war schon um die fünfzig Jahre alt, als er in unsere Dienste trat. Was er vorher gemacht hat, weiß ich nicht. Bruno war nicht schlechter angezogen als seine Kollegen, zeigte montags Spuren der sonntäglichen Rasur und hatte eine rosige Haut, die so aussah, als ob er sich jeden Morgen das Gesicht wüsche. Von den Wühleisenern sagte man, daß sie große Strolche wären, die alles außer glühendem Eisen stehlen würden. Angeblich wilderten sie und betrieben eine Schwarzbrennerei. Das mag eine böse Verleumdung gewesen sein, aber es wäre eine Erklärung für den relativen Wohlstand der Familie Krug, der kaum von den 21 Reichsmark Bruttowochenlohn kommen konnte. Bruno hat sich an diesen kriminellen Machenschaften gewiß nicht beteiligt. Aber die älteren unter seinen zahlreichen Sprößlingen, die größere Talente besaßen, mögen auf die eine oder andere Weise schon bald zum Unterhalt der Familie beigetragen haben. Wie viele Kinder Bruno hatte, wußte niemand. Obwohl es sich ausschließlich um eheliche handelte, schwankten die Angaben zwischen neun und dreizehn. Wühleisen lag eben sehr weit weg.

Daß der Kindersegen von Bruno nicht ausschließlich als solcher empfunden wurde, zeigt etwa folgende Unterhaltung, deren Zeuge ich wurde (morgens vor Arbeitsbeginn am Pferdestall): Heinze Oswald: »Bruno, du timplichc Lärge, kriegt die Paula schon wieder was Kleenes?« Bruno: »Nu ja, ja. Eich wiss ja au ni, was ich soll machen. Eich gei schon mit der Unterjacke ins Bett jetze; as hilft ja au gar nischte ni.«

Niemand machte sich die Mühe, Bruno über die Wirkungslosigkeit der von ihm gewählten Empfängnisverhütung aufzuklären. So bekam Frau Krug bald das nächste Baby und 1939 das Mutterkreuz in Gold; außerdem gab es recht lukrative Kinderzuschüsse, die man im ländlichen Sprachgebrauch als »Deckgeld« zu bezeichnen pflegte. Sterilisiert wurde Bruno nicht.

Pferde konnte man ihm selbstverständlich nicht in die Hand geben. Man versuchte es mit Ochsen, »Eichhörnchen«, wie Kutscher Scholz diese freundlichen Tiere verächtlich zu nennen pflegte. Aber auch mit Ochsen ging es nicht richtig. Es war nicht so schlimm wie beim Scholz Hermann – auf den ich gleich zu sprechen komme –, aber in die wahre Kunst der Ochsenfahrerei drang Bruno nie ein. Ackern zum Beispiel war ausgeschlossen, und eine Getreidefuhre vertraute man ihm nur an, wenn es gar nicht anders ging. Handarbeiten machte er ganz brav, nicht schnell und besser unter Aufsicht, aber schließlich verdiente er sein Geld. Er war das, was man »a gutter Kerle« nannte. Ich hoffe, daß seine Kinder in der Bundesrepublik mit Wühleisener Lebenstüchtigkeit auf die Füße gefallen sind.

Zwischen Scholz Karl, dem Kutscher, und Scholz Hermann lagen Welten. Allein die Namensgleichheit war für den Karl schon eine Anfechtung. Nun sprach man auf dem Hof nicht mehr schlicht von Scholz als Inbegriff von Redlichkeit und tüchtigem Fleiß. Um ihn von Hermann zu unterscheiden, mußte man dem Familiennamen den Vornamen hinzusetzen. Scholz Karl, das klang zu familiär und ein wenig respektlos. Natürlich nannte man ihn nur so, wenn er nicht dabei war. Es geschah ohne alle Bosheit, und doch klang es leicht entwürdigend.

Hermann ist uns wohl vom Arbeitsamt zugewiesen worden. Es muß um 1930 gewesen sein. Warum Vater ihn nahm, weiß ich nicht; damals gab es noch keinen Mangel an Arbeitskräften. Vermutlich hat die kleine Frau mit den vielen Kindern ihm leid getan. Denn eine Bereicherung für den Betrieb war die Familie nicht. Sie bestand aus dem Elternpaar, einer wachsenden Kinderschar und Maria, der Schwester des Familienvaters. Über sie ist nicht viel zu sagen. Sie war völlig timplich, das heißt, sie konnte weder lesen noch schreiben, kaum sprechen und bot auch von ihrer Erscheinung her das Bild einer Behinderten. Sie war jedoch ungefährlich und hatte gelernt, ganz brav die Kinder ihres Bruders zu hüten, die sich durch das abstoßende Äußere der Tante keineswegs gestört fühlten.

Die kleine Scholzen war eine tapfere und fleißige Frau. Ständig schwanger, arbeitete sie regelmäßig wie die anderen Frauen im Betrieb. Zugleich hielt sie die Familie in Ordnung. Sie hatte ein lustig-listiges rundes Gesicht, das sich auf ihre Kinder in vollendet runden Köpfen vererbte – sie hießen »die Monde«. Von Natur aus war sie heiter, aber sie war ständig überfordert. Die Arbeit, die auf sie zukam, überstieg das menschenmögliche. So war sie stets im Rückstand. Den Augenblick, wo sie einmal mit gutem Gewissen verschnaufen konnte, gab es nicht. Es ging alles so einigermaßen, nur durfte nichts hinzukommen: keine Erkrankung der Kinder, keine Sonderbelastung durch Rübenakkord, keine Überstunden in der Ernte, keine Wochenbetten. Und alles das kam, kam unvermeidlich bis auf die Überstunden, von denen sie dispensiert wurde. Sie hatte weder die praktische Intelligenz noch die körperliche Zähigkeit der Heinzen, die mit ähnlichen Situationen glänzend fertig wurde. Die kleine Scholzen brach einfach zusammen. Das war vielleicht eine ganz gesunde Abwehrreaktion. Denn nun griff meine Mutter ein und schickte meine Schwester; später half meine Schwägerin aus. Manchmal tat sogar die NS-Volkswohlfahrt etwas. Dann lag die Scholzen im Bett und konnte einmal ausruhen – gute Gelegenheit für Hermann, weiteren Nachwuchs in die Welt zu setzen.

Hatte die Heinzen am Gottlob zwar auch nicht viel Hilfe, so war er doch ein angesehener Mann und trug sein Teil an Haus- und Gartenarbeit bei. Hermanns beste Eigenschaft aber war, daß wir alle über ihn lachen mußten – wenn wir nicht gerade wütend auf ihn waren, und manchmal lachten wir auch dann noch. Was er anfaßte, ging entzwei. Wenn er ackerte, lief der Pflug in Schlangenlinien über das Feld. »Wie der Bulle pißt«, sagten wir. Wenn er eggte, vergaß er die Egge zu heben – oder er war zu faul dazu –, so daß zwischen den Zinken Unkraut, Steine und Stoppeln einen dichten Filz bildeten. Spannte er ein, so brach er prompt bei einer zu scharfen Wendung die Deichsel ab, oder er faßte mit der Radnabe einen Staketenzaun und rasierte ein Dutzend Zaunlatten weg. Einmal hat er die Drillmaschine gefahren. Das Muster, das er auf den Acker gesät hat, ließ uns alle ein Frühjahr lang vor Scham rote Köpfe kriegen. Aber auch Gabelstiele zerbrachen wie Streichhölzer in seinen Händen, hölzerne Rechen schienen ihre Zinken alle gleichzeitig zu verlieren, wenn er sie anfaßte. Die Zugketten der Ochsen zerrissen und die Waagscheite – wir nannten sie Ortscheit – zerknackten, wenn er damit hantierte. Während des Krieges wurde ihm einmal ein Pferdegespann anvertraut. Johann Keller, ein polnischer Arbeiter, berichtete meiner Schwester: »Sagt Hermann, err ferrt zu Miete, Ich sag Hermann, wirst du in Schlamm fahren. Hermann ferrt los. Ich komm zu Miete; schon liegt Hermann drin!« Hermann selbst lag zwar nicht drin, aber seine Pferde waren im Schlamm versackt und konnten sich nicht mehr rühren. Der ganze Betrieb war fünf Stunden in Atem, bis die Tiere gerettet waren.

Bei Kriegsanfang hatten sie Hermann zu den »Preußen« eingezogen. Er wurde bereits nach drei Wochen entlassen und kehrte heim. Wir waren beim Mistladen im Schafstall; Thomas stichelte: »Nu, Hermann, du bis die Preußen wohl zu timplich gewesen, daß se dich huan fortgeschickt.« Hermann entrüstet: »Nä, nä (und dann fast hochdeutsch, zum Zeichen seiner Würde), dort bin ich ganz anders angesehen gewäsen. Da hat der Unteroffizier zu mir gesagt: ›So einer wie Sie hat uns gerade noch gefehlt!‹« Er konnte überhaupt nicht verstehen, warum wir lachten.

Manchmal hänselten ihn die Kollegen über Gebühr. Besonders der Olschok, ein etwas brutaler Typ, der damals unseren Trecker fuhr, tat des Guten zuviel. Dann konnte Hermann plötzlich in sinnlose Wut geraten; er schlug zu, wo es hintraf, und da er meist nicht traf und nicht sehr stark war, bekam er auch noch Prügel. Eine schreckliche Szene dieser Art steht mir vor Augen. Ich versuchte vergeblich, die Kampfhähne zu trennen, und hatte entsetzliche Angst, selbst Prügel zu beziehen; sie hatten sich nicht mehr unter Kontrolle und boxten, ohne Deckung zu nehmen. Krachend schlugen die schweren Fäuste immer an die Köpfe: auf die Nase, in die Zähne, an die Ohren oder aufs Auge. Ich meinte, sie würden sich gegenseitig umbringen, schrie und wetterte, hielt aber sorgfältig auf Abstand. Schließlich hörten sie auf, weniger wegen meiner Befehle als weil sie genug hatten. Es war beinahe enttäuschend, wie gering ihre Verletzungen waren: ein bißchen Nasenbluten bei Hermann, ein leicht koloriertes Auge bei Olschok. Friedlich schimpfend setzten sie ihre Arbeit fort.

Ich will mit meinem Bericht nicht den Eindruck erwecken, wir hätten unsere Wirtschaft vorwiegend mit Halbidioten betrieben. Zum einen waren sie nicht alle gleichzeitig da, zum anderen habe ich ihnen mehr Aufmerksamkeit gewidmet als der Masse der Arbeiter. Dennoch erscheint es mir rückblickend interessant, wie viele Timpliche auf dem Hof lebten. Heute würde man diese »Behinderten« in teuren Anstalten unterbringen, wo sie sicher sehr viel unglücklicher wären. Auf dem Hof wurden sie zwar gelegentlich sehr taktlos verspottet, aber sie »gehörten dazu«. Sie waren Glieder einer Gemeinschaft, waren nützlich im Rahmen ihrer Möglichkeiten und wurden, wenn auch in einer rauhen Weise, toleriert – nicht nur »ertragen«, sondern auch »getragen«. In der heutigen Landwirtschaft heißt es: »Deppen gehören ans Fließband.« Es ist bezeichnend, daß der Fortschritt – nicht nur der technische, sondern auch der soziale – die Heimstätten für Halbdumme auf dem Lande zerstört hat.

Spielerei mit dem Taschenrechner

Das Gut hatte, wie gesagt, eine Ackerfläche von 600 Morgen. In einem guten Jahr ernteten wir auf dem Morgen sechs Doppelzentner Getreide. Der Preis für den Doppelzentner lag bei 20 RM. Das entsprach einem Umsatz von 72.000 RM. Nun baute man allerdings nicht nur Getreide an. Es gab Zucker- und Futterrüben, Kartoffeln, Klee und gelegentlich Raps oder Flachs. Und der Ertrag kam nicht nur vom Acker, sondern auch aus Kuh- und Schafstall. Der Ertrag der Viehhaltung bestand, nach Abzug der Futter- und Pflegekosten, jedoch überwiegend im Stalldünger, der wieder dem Acker zugute kam. Der Ertrag der Kartoffeln lag bei 50 dz zu 2 RM; Zuckerrüben brachten einen etwas höheren Ertrag, 70 dz zu 3 RM, also etwa 210 RM pro Morgen. Dafür war der Erlös bei Hafer und Roggen niedriger. Den Gesamtumsatz mit 3.600 dz Getreide zu rechnen, bedeutet also eine Vereinfachung, aber keine unzulässige. Aus diesem Ertrag mußten die etwa sechzig Menschen ernährt werden, die auf und von dem Gut lebten. Dafür jedoch stand keineswegs die ganze Ernte zur Verfügung. Ein erheblicher Teil wurde für Energie verbraucht: 12 Pferde (8 im Acker, 2 im Kutschwagen und 2 wechselnd verwendet) fraßen jeden Tag je 5 kg Hafer oder Gersthafer. Das sind 219 dz oder der Ertrag von 36,5 Morgen   3.650 RM (Die Kosten für Heu und Ochsen rechne ich gegen den Ertrag der Wiesen auf). Hinzu kamen:

1. Kosten für Kunstdünger
   (1,25 dz x 600 x 9 RM)   13.500 RM
2. Abschreibung (Anschaffung und Amortisation) von Maschinen und Geräten; 10 % von 40.000 RM   4.000 RM

3. Reparaturen einschließlich	
Beschlag der Pferde	3.000 RM
4. Gebäudeerhaltung	3.000 RM
Steuern und Beiträge	1.000 RM
Div. Ausgaben	1.000 RM
Insgesamt	29.150 RM

Von den 72.000 RM blieben also nur 42.850 RM für die auf dem Betrieb lebenden Menschen übrig, also etwa 700 RM für jeden einschließlich des Besitzers.

Bei einer ins einzelne gehenden Berechnung zähle ich vierzig Beschäftigte, eine Zahl, die sich im Laufe der Jahre nach oben und unten verändert haben mag. Je Mitarbeiter standen also durchschnittlich 1.071 RM zur Verfügung.

Das Jahreseinkommen einer Arbeiterfamilie (ohne Hofgänger) betrug:

14 dz Getreide	224,-- RM
30 dz Kartoffeln	60,-- RM
365 l Milch	36,50 RM
freie Wohnung	180,-- RM
freie Heizung	58,-- RM
freier elektrischer Strom	58,-- RM
Lohn des Mannes	
(52 x 60 Std. x 0,105 RM)	327,60 RM
Futtergeld (52 x 1,80 RM)	93,60 RM
Handwerkszeugentschädigung	30,-- RM
Lohn der Frau	
(52 x 50 x 0,17 RM, ohne Rübenakkord)	442,-- RM
	1.509,70 RM
Beiträge des Arbeitgebers zur Sozialversicherung	80,-- RM
Abzüge für kürzere Arbeit im Winter	
Mann 12 Wo. x 10 Std. x 0,105 RM	12,60 RM
Frau 12 Wo. x 8,5 Std. x 0,17 RM	17,34 RM
	1.619,64 RM

Mit zwanzig Arbeiterehepaaren multipliziert ergibt das einen Lohnbedarf von 32.400 RM. Eine ganze Reihe von Mitarbeitern aber hatte höhere Bezüge: der Inspektor, der Förster, der Kutscher, der Stellmacher, der Schweizer. Kaum einer hatte weniger. Die Freiarbeiter kosteten 1.100 RM in bar, ohne Frau, zuzüglich 60 RM Arbeitgeberanteil zur Sozialversicherung. Etwas billiger waren alleinstehende Frauen und »Hofgänger«. Aber von beiden gab es nicht viele. Für die Höherbezahlten muß man zusätzlich 2.500 RM rechnen, und zur Kartoffelernte kamen Frauen aus der benachbarten Kleinstadt, die auch noch einmal 700 RM bekamen, ungerechnet die Kartoffeln, die sie unter ihren Röcken wegtrugen. Der Wagen, der sie heimfuhr, kam immer mit völlig naßgeschwitzten Pferden zurück – so schwer war die Last.

Von den 42.850 RM blieben also 7.250 RM für den Besitzer. Davon waren 3.200 RM Verwandtenhypotheken zu bezahlen, anfänglich sogar 8.000 RM. Es kamen nach ein paar schlechteren Jahren weitere Schuldzinsen hinzu. Da wurde die Jacke zu eng. Der Wald brachte zwar ein paar tausend Mark, verursachte aber auch Kosten: Waldarbeiterlöhne, Kulturkosten und so weiter. Mehr als 2.000 RM konnte man ihm nicht entnehmen, wenn man den Bestand erhalten wollte.

Tatsächlich wurde der Bargeldbedarf der Familie aus Vaters Offizierspension bestritten. Der Luxus des Besitzers lag in dem zahlreichen Personal zur Bedienung der Familie. Man hätte daran sparen können. Auch auf dem Hof war manche Kraft überflüssig. Aber die Einsparung hätte zu weiterem Ansteigen der Arbeitslosenzahlen geführt. Das war keine leere sozialpolitische Überlegung: Entlassene Arbeiter – und man entließ natürlich die schlechteren – fanden keine neue Stelle, blieben auf dem Hof in ihren Wohnungen sitzen und wurden in die Kleinkriminalität und politischen Radikalismus gedrängt. Da ließ man sie besser in Brot und Arbeit.

Das Ausbeutertum, das uns vorgeworfen wurde, war also wenig lukrativ. Sicher hat es reichere Güter gegeben, aber wir

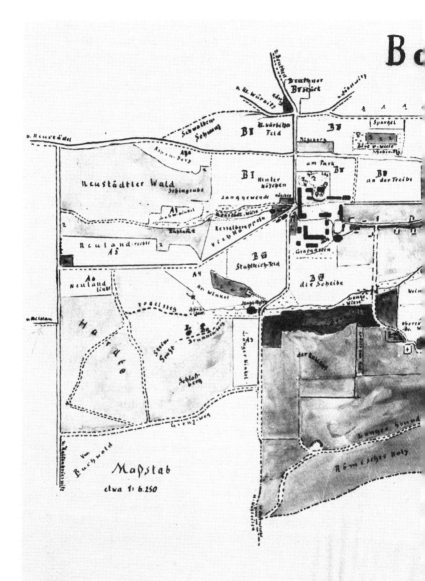

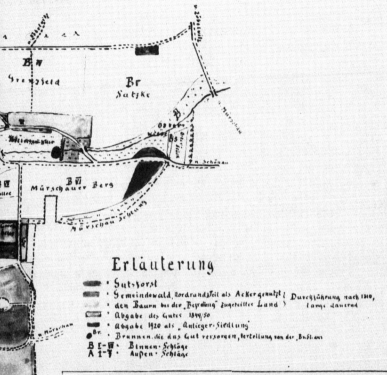

Erläuterung

- Guts-Forst
- Gemeindewald, Nordrandsteil als Acker genutzt / Durchführung nach 1840,
- den Bauern bei der "Befreiung" zugeteiltes Land / lange dauernd
- Abgabe des Gutes 1849/50
- Abgabe 1920 als „Anlieger-Siedlung"
- Br. Brunnen, die das Gut versorgen, Verteilung von der Bu.St. aus
- B I–VII: Binnen-Schläge
- A 1–7: Außen-Schläge

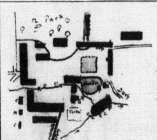

Gutshof
Erläuterung

H= Gutshaus, K= kleines Haus/Kart-André
T-V= Scheunen, M= alte Molkerei
a= Jungvieh und Ochsen, b= Schafe
c= Schweine, d= Kühe, e u.f= Pferde
f-s= Schäfer, Melkermeister, Ack.-Kutscher u. Arbeiter, Gesinde
U= Gärtner, G= Gerätschuppen, D= Dünger-Scheune
Sch.= im Obergeschoß Schafboden
W= Gutswirtschaft u. Kolonialladen
T= Transformator, R im Keller automat. Pumpe

waren keineswegs die Ärmsten. In vieler Hinsicht lebten wir allerdings schlichter als ein bundesdeutscher Arbeiter; nur hatten wir andere Ansprüche, die heute auch reichen Leuten unsinnig erscheinen.

Der Unterschied in der Lebenshaltung – nicht im Bargeldaufwand – zwischen Arbeitgeber und Arbeitnehmer war größer als heute. Das entsprach der Sozialstruktur der Gesellschaft. Während in den Städten der Frühkapitalismus noch nicht überwunden war, war bei uns ein gutes Stück Feudalordnung erhalten geblieben. So freundlich diese alte Ordnung war, sosehr ich sie liebte: ich bin froh, daß wir sie hinter uns gelassen haben.

Und dennoch: Vor kurzem unterhielt ich mich mit zwei Landarbeitern, die an einem komplizierten Düngerstreuer arbeiteten. Sie sahen wohlgenährt aus und meinten, daß schwere körperliche Arbeit für sie nicht in Frage käme, gaben aber gleichzeitig zu, daß die ewige Treckerfahrerei zu Bandscheibenschäden führe. Sie erhalten Löhne, die etwa auf dem Niveau eines Industriearbeiters liegen, und lieben ihre abwechslungsreiche Tätigkeit. Mit dem Verwalter zusammen bewirtschaften sie einen Betrieb von eintausend Morgen. Ihre Frauen fahren im Auto zur Arbeit in die benachbarte Kleinstadt; sie würden jede Landarbeit ablehnen. Der Verwalter sei ein prima Kumpel, auf den sie nichts kommen ließen. Die beiden Männer haben sehr klare Vorstellungen von der Landarbeit, wie sie vor fünfzig Jahren war. Sie wissen, daß sie so nicht mehr leben möchten. Aber sie sagen, die Arbeit sei einsam geworden. Wenn sie den ganzen Tag auf dem Trecker sitzen, spricht kein Mensch mit ihnen. Sie haben ein Häuschen mit etwas Blumengarten, aber sie kennen ihre Nachbarn nicht, und ihren Frauen geht es ebenso. Sie haben allen Komfort im Haus, und nach Feierabend gibt es Fernsehen. An den langen Wochenenden fahren sie im Auto weit über Land. Früher, sagen sie, habe man viel weniger Freizeit gehabt und noch viel Arbeit mit Gemüsegarten und Kleinvieh. Aber wenn einmal

Zeit war, habe man mit den Nachbarn auf einer Bank sitzen und plaudern können. Man habe »dazugehört«. Nein, sie seien fest überzeugt, daß die Menschen damals zufriedener waren – glücklicher sagten sie nicht.

Das Dorf

Ehe ich mich der Beschreibung der Dörfler zuwende, ist es wohl richtig, etwas über die Geschichte des Ortes zu schreiben. Mein Vater hat nach der Flucht eine Ausarbeitung über unseren Heimatort gemacht, die ich nach einigem Suchen unter alten Akten fand. Sie wurde im Jahre 1949 abgeschlossen.

Die frühesten Siedler in unserer Gegend, die sich nachweisen lassen, waren die Vandalen. In ihrem »Nachlaß« fanden sich allerlei Tonscherben, manchmal auch ganze Gefäße. Archäologie wurde ausschließlich mit dem Pflug betrieben: Beim Tiefackern, das für modernen Rübenanbau erforderlich war, stieß gelegentlich ein Pflug an einen alten Topf, der das in aller Regel nicht aushielt; so blieben meist nur Scherben übrig. Eine schöne große Tonvase war das einzige Stück, das bis auf ein pfenniggroßes Loch unversehrt war. Die hatte der Bauer Obst auf seinem Acker gefunden. Mutter Obst brachte sie Vater: »Eich hua se ja wolln auf'n Misthaufen schmeißen, weil a Loch drinne is; man kann se zu nischte ni mehr brauchen. Aber der Wilhelm hat gesagt, tu se ok den Herrn Oberst bringen, der sucht so a aales Gelumpe.« Er zahlte sogar drei Mark dafür.

Die Vandalen zogen um 200 nach Christus weg – vermutlich weil die Hunnen sie bedrängten – und wanderten nach Spanien und Nordafrika. Danach blieb das Land zunächst leer. Dann sickerten in dünnen Rinnsalen die Slawen ein. Erst zu Beginn des 13. Jahrhunderts kamen in großem Umfang, von den polnischen Teilfürsten hereingeholt, deutsche Siedler in den Raum. Es scheint zu keinen nennenswerten Auseinandersetzungen zwischen den Eingesessenen und den Siedlern gekommen zu sein. Es gab Land genug und immer noch wenig Menschen. Slawen und Deutsche vermischten sich. Auch die

Ortsnamen ließen über das Volkstum keinen Aufschluß zu. Schönau, dem Namen nach so deutsch, wie es nur geht, war ein typisch slawisches Haufendorf, Briesnitz, mit polnischem Namen, ein deutsches Reihendorf. Die häufige Endung auf »au« könnte ebensogut die deutsche Aue wie das slawische »owo« sein. Unter den Nationalsozialisten wurden die Ortsnamen »germanisiert«, wobei möglichst die deutsche Übersetzung der slawischen Namen verwendet wurde. Damals lachten wir über die Einwohner von Quaritz, die sich nach der deutschen Bedeutung ihres Namens erkundigten. Sie lautete »Dreckloch«. Vornehm machten sie »Oberquell« daraus.

Vater meinte, unser Baunau habe ursprünglich Banovo (Herrendorf) geheißen, und verwies auf das benachbarte Pfaffendorf. Ich glaube nicht ganz an diese Theorie, weil ich auf einer alten Karte der Fürstentümer Sagan und Glogau den Ort mit dem Namen Bone gefunden habe. Auch ist nicht einzusehen, warum Pfaffendorf einen deutschen und das entsprechende Herrendorf einen polnischen Namen gehabt haben soll. Schließlich hat Baunau bis ins 18. Jahrhundert eine ziemlich große Teichwirtschaft gehabt. Teiche sind aber fast nur bei geistlichen Besitzern zu finden. Mönche und Kleriker brauchten Fische als Fastenspeise, während die Laien lieber Fleisch aßen – wenn sie es sich leisten konnten. Was nun Bone, Baune oder Barne – auch diese Bezeichnungen kommen vor – bedeutet, habe ich nie erfahren. Jedenfalls dürfte der Ort slawischen Ursprungs gewesen sein. Das ist auch deshalb wahrscheinlich, weil er an einer alten Heer- und Salzstraße, also verkehrsgünstig lag. Zu unserer Zeit hatten die Straßen allerdings einen anderen Verlauf; wir waren zwei Kilometer von jedem befestigten Verkehrsweg entfernt.

Was bis zum Beginn des 18. Jahrhunderts in Baunau geschah, wissen wir nicht. Im Jahre 1710 jedenfalls war das Gut im Besitz des Freiherrn von Glaubitz. An dem alten Herrenhaus, das später mein Bruder bewohnte, war eine schöne Steintafel angebracht mit dem Glaubitzwappen, einem Karpfen – vielleicht aus Baunauer Teichen? – und der Inschrift: »Am 28. April 1710 hat Johann Georg Freiherr von Glaubitz, Herr auf Dalkau, Baunau, Groß Würbitz und Kutschwitz, Mitglied des Königlichen Manngerichts, dieses Haus anfangen lassen zu bauen.«

Es war ein recht bescheidenes Herrenhaus. Nur ein Drittel des langgestreckten einstöckigen Baus diente als Wohnhaus; das übrige waren Ställe, Wagenremisen und Speicher. Der Herr wird dort auch nicht gewohnt, sondern allenfalls arme Verwandte untergebracht haben.

Aus der Glaubitzschen Zeit stammte ein Urbarium (1729), das sehr genaue Angaben über Art und Stand der Dorfbewohner, ihre Rechte, Pflichten und Einkünfte machte: Es gab acht Dreschgärtner, denen je ein Garten gehörte, während das Gut etwas Ackerland zur Verfügung stellte. Dafür mußten sie bei Ernte- und Drescharbeit helfen und mit Gutsgespannen Fuhren über Land fahren, wofür ein Tarif festgesetzt war. Sie hatten auch eigene Kühe und durften vom Gut nicht täglich beansprucht werden.

Die zehn Häusler hingegen waren jederzeit und zu jeder Arbeit verpflichtet. Sie wohnten in gutseigenen Wohnungen im Dorf, erhielten Naturaldeputate, wenig Barlohn und – typisch für Schlesien – an Festen Kuchen. Die fünf Kolonisten waren nur Gelegenheitsarbeiter, die vom Gut nicht beschäftigt werden mußten. Vater schreibt: »Wenn solche Arbeit ausfiel, mußten sie sich von Diebstahl mühsam ernähren. Noch zu meiner Zeit stahl wenigstens die Hälfte der dort Wohnenden aus ehrwürdiger Überlieferung.«

Außerdem gab es auf dem Hof Knechte und Mägde. Für sie galt ein im Urbarium festgelegter sehr genauer Tarif, der alle Naturalleistungen, insbesondere in der Qualität, aber auch die Barbezüge und die freien Tage sorgfältig bestimmte.

Diese altväterische Ordnung fiel der Hardenbergschen Landgemeindeordnung von 1810 zum Opfer. Alle ehemaligen Untertanen wurden Eigentümer der bisher von ihnen bewohnten Häuser nebst zugehörigen Gärten. Die Gärtner erhielten zudem ein zusätzliches Stück Ackerland und je 12 Morgen Gutswald.

Die Reform hatte nicht nur positive Auswirkungen: Das den Gärtnern zugeteilte Ackerland war zu klein. Zum andern strebten nun auch Häusler und Kolonisten in die Selbständigkeit. Sie kauften sich gegenseitig aus, und es folgte ein »Bauernlegen« durch die Bauern selbst.

Von 24 Stellen blieben 14 übrig. Meinem Vater erschien diese Landflucht noch als ein Unglück. Sie war von den Urhebern der Reform sicher nicht beabsichtigt, erscheint uns aber aus heutiger Sicht als eine notwendige Entwicklung, wenn auch manche persönliche Härte damit verbunden war. Das Ausfallen zahlreicher Häusler für die Gutsarbeit verschreckte den Gutsherrn und wirkte sich daher negativ auf die verbleibenden Arbeiter aus: Um zu vermeiden, daß erneut Arbeiterhäuser von Staats wegen zu selbständigen Kleinstbetrieben umgewandelt würden, baute man in Zukunft statt gemütlicher Häuschen scheußliche Schnitterkasernen, die bis nach dem ersten Weltkrieg ziemlich menschenunwürdig eingerichtet waren.

Die Gutsherren, inzwischen eine Familie v. Liebermann, waren der Umstellung nicht gewachsen. Sie gerieten immer mehr in Schulden, und als 1835 die volle Freizügigkeit der Landbevölkerung einsetzte und Krisen eintraten, war ihr Schicksal besiegelt. 1846 erwarb mein Urgroßvater das Gut zu einem für die Verkäufer recht günstigen Preis.

Eine historische Minute lang hat Baunau im Mittelpunkt europäischer Geschichte gestanden: Nach der Niederlage von Kunersdorf nahm im September 1759 Friedrich der Große hier mit seinem restlichen Heer von 24.000 Mann Quartier. Baunau, den 23. September 1759, ist ein Brief an den Prinzen Ferdinand datiert: »Danke für die Nachricht, welche Sie von den verwundeten Offizieren schicken, Württemberg, Seydlitz und den anderen. Sie können sich leicht vorstellen, daß ich bei der jetzigen Lage der Dinge nicht ohne Sorge, Unruhe und Ängste bin; es ist die furchtbarste Krisis, die ich in meinem Leben durchgemacht habe. Der Augenblick ist da zu sterben, wenn nicht zu siegen. Daun und mein Bruder Heinrich marschieren Seite bei Seite. Es ist ganz unmöglich, daß alle diese Armeen sich hier herum sammeln und daß eine allgemeine Schlacht unser Schicksal und den Frieden entscheidet. Sorgen Sie für Ihre Gesundheit, lieber Bruder. – F.«

Preußen stand nach der verlorenen Schlacht vor dem Untergang. Berlin lag dem Zugriff der Russen und des ihnen attachierten österreichischen Korps unter Laudon offen. Aber Soltikow, der russische Oberbefehlshaber, marschierte hinter den geschlagenen Truppen des unberechenbaren »Marquis de Brandenbourg« her; er blieb jedoch rechts der Oder, während Friedrich auf der linken Oderseite halb floh, halb marschierte. In Baunau hielten die Preußen vier Tage an und verschanzten sich. Der König wohnte im »alten Schloß«, dem Haus, das später mein Bruder für sich ausbaute. Soltikow verpaßte seine Chance, ihn zu vernichten. Ehe er Glogau erreichte, setzte sich Friedrich zwischen ihn und die Festung.

Ähnlich ging es ein paar Tage später mit Breslau. Laudon war wütend. Es mag sein, daß die Zarin Elisabeth den Österreichern einen vollständigen Sieg nicht gönnte. Die schlimmste Krise des Siebenjährigen Krieges war überwunden, ohne daß ein Schuß fiel.

Die Lage der friderizianischen Schanzen konnte man zu meiner Zeit noch immer erkennen: Es waren einfache Erdwälle. Ich war recht enttäuscht, als Vater sie mir zum ersten Mal zeigte.

An der alten Heerstraße oberhalb des Neustädtler Waldes hatte der König seinen eigenen Beobachtungsstand gehabt. Er pflegte selbst zu rekognoszieren, und von dort hatte man einen weiten Blick ins Land. Vater schreibt: »Königstreue Schlesier haben dann diese Stelle durch einen großen flachen Findling mit eingemeißeltem ›Fr. II‹ geehrt. Der hat dort bis in die sechziger Jahre des 19. Jahrhunderts gelegen, bis der Gutspächter von Milkau, auf dessen Grund er lag, ihn trotz Einspruchs meines Vaters abholte, um seinen Schweinestall damit zu pflastern. Der Mann hieß Schindke.«

Die Baunauer sind damals wohl geflohen oder haben wenigstens versucht, Wertsachen zu verstecken. So wurde um 1880 aus einem Acker in der Nähe des Gutshofes ein Topf mit Silbermünzen ausgepflügt, die teilweise aus dem 18. Jahrhundert stammten. Großvater gab sie an das Breslauer Museum und erhielt den Silberwert als Bezahlung. Die in derselben Gegend gefundenen Kanonenkugeln ließen jedoch auch die Vermutung zu, der Topf sei von Soldaten vergrabenes Beutegut gewesen.

Die Jordans – ich will hier keine Familiengeschichte schreiben – stammen ziemlich sicher aus dem Languedoc, haben zum dortigen Adel gehört, sind in den Katharerkriegen vertrieben worden und tauchen in den Waldenser-Tälern nördlich von Turin wieder auf. Daß sich die Familie über diese Frühgeschichte uneins ist, beweist, daß wir echte Franzosen sind. Nach einem kurzen Zwischenspiel im südlichen Frankreich ist ein Zweig der Familie nach Preußen ausgewandert und erscheint 1700 in Berlin. Einen Adelstitel haben die Jordans nie geführt; unser Adel ist brandneu. Sie lebten in bürgerlichen Berufen, gehörten allerdings wohl schon bald zur Gesellschaft, denn ein Urgroßonkel, Charles Etienne Jordan, war eng mit Friedrich II. befreundet. Es gibt zahlreiche Briefe des Königs an ihn.

Das Geld der Familie stammte zum größten Teil von meinem Ururgroßvater, der in den Zeiten der Napoleonischen Kriege ein höchst bewegtes und wechselvolles Leben führte, das ihm schließlich ein Vermögen einbrachte, von dem vier schlesische Güter gekauft werden konnten, während er selbst weiterhin in Berlin behaglich von seinen Zinsen lebte.

Die Jordans hatten bis dahin mit einer einzigen Ausnahme

Charles Etienne Jordan, Porträt von Antoine Pesne

ausschließlich innerhalb der französischen Kolonie geheiratet und sprachen auch besser französisch als deutsch. Mein Großvater heiratete als erster in den preußischen Landadel. Erst Anfang des ersten Weltkrieges gab man aus Zorn über die »Feinde« die französische Aussprache des Namens auf.

Ich bin ein wenig von der Geschichte des Dorfes abgekommen. Sie ist aber von der des Gutes und seiner Besitzer kaum zu trennen. Administrativ allerdings waren Gutsbezirk und Dorf seit 1810 voneinander unabhängig: Das Dorf unterstand seither nicht mehr dem Gutsvorstand (Besitzer); der Dorfschulze hatte ihm jedoch nichts zu sagen. Erst 1919 wurde der Ort wieder unter einem Gemeindevorsteher zusammengefaßt. Aus diesem geschichtlichen Wandel waren allerlei Streitigkeiten und Ressentiments entstanden, die dazu führten, daß zwischen Dörflern und Gut teilweise ziemlich dicke Luft herrschte.

Es gab ein Ober- und ein Unterdorf. Oberdorf hießen die Stellen westlich des Gutshofes. Es waren nur vier, und nur die von Obst hatte bäuerlichen Charakter. Obst war wohl der reichste unter den Bauern. Er hatte etwas mehr als zwanzig Morgen Land. Außerdem führte er einen winzigen Kaufladen, in dem man die wenigen Dinge des täglichen Bedarfs erwerben konnte, die nicht aus eigener Erzeugung kamen – in schlechter Qualität und zu relativ hohen Preisen. Er besaß zwei Pferde, billige kleine »Katzen«, aber Zeichen sozialen Ranges. Mit ihnen und einer alten Leinwandplaue machte er Lohnfuhren, wozu sich allerdings nur selten Gelegenheit bot. Mit der Familie Obst – »Obstes« wie wir sagten – standen wir auf freundschaftlichem Fuße, wenn auch Vater manchmal eine mürrische Bemerkung über sie machte. Die Mutter Obst vor allem hatte eine feine Freundlichkeit im Umgang mit Menschen, zu denen sie auch uns Kinder zählte. Nicht daß sie deshalb großzügig mit den Himbeerbonbons gewesen wäre, die in einem Glasbehälter auf dem Ladentisch standen. Unsere Augen saugten sich daran fest, wenn wir mit einem echten oder fingierten Auftrag den Laden betraten; aber nur ganz selten holte sie eine der köstlichen, wenn auch leicht angestaubten roten Beeren für uns heraus. Vater Obst war schweigsam, ein wenig brummig und trug einen Backenbart, für den wohl Wilhelm I. Pate gestanden hatte. Wirtschaft und Haushalt waren stets in guter Ordnung, die drei Kinder, wesentlich älter als wir, gut erzogen, hübsch und sauber. Auf schlesisch hätte man von der Familie gesagt: »Nu ja ja, mecht ma sprechen; 's wuarn halt gutte kleene Pauern.«

Gegenüber von Obstes lag die Schmiede. Sie gehörte dem Liersch. Wenn ich von dieser Familie schreibe, muß ich mich hüten, nicht in Superlative zu verfallen. Liersch – ich glaube, er hieß Robert – hatte außer der Schmiede eine winzige Landwirtschaft, ein altes Pferd, zwei Kühe, eine kränkliche Frau, fünf Töchter, einen Sohn und einen alten Vater. Das Haus war winzig. Der Großvater hatte zwar ein eigenes Austräglerzimmer am Stall, aber wo die anderen alle schliefen, war nicht auszumachen, zumal nach gutem Brauch die »gutte Stube« nur bei besonderen Festen betreten wurde. Obwohl ich fast täglich in der Schmiede hockte, bin ich nur einmal im Haus gewesen. Das Familienleben spielte sich wie überall in der Küche ab – aber was war das für ein gemütlicher Stall!

Meist besuchte ich zunächst den Meister in der Werkstatt und erwirkte mir die Erlaubnis, den Blasebalg zu ziehen. Es waren vielleicht ein paar Pferde zu beschlagen, ein Pflug zu reparieren oder auch nur Hufnägel zu schmieden, was Liersch mit der Hand machte; natürlich hielten sie doppelt so lange wie Fabriknägel. Überhaupt machte Liersch beste Arbeit zu niedrigsten Preisen. Es kam einfach nicht vor, daß ein Pferd fehlerhaft beschlagen wurde. Erst später habe ich erfahren, wie viele Möglichkeiten für falschen Beschlag es gibt. Was er nicht konnte, faßte er nicht an – Schweißarbeiten zum Beispiel –, aber was er anfing, wurde richtig. Seine Preise waren so bescheiden, daß Vater ihm eines Tages, trotz eigener Geldklemme, ernste Vorhaltungen machen und ihn streng ermah-

Der erste gummibereifte Ackerwagen; rechts Liersch

nen mußte, mehr Geld zu nehmen. Das Gut und Liersch waren aufeinander angewiesen.

Am spannendsten war es, wenn Reifen auf das Rad eines Wagens aufgezogen wurden. Der Umfang des schweren Holzrades, der im allgemeinen genormt war, wurde noch einmal genau gemessen. Dann wurde ein breites, etwa ein Zentimeter dickes Bandeisen vom Lager geholt. Die Laufflächen der Räder waren zweieinhalb, drei oder vier Zoll breit. Das Eisen wurde erst einmal bis zur Rotglut erhitzt, was sehr schwierig war, weil das Schmiedefeuer nur ein kurzes Stück auf einmal erhitzen konnte. Bei diesen Gelegenheiten durfte ich den Blasebalg nicht bedienen; ich war zu timplich. Nun wurde das Bandeisen auf dem Amboß zu einem Kranz gebogen und an den Enden zusammengeschmiedet. Die Löcher für die Nägel wurden in das weiche Eisen hineingeschlagen.

Die Hauptsache aber war, den Reifen so auf das Rad aufzuziehen, daß er bei jedem Wetter und jedem Weg festsaß. Die Nägel spielten dabei nur eine zweitrangige Rolle. Der Trick bestand darin, den Reifen möglichst weißglühend zu machen, damit sich das Eisen dehnte. In diesem Zustand wurde es auf das Rad gebracht. Das sah toll aus: Schon der Transport des glühenden Reifens mit großen Schmiedezangen von der Esse auf den Vorplatz, wo der Reifen lag, war aufregend. Aber wenn das heiße Eisen an das Rad kam, brannte das Holz lichterloh auf. Während der schwere Hammer dumpf auf das Eisen fiel, um den Sitz hier und da zu verbessern, schlugen die Flammen prasselnd empor und drohten die dunklen Arme des Schmiedes zu verbrennen. Nach und nach klangen die Hammerschläge heller, weil das Eisen sich erhärtete, und schließlich wurden mit einer Kanne Wasser Flammen und Glut abgelöscht. Noch ein paar dicke Nägel eingeschlagen, um Felge und Reifen besser zu verbinden: Dann war das Rad fertig.

Zum Mittagessen mogelte ich mich dann in die Küche hinein. Bei Liersch wurde eine Stunde früher als bei uns gegessen; ich hatte also reichlich Zeit. Immer fand sich in der allgemeinen Enge ein Platz auf der Küchenbank, und auch ein Teller Suppe fiel für mich ab. Mutter Liersch teilte zu – man aß nicht etwa aus der Schüssel –, und es reichte für jeden, nicht eben üppig, aber genug. Hinterher versuchte ich noch, ein wenig mit der Bertel, die in meinem Alter war, zu spielen. Meist bekam sie allerdings keine Erlaubnis, weil sie irgendwelche Pflichten hatte. Oder es hieß: »Nach dem Essen sollst du ruhn oder hundert Schritte tun«. Manchmal trippelte Bertel schnell die hundert Schritte auf und ab, um dann Zeit für mich zu haben. Sie war ein ausnehmend nettes Mädchen, nicht so hübsch wie ihre Schwester Anna, aber mit großen blauen Augen und einem breiten Mund, der fast immer lachte und sich bitterlich verzog, wenn sie einmal traurig war. Sie war mit Scholz Mattel befreundet, so wie ihr Vater mit Vater Scholz. Aber sie war lustiger als die Mattel und viel natürlicher, nicht so geschraubt. Sie hätte meine erste Liebe sein können, aber das war in Baunau undenkbar.

Ihre beiden ältesten Schwestern habe ich nur vom Sehen

gekannt; sie waren schon erwachsen, als ich Stammgast in der Schmiede wurde. Minna, die dritte, war dunkel und hatte einen kleinen Schnurrbart. Darum fiel ihr bei unserem weihnachtlichen Krippenspiel die Rolle des Mohrenkönigs zu. Anna dagegen war blond, sanft und fröhlich. Sie mußte immer die Maria spielen, nachdem Waise Liesel erwachsen war. Sie heiratete den Schreiner Linke in Groß-Würbitz, bei dessen Großvater mein Großvater seinen Sarg hatte anfertigen und auf dem Speicher hatte aufbewahren lassen.

Fritz war der Jüngste der Liersch-Familie, ein breitschultriger kräftiger Junge und, wie alle aus der Familie, in jeder Hinsicht zu loben. Er lernte das Handwerk des Vaters und übernahm die Schmiede, als die Eltern früh starben. Im Krieg verlor er einen Arm und hat dann einen anderen Beruf gelernt.

Mit Fritz durfte ich manchmal den »Graußvatter« besuchen. Das Zimmer des Großvaters zeichnete sich dadurch aus, daß man die Fenster nicht öffnen konnte; sie hatten keine Scharniere. Auch die Tür war stets sorgfältig geschlossen, worunter die Luft drinnen litt. Dennoch war alles sehr sauber und ordentlich. Großvater Liersch verband eine besondere Beziehung mit Vater: Er wußte, wo alle Drainagen lagen. Darüber fehlten nämlich Karten. Eine Wiese oder ein Acker versauerten durch stauende Nässe, und wenn man die alte Drainage nicht fand, mußte man eine neue legen. So sah man Vater manchen Vormittag mit dem alten Liersch an den kleinen Gräben entlangwandern, die das Gut durchzogen, und mit Stöcken – manchmal wohl auch mit dem langen schmalen Drainagespaten – an den Rändern herumstochern. Fanden sie eine alte Drainage, so wurde der Auslauf freigelegt und, soweit erforderlich, Verstopfungen im Oberlauf beseitigt. Vater trug dann den Verlauf sauber in eine Drainagekarte ein. Während ihrer Arbeit schwatzten die beiden eifrig. Vater – soviel konnte ich hören – grub dann sein fürchterlichstes und sonst nie benutztes Schlesisch aus. Sicher hatten sie eine Menge Erinnerungen und alte Geschichten auszutauschen; aber was sie sprachen, habe ich nie erfahren.

Mutter Liersch war blaß und kränkelte oft. Sie hatte wohl eine Tuberkulose, die Krankheit, die damals fast unheilbar und eine Geißel unserer Dörfer war; Herr und Knecht fielen ihr gleichermaßen zum Opfer. Von Frau Liersch ging eine stille Güte aus, die mir heute noch gegenwärtig ist wie ein unvergessener alter Duft. Ich glaube, daß sie nicht sehr schwer arbeitete. Sie hatte genug Kinder, die sie anstellen konnte. Aber sie gab den Ton an in der Familie, ein Ton, der meist heiter und freundlich und immer anständig war. In ihrer Gegenwart »Scheiße« zu sagen war unmöglich; es verbot sich von selbst. Sie war weder hübsch noch besonders sorgfältig gekleidet, weder gebildet noch weise. Aber sie hat unsere kleine Welt zum Guten verändert, und das gelang nicht jedem.

Noch zwei weitere Stellen gab es im Oberdorf, beide ohne Acker, nur Häuser mit Garten. Zunächst gehörten beide in die Familie Neufert. Das eine Haus gehörte der Neufert Ernestine, die für uns so etwas wie ein Schreckgespenst war. Sie verließ nie ihr Grundstück, paßte aber wie ein Wachhund auf ihre Obstbäume auf. Niemand durfte ihr Haus betreten. Es hieß, sie wasche sich nie und wechsle auch niemals ihre Kleider; das Haus starre vor Schmutz. Aber es war nur ein Gerücht, denn keiner war je drinnen gewesen. Sie hatte ein paar Hühner und eine Katze, die in unserm Park auf Vogeljagd ging. Wovon sie lebte, wie sie ihre notwendigen Einkäufe tätigte, ist mir bis heute rätselhaft geblieben. Eines Tages war sie tot. Selten gab es einen so kurzen Leichenzug.

Ob die Neuferts im anderen Haus mit ihr verwandt waren, weiß ich nicht; den Namen gab es oft. Jedenfalls unterhielten sie keine Beziehungen zu Ernestine. Sie waren auch ganz anders. Die alte Frau Neufert war herzlich unbedeutend. Der Mann, den sie einmal gehabt haben muß, war wahrscheinlich gefallen. Ihre Tochter, die Berta, hatte einen großen Buckel, bei weitem das Größte, was es an ihr gab, denn sie war winzig klein. Auch mit ihren Gesichtszügen war sie nicht gesegnet worden: Eine fliehende Stirn über kleinen Augen und einem breiten Mund; das Kinn fehlte. Nach vorne – sozusagen dem Buckel gegenüber – hatte sie ebenfalls einen großen Vorbau, aber ob das ein Busen war? Im Gegensatz zu ihrem Äußeren standen jedoch Charakter und Intelligenz dieses braven Mädchens. Sie lernte Schneiderin und machte das recht gut. Mutter ließ allerdings nicht bei ihr arbeiten. Zu uns kam Fräulein Laugisch aus Wühleisen. Die war ein Familienerbstück und hatte auch einen Buckel.

Als Ernestine Neufert starb, kreuzte unerwartet die bisher völlig unbekannte Familie Höfchen auf. Das Haus wurde ein wenig in Ordnung gebracht – es war gar nicht so wüst, wie der Dorfklatsch berichtet hatte –, und dann zogen sie ein: Vater, Mutter und vier Kinder. Sie stammten aus Berlin oder Fürstenwalde, jedenfalls aus der Großstadt. Sie waren befremdend vornehm und erstaunten uns sehr. Vater Höfchen war Schneider. Darüber freuten wir uns, denn der Schneider im Nachbardorf, bei dem wir meist arbeiten ließen, genügte nur den bescheidensten Ansprüchen. Die Knickerbockers, die mein Bruder trug, oder die Breeches von Onkel Nimrod sind mir wegen ihrer einzigartigen Formen noch heute in lebhafter Erinnerung.

Meister Höfchen – diesen Titel gaben wir ihm auf Vorschuß – wurde bald aufgesucht, aber es gab nichts als bittere Enttäuschung. Höfchen war beim besten Willen nicht in der Lage, ein Kleidungsstück zu fertigen. Wir waren wirklich nicht anspruchsvoll, aber seine Stücke konnte man nicht tragen. Man mußte sich die Glieder verrenken, um sie anzuziehen. Die Nähte saßen schief, die Ärmel in unterschiedlicher Höhe. Offenbar hatte der Meister nur in einer Konfektionswerkstatt als Näher gearbeitet, war arbeitslos geworden und deshalb gern aufs Land gezogen. Flicken und bügeln konnte er.

Von den Kindern sind mir nur zwei in deutlicher Erinnerung: Fritz, der Jüngste, und Georg, der Älteste. Mit Fritz freundete ich mich zunächst an. Seine urbanen Umgangsformen stachen gewaltig vom rauhen Ton der Jung Ernst, Heinze

Oswald und Neugebauer Emil ab – gar nicht zu reden von Heinze Artur oder Schnabel Paul – und bestachen mich. Ich spielte also einige Wochen oder Monate gesittet mit ihm, bekam keine Knüffe und wurde weder beim Murmelspiel betrogen noch mit groben Schimpfnamen belegt. Aber auf die Dauer war ich nicht fein genug für den Fritz. Wegen irgendeiner kleinen Meinungsverschiedenheit nannte ich ihn »timpliche Lärge«. Das vertrug er nicht. Er verlangte, daß ich mich förmlich entschuldigen solle. Dies wiederum kam mir ungeheuer albern vor. Ich lehnte ab – nicht weil ich mich nicht entschuldigen oder gar Fritz beleidigen wollte, sondern weil mir das Ganze zu dämlich war. Fritz aber war von Stund an beleidigt. Es war nichts zu machen. Wir haben uns der Form nach irgendwann ausgesöhnt, aber die Freundschaft hatte einen Knacks. Ich kehrte zu meinen alten Kumpanen zurück.

Während Fritz und zwei Geschwister nach Schulabschluß stadtwärts verschwanden, kehrte der älteste Sohn nach Abschluß einer Schneiderlehre in die väterliche Werkstatt zurück. Er war nun ein gutaussehender Mann von etwa 25 Jahren, ein wenig dick und schwammig zwar, aber wohlproportioniert und sehr gepflegt. Im Gegensatz zu seinem Vater beherrschte er außerdem sein Handwerk. Die von ihm gefertigten Kleidungsstücke stellten zwar keine Spitzenerzeugnisse modischer Eleganz dar, waren aber bedeutend besser als die des Schönauer Schneiders, der immer schludriger wurde. Die Werkstatt aber hatte nach wie vor Vater Höfchen inne; daß der tüchtige Sohn unter dem ungeschickten Vater arbeitete, war auf Dauer unvernünftig. Man wartete mit einiger Spannung, wie das Problem sich lösen würde.

Die Lösung war dann eine Überraschung: Georg Höfchen – Herr Höfchen, wie wir ihn immer nannten, heiratete das Fräulein Berta Neufert. Sie war gut fünfzehn Jahre älter als er, und ihre äußere Erscheinung habe ich bereits beschrieben. In natürlicher Bosheit vermuteten die Nachbarn, daß weniger Bertas gutes Herz als ihr Anwesen Herrn Georg zur Ehe motiviert habe. Das Häuschen mit Garten war jedoch kein großes Wertobjekt, und wenn auch Bertas erste Jugendfrische vorüber war, war sie doch gesund und nicht so alt, daß sich ein »Abbruchgeschäft« mit ihr gelohnt hätte. Außerdem lebten die beiden offensichtlich in bestem Einvernehmen. Alle Schauernachrichten, die wir erwarteten, blieben aus. Im Gegenteil, das Haus verwandelte sich in eine fast luxuriöse kleine Anlage: Der Weg zur Hoftür wurde mit Kies befestigt, hübsche Blumenbeete entstanden vor der Hausfront. Im Flur lag ein Kokosläufer und im Schneideratelier, das auch als Wohnzimmer diente, lag ein blumiger Teppich. Es gab sogar einen regelrechten Sessel und ein WC. Nachdem diese Investitionen einmal gemacht waren, lag es nahe, die prunkvolle Einrichtung auch wirtschaftlich zu nutzen: Zwei saubere Fremdenzimmer wurden eingerichtet. Dort konnte man preiswert und von dem Ehepaar Höfchen freundlich umsorgt angenehme Ferien verleben. So entstand aus der Verbindung der beiden ehemals Neufertschen Anwesen ein ruhiges Eheglück.

Im Unterdorf gehörte der erste Hof den Walters. Diese Familie hatte ein seltsam trauriges Schicksal: Als wir 1918 nach Baunau kamen, lebte nur Frau Walter mit zwei Söhnen. Ihr Mann mag im ersten Weltkrieg gefallen sein. Willi war in meinem Alter, der Bruder Gerhard ein paar Jahre älter. Die Hofarbeit machte ein Knecht namens Markwart. Wovon er bezahlt wurde, war nicht auszumachen, denn die Wirtschaft war winzig und die Erträge des Feldes wurden zum größten Teil von dem alten Pferd aufgefressen, das aus Prestigegründen gehalten werden mußte. Frau Walter war aber eine tüchtige, fleißige Frau, die wahrscheinlich recht geschickt disponierte, denn der Knecht klagte nicht, die malerischen alten Gebäude mit ihren geflickten Strohdächern fielen nicht ein und die Söhne waren nicht schlechter gekleidet als andere Jungen ihres Alters.

Wie manche von unseren Bauern besaßen die Walters ein

Stück Wiese an der Oder; ob sie es gepachtet hatten oder ob es ihr Eigentum war, weiß ich nicht. Diese Oderwiesen lagen im Überschwemmungsgebiet. Sie wurden meist nur einmal im Jahr geerntet. Da fuhr dann die ganze Familie mit zwei Leiterwagen und einem zusätzlichen, geliehenen Pferd bei erstem Tageslicht die sieben Kilometer zum Fluß, um möglichst die ganze Heuernte in einem Tag einzubringen. Spät abends kamen sie mit hochbeladenem Wagen müde, aber gutgelaunt heim.

Eines Tages passierte es. Die Walters hatten wieder geheut, und als die Wagen beladen waren, lockte die Oder zu einem Bad. Wie es kam, wußte nachher niemand: Willi konnte nicht schwimmen – wer konnte das schon? Aber die Oderufer sind flach. War er in einen Strudel geraten? War er erhitzt ins Wasser gegangen und einem Herzschlag erlegen? Willi ertrank. Auf dem hohen Heufuder brachten sie seine Leiche nach Hause. Die Mutter, die sich an diesem Tag nicht wohl fühlte, war nicht mitgefahren; wer sollte es ihr sagen? Gerhard, der jüngere Bruder, stotterte schwer, und wenn er auch nur ein bißchen aufgeregt war, blieb ihm die Sprache ganz weg. Aber er wies ruhig jedes Angebot zurück, ging zur Mutter in die Küche und sagte mit fester Stimme ohne Stocken: »Mutter, unser Willi ist in der Oder ertrunken.« Dann ging er in den Stall, warf sich in das Stroh unter dem alten Pferd – und weinte und weinte. Da hat der Jung Ernst ihn gefunden und versucht, ihn zu trösten.

Mutter Walter trug den Verlust mit großer Haltung. Sie war eine fromme Frau und fand wohl Trost im Glauben. Es ging dann auch jahrelang alles gut in der Familie. Der Markwart heiratete bei Waises ein, Gerhard übernahm den kleinen Hof und führte ihn unter Anleitung der Mutter recht gut. Frau Walter arbeitete damals mit meiner Mutter in der »Evangelischen Frauenhilfe«, und die beiden befreundeten sich immer mehr. Zu Beginn des Dritten Reichs hielt sich die »Frauenhilfe« streng an die Kirche und wurde als einzige Organisation im Dorf nicht »gleichgeschaltet«. Sie war mancherlei Angriffen ausgesetzt, blieb aber zahlenmäßig weit stärker als alle NS-Frauenorganisationen zusammen.

Dann heiratete der Gerhard. Er sollte ja heiraten. Die Frau war nicht übel, und daß sie sich als die Bäuerin fühlte, war schließlich ihr gutes Recht. Nur die Mutter wurde immer stiller und schmäler. Eines Tages kam sie nicht zum Frühstück; sie hatte sich am Dachbalken auf dem Wäscheboden erhängt.

Es war für uns alle ein Schock, besonders für meine Mutter. Selbstmord galt und gilt heute noch für den Christen als eine der schwersten Sünden. Und nun hängte sich diese fromme Frau einfach auf. Was war der Grund? Sie habe es in geistiger Umnachtung getan, hieß es, sonst hätte sie nicht auf dem Friedhof begraben werden dürfen. Aber alle wußten, daß sie völlig klar war. War ihr Glaube nicht mehr stark genug gewesen? Hatte sie vielleicht einen unlösbaren Konflikt mit der Schwiegertochter vorausgesehen? Gefürchtet, daß ihr Sohn zerrieben würde in dem Kampf der beiden Frauen? Wir wissen es nicht.

In der Nachbarschaft der Walters lagen zwei, eigentlich drei Besitzungen, die den Familien Ulbricht und Sucker gehörten. Beide Familien saßen schon seit Jahrhunderten im Dorf. Sie waren vielfältig miteinander verwandt und verschwägert, so daß oft die Ulbrichts von den Suckers und die Suckers von den Ulbrichts erbten. Sie hatten jedoch zuviel untereinander geheiratet und eine Reihe von Nachkommen erzeugt, die sich recht eigentümlich verhielten. So verloren sie auch zwei ihrer Höfe, bis schließlich nur noch der eine übrig blieb, der an Walters Garten grenzte. Der Sucker Hermann, der dort regierte, war tüchtig und fleißig. Er arbeitete im Sommer als Maurer, den Winter über im Wald und betrieb die kleine Wirtschaft nebenher. Einmal hatte es Krach mit ihm gegeben: Nicht als unser Freund Ortwin ihm bei der Treibjagd ins Bein schoß – das war eine reine Freude für ihn gewesen, denn er bekam hundert Mark Schmerzensgeld –, nein, sondern wegen etwas anderem. Eines Tages hörte ich aufgeregtes Tuscheln zwischen Mutter und Mamsell aus dem Elternschlafzimmer. Wenn Mutter und Mamsell tuschelten, konnte man es noch im übernächsten Zimmer hören, denn Mamsell war schwerhörig und Mutter flüsterte mit großer Lautstärke. Ganz offensichtlich hatten beide Anlaß zu bitterer Entrüstung, und die Sache betraf anscheinend unsere Gertrud, das Stubenmädchen. Aber die Zusammenhänge wurden nur langsam deutlich. Immerhin ergab sich folgendes: Gertrud war schwanger. Nun, es war nicht das erste Mal. Vater war der Sucker Hermann; auch gegen den ließ sich nichts sagen. Er hatte sie regelmäßig nachts in ihrem Zimmer im Gutshaus besucht. Das war eigentlich nicht üblich. Was die Sache aber erst pikant machte, war, daß dieses Zimmer von dem 15jährigen Küchenmädchen mitbewohnt wurde und daß dieses Mädchen zur unfreiwilligen Zeugin der verbotenen Freuden geworden war. Das ging einfach zu weit. Gertrud flog. Mit Sucker führte Vater ein ernstes Gespräch. Wie ich Vater kannte, wird er bei dieser Unterhaltung unter vier Augen nicht besonders streng gewesen sein. Für den guten Ruf des Hauses genügte es, daß überhaupt ein Gespräch stattgefunden hatte. Alles löste sich in Frieden. Gertrud wurde Frau Sucker und eine tadellose Hausfrau. Nur wirkte sie nicht mehr in Mutters Frauenhilfe mit, sondern trat in die NS-Frauenschaft ein. Das konnte man ihr nicht übelnehmen.

Als Austrägler lebten auf dem Suckerschen Hof zwei alte Brüder Ulbricht. Einer von ihnen starb bald, der andere, Arthur, lebte lange. Er war Vaters Waldschrat: Jahraus, jahrein wanderte er, wenn das Wetter nicht allzu schlimm war, in den Wald und verrichtete dort irgendwelche Verschönerungs- oder Verbesserungsarbeiten, die Vater ihm anwies. Meist war er damit beschäftigt, Kulturen von Unkraut zu befreien. Aber er sägte auch überflüssige Äste ab, füllte die ärgsten Löcher in den Waldwegen auf und pflanzte nach, wenn es Fehlstellen in den Kulturen gab. So trug er viel dazu bei, daß unser Wald der bestgepflegte in der ganzen Umgebung wurde. Seine Bezahlung war spärlich, ich glaube, er bekam 15 Pfennig die Stunde.

Das Wild hatte sich völlig an ihn gewöhnt und stand vertraut oft dicht neben ihm, wenn er leise brummend vor sich hin werkelte. Er selbst allerdings hatte zu den Tieren kein Vertrauen. Rehe und Hasen störten ihn nicht; aber als sich eines Tages ein paar Hirsche in unser Revier verlaufen hatten und prompt bei Arthur erschienen, riß er aus. Noch verschreckter kam er ein anderes Mal nach Hause; er ließ sich sofort bei Vater melden: Ihm sei »a Untier« im Walde begegnet. Vater hörte sich geduldig die Beschreibung der reißenden Bestie an – offensichtlich handelte es sich um einen Dachs. Dachse sind tagsüber selten unterwegs, aber wenn sie dann einem Menschen begegnen, haben sie eine merkwürdige Art, mit leichten Grunzlauten und lautem Getrampel zwischen den Bäumen herumzupoltern. Sie sind völlig ungefährlich, und doch kann man sich über sie erschrecken.

Der Nachbarhof, von dem Suckerschen nur durch den »Totenweg«, den Weg zum Friedhof, getrennt, gehörte ursprünglich auch in die Familie Ulbricht. Die Herzogs, die den Hof später kauften, blieben nicht lange. Wahrscheinlich hatten sie unlösbare wirtschaftliche Probleme. Ihre Versuche, durch Streit und Zänkereien voranzukommen, brachten ihnen nichts ein und kosteten sie nur Geld. Wenn man dem alten Herzog begegnete, machte man am besten einen großen Bogen, sonst gab es Krach, böse Worte und Scherereien aller Art. Es war eine unbeliebte Familie.

Herzog Alfred, der Sohn, war mein Erbfeind. Bei allen Spielen der Hof- und Dorfjugend waren wir die großen Gegner. Er war etwas älter und viel stärker als ich; auch meine Länge half mir nichts. Meist bekam ich von ihm Prügel; meine Freunde halfen mir nicht.

Dem Herzogschen Hof gegenüber lag der der Familie Waise. Es war der kleinste und wohl auch ärmste Hof im Dorf. Die strohgedeckten Gebäude waren in einem bejammerns-

Der »Totenweg«, der Weg zum Herrschafts-Friedhof

werten Zustand. Stützbalken, von der Seite eingerammt und teilweise auch schon morsch, hinderten sie notdürftig am Einsturz. Der alte Vater Waise war kein sehr geschickter Wirt. Mein Vater, der seinen freundlichen Charakter anerkannte, hatte ihn im Verdacht, mehr zu stehlen, als es unter den Dorfbewohnern sonst üblich war. Dem armen Mann blieb vermutlich kein anderer Ausweg.

In diesem bedrückenden Milieu wuchs die Waise Liesel heran, das schönste Mädchen, das wir je im Dorf hatten: Groß und schlank, mit den Gesichtszügen und der Haltung einer Prinzessin. Sie war zurückhaltend und wohlerzogen. Obwohl sie eigentlich gar nicht in den Kreis der Gutskinder gehörte, die das Krippenspiel zu Weihnachten aufführten, spielte sie jahrelang die Maria und war mit Abstand die Beste in dieser Rolle.

Als Markwart, der Knecht von Walters, die Liesel heiratete,

war ich ein wenig betroffen. Er war ein braver Kerl, aber recht rauhbeinig und, was Bildung und Kultur betraf, ohne Ansprüche. Sie kauften das Herzogsche Anwesen und hatten damit einen leidlich großen Grundbesitz; mit den hohen Schulden kamen sie ganz gut zu Rande. Die Liesel wurde mit der Zeit ein wenig trocken und hart. 1933 entwickelte ihr Mann Nazi-Neigungen, wahrscheinlich um sich gegen die Schulden abzusichern. Es wird wohl auch mit ihm die eine oder andere dumme kleine Streiterei gegeben haben um »verrückte« Grenzsteine, überhängende Obstbaumzweige oder Benutzung von Privatwegen. Mein Vater trug mit den »Pisangs«, wie er die Kleinbauern nannte, gern solche Fehden aus. Erst mein Bruder stellte das ab.

Neben Waises Hof lag der von Kuschick. Das war Vaters Feind Nr. 1. Ich kann mir nicht erklären, woher die Abneigung, ja der Haß zwischen den beiden kam. Sie lebten in ganz verschiedenen Sphären und hatten so gut wie keine Berührungspunkte, aber sie konnten einander nicht riechen. Vielleicht hatte Kuschik mit seinen politischen Ansichten Vater verletzt, der erschüttert über den Zusammenbruch der Monarchie aus dem Krieg heimgekehrt war. Kuschik empfand wohl genausowenig Sympathien für Großgrundbesitzer wie die anderen Kleinbauern, aber mit ihm gab es eben immer gleich Krach.

So hatte er ein paar sandige Felderchen, die an Waldstücke grenzten, in denen zahlreiche Karnickel hausten. Das gab Wildschaden an den Saaten. Nun säte Kuschick aber nicht Roggen oder Hafer, sondern Mohrrüben. Mohrrübenkraut ist die Lieblingsspeise von Karnickeln, und sie fraßen es nach Herzenslust ab. Kuschick machte nun eine Rechnung auf, welchen Ertrag er von den Mohrrüben hätte haben können, und verlangte vollen Ersatz. Vater verweigerte die Zahlung mit dem Hinweis, daß es nicht üblich sei, Mohrrüben feldmäßig anzubauen, und daß der Anbau an dieser Stelle eine reine »Wildschadenkultur« gewesen sei. Im nächsten Jahr säte Kuschick Weizen, für den der Boden viel zu schlecht war. Zehn

Schritte von der Waldkante entfernt, zäunte er ein vier Quadratmeter großes Stück mit Maschendraht ein, damit die Karnickel nicht herankonnten. Dort gedieh der Weizen. Rundum aber war die Saat abgefressen und kümmerlich. Diesmal gewann Kuschick; Vater konnte mit seiner Entgegnung, daß Kuschick nur das eingezäunte Stück gedüngt und gepflegt habe, nicht durchkommen und mußte zahlen: eine Fuhre Stroh.

Kuschicks weitere Untaten blieben zum größten Teil unbewiesen: Ein junges Bäumchen in der Obstallee war abgeschnitten worden; auf einer frischen Saat hatte ein Fuhrwerk tiefe Radspuren hinterlassen; ein Drahtzaun war zerschnitten, der Deckel vom Brunnen in den Toten-Erlen beschädigt. War es wirklich Kuschick, wie der Vater glaubte, oder rechnete er ihm alle dummen Streiche an, die von der Dorfjugend verübt wurden?

Auf der anderen Seite der Dorfstraße lag der Hof von Göllner. Es war der größte im Dorf, etwa zwanzig Morgen und noch etwas Gepachtetes dazu. Göllner hatte zwei Pferde und war Gemeindevorsteher. Die zwei Pferde hielt Vater mit Recht für Blödsinn, den Gemeindevorsteher aber nahm er ihm ebenfalls übel. Es lag eben daran, daß der Gutsherr nach und nach seine Macht verloren hatte: Ursprünglich hatte er der ganzen Gemeinde vorgestanden, dann nur noch dem Gutsbezirk, und am Ende war er administrativ dem dörflichen Vorsteher unterstellt. Göllner wollte uns nichts Böses, nahm aber vom Gut keine Befehle entgegen. Die Tatsache allein, daß er sich hie und da an ihn wenden mußte und manchmal – allerdings selten – einen abschlägigen Bescheid bekam, war für Vater ein Ärgernis. Dabei war die Verwaltung der Gemeinde denkbar billig und einfach! Göllner bekam eine kleine Aufwandsentschädigung, sonst arbeitete er ehrenamtlich. Die Arbeit der örtlichen Polizeibehörde erledigte der Amtsvorsteher, und zwar ebenfalls umsonst (Vater hat dieses Amt lange Zeit selbst bekleidet). Und auch das Landratsamt, die nächsthöhere Instanz, war nicht stärker besetzt als heute die Verwaltung einer mittleren Landgemeinde. Alles funktionierte ganz gut und zur Zufriedenheit der Dorfbewohner.

Später – das war nach 1933 – wurde das Dorf der größeren Nachbargemeinde angegliedert. Wir hatten dann gar keine Behörde mehr im Ort. Das gespannte Verhältnis zwischen Dorf und Gut wurde dadurch entschärft, daß es nun einen gemeinsamen Feind gab. Sicher hat auch die geschickte Art meines Bruders und die Liebenswürdigkeit seiner süddeutschen Frau zur Beilegung dieses über Generationen vererbten Zwistes beigetragen.

Die einzige, wenigstens halbamtliche Persönlichkeit im Dorf war dann der Ortsbauernführer, Eck Hoffmann (sein Hof lag an einer Weggabelung). Im Rahmen der »Erzeugungsschlacht« hatte er alle Hände voll zu tun, kümmerte sich aber vor allem um die Beschaffung von Handelsdünger und um eine bessere Fütterung der Kühe. Tatsächlich stieg die Produktion der Kleinbauern und damit ihr Wohlstand rasch an. War ihnen bis dahin eine Getreideernte von anderthalb bis zwei Doppelzentnern pro Morgen ausreichend erschienen, so erzielten sie jetzt das Doppelte bis Dreifache. Milchleistungen von 800 Litern pro Kuh im Jahr stiegen auf 2.000 Liter, und die Fettprozente verbesserten sich ebenfalls. An heutigen Erträgen gemessen ist das alles lächerlich, aber damals war es ein entscheidender Schritt in die Zukunft: Vom fast bargeldlosen Selbstversorgerbetrieb zur gewinnorientierten Erwerbswirtschaft. Man nahm Geld ein und gab es aus. Man riskierte etwas und konnte sich »etwas leisten«. Die industrielle Revolution des 19. Jahrhunderts wurde auf dem Lande erst jetzt nachvollzogen. Die Motive, die die Regierung zu dieser Agrarpolitik veranlaßten, waren freilich eher reaktionär als fortschrittlich: Man suchte durch wirtschaftliche Autarkie von ausländischen Einfuhren unabhängig zu werden. Der nationalsozialistischen Engstirnigkeit waren Begriffe wie Welthandel verdächtig; vielleicht bereitete man auch schon den Krieg vor. Tatsächlich aber wurde damals eine Entwicklung eingeleitet, die früher oder später kommen mußte und die nach 1945 zügig voranschritt. Daß sie sich heute in einem Netz von Überproduktion und Subventionen verheddert hat, ist ein anderes Problem.

Der Eck Hoffmann war der einzige prominente Vertreter der NSDAP und ihrer Gliederungen im Dorf, aber er war kein Nazi. Wahrscheinlich hat es überzeugte Parteigenossen gegeben und vermutlich auch einen »Blockwart«, aber sie traten nicht besonders in Erscheinung – sieht man vom Bayer Emil ab.

Der dritte Ulbrichtsche Hof war der frühere Gerichts-Kretscham (Ausschank). Dort hatte der Gutsherr Gerichtstag gehalten. Die ehemalige Gaststube, die zugleich als Gerichtsstube diente, war ein recht ansehnlicher Raum. Auch der Schankbetrieb war zu meiner Zeit schon lange eingestellt.

Die Ulbrichts hatten den Hof an unseren ehemaligen Vogt Seibold verkauft, den ich bei der Aufzählung der Gutsprominenz vergessen habe. Das kommt wohl daher, daß wir nie einen prominenten Vogt hatten. Der erste zeichnete sich dadurch aus, daß er Katzen und Hunde einfing und verspeiste. Aufgabe der Vögte war es, die Frauen bei der Arbeit zu beaufsichtigen. Sie selbst sollten dabei vor- oder mitarbeiten, taten das jedoch nur ungern, weil sie sich für etwas Besseres hielten. Andererseits waren sie außerstande, auf Frauen wesentlichen Einfluß auszuüben: Jede kritische Äußerung wurde mit einem Schwall von Weibergeschrei erstickt. Für die kleine Arbeitsgruppe bei uns lohnte sich der Einsatz eines Vogtes ohnehin nicht; die Heinzen führte den Haufen viel besser. So waren alle ganz zufrieden, als Seibold kündigte und den Kretschamhof übernahm.

Das vorletzte Haus im Dorf gehörte Ernestine Pfitzner. Sie war bei den Großeltern Hausmädchen gewesen und stand daher in etwas engerer Beziehung zum Gut. Zwar war sie wenig beliebt, aber sie genoß den Ruf großer Redlichkeit, und

Das Häuschen der Ernestine Pfitzner

dieser Ruf war es vermutlich, der ihr einen unerwarteten Glücksfall verschaffte. Ihr Häuschen, strohgedecktes Lehmfachwerk, war uralt und baufällig. Da bot ihr eines Tages Direktor Gläser vom Eisenwerk in Neusalza an, ihr ein neues Haus zu bauen. Einzige Bedingung war, daß die Mutter des Direktors zwei Zimmer in diesem Haus bewohnen und von Ernestine bedient werden sollte. Das alte Häuschen wurde also abgerissen, und es entstand ein hübsches neues, aus massiven Ziegeln, und mit allen Erfordernissen verfeinerter Wohnkultur wie WC und elektrischer Beleuchtung versehen.

Aus der Landidylle für die alte Frau Gärtner allerdings wurde nicht viel. Sie stammte aus der Stadt, und wenn sie auch Natur und Stille liebte, war es ihr doch zu einsam bei uns. Da sie schlecht zu Fuß war, konnte sie nicht einmal ihre Einkäufe selbst machen, und Ernestine war alles andere als eine freundliche Bedienung. So verschwand Frau Gärtner nach einigen

Jahren wieder. Ihre Wohnung wurde zu einem Wochenend-
heim für die Pfadfindergruppe ihres Enkels.

Das letzte Haus im Dorf gehörte den Kuschkes, über die ich
schon geschrieben habe.

Der Bayer Emil

Einen Hof habe ich in meinem Bericht bisher ausgelassen, weil ich meine, daß er ein eigenes Kapitel rechtfertigt. Es ist der Hof des Bayer Emil, der dem Walterschen gegenüber lag. Dieser Emil Bayer war ein Mensch von so skurriler Bosheit, ein so verbohrter Taugenichts, daß sein Charakter für jeden Psychologen ein interessantes Studienobjekt gewesen wäre.

An dem Hof der Bayers gab es wenig Besonderes. Er war von mittlerer Größe, vielleicht 15 Morgen, und hatte gute, massive Gebäude. Der Emil hatte Maurer gelernt und manches ausgebessert. Überhaupt ging alles einigermaßen gut, solange die alte Mutter noch lebte und die Zügel in der Hand hielt. Der Emil war nämlich weder dumm noch ungeschickt, und wenn er ein wenig stahl und kleine Gaunereien beging, so lag das im Rahmen des damals Üblichen. Übertriebene Moralvorstellungen hatte man nicht im Dorf, am wenigsten, wenn es sich darum handelte, die Gutsherrschaft zu schädigen. Dafür ist vielleicht folgende Geschichte aus unserer entfernten Nachbarschaft charakteristisch: Anfang der dreißiger Jahre war ein bankrottes Gut von der Landessiedlung gekauft und bis auf einen Rest, zu dem der Gutshof gehörte, aufgeteilt worden. Der Vertreter der Landessiedlung berief eine Versammlung der Dörfler ein, um mit ihnen gemeinsam über die Verwendung des Restgutes zu beraten. Da meldete sich einer der Bauern und sagte unter dem Beifall seiner Kollegen: »Nä, nä, Herr Dokta, lass ba ok duus. A wing (wenig) Herrschaftliches mechte ok sein. Wo sulln ba ok sunste inse Kieh hintreiben, wenn ba nischte ni mei zu fressen huan?«

Vater beurteilte die Aktivitäten des Emil verständlicherweise weniger tolerant und schimpfte schon frühzeitig auf ihn. Jedoch empfand er keinen Haß gegen ihn. Emil war nicht eigentlich unsympathisch. Aber ob es in seinem Leben einen

plötzlichen Bruch gegeben hat, oder ob es sich um eine all-
mähliche Entwicklung handelte, jedenfalls ging es bergab.
Dazu mag der Tod der Mutter den Anstoß gegeben haben und
die Verheiratung mit einer Frau, die nicht in der Lage war,
Haus und Hof zu führen und erst recht nicht den Ehemann,
der Führung dringend nötig gehabt hätte. Sie war ungewöhnlich häßlich, unordentlich und nicht sehr intelligent. Sie ließ
sich vom Emil verhauen, wenn er betrunken war, und bekam
auf diese Weise ein Kind nach dem anderen. Die Kinder wuchsen in Schmutz und Schlamperei auf und bekamen nicht einmal genug zu essen.

Daß der Emil es zu Hause ungemütlich fand, war ihm nicht
zu verdenken. Aber anstatt für Ordnung zu sorgen, wich er in
die Wirtshäuser aus und vermehrte damit den Unsegen. Er
war ein großer, ja ein weithin berühmter Skatspieler. Scholz
erzählte mir manchmal von den schier unglaublichen Spielen,
die er riskiert und gewonnen hatte: »Ohne 7« habe er »Null«
gespielt, habe seine Karten, als er sie bekam, nachdenklich
betrachtet und dann langsam gesagt, na ja, da könne man was
machen. Dann folgte die Schilderung des siegreichen Spiels
Zug um Zug. Scholz, der sonst nichts vom Emil hielt, konnte
bei solchen Berichten ganz ehrfürchtig werden.

Mut und spielerische Fähigkeiten führten keineswegs zu
wachsendem Wohlstand. Im Gegenteil, per Saldo verlor der
Emil. Es wurde zwar nicht hoch gespielt, und die Spielverluste
können nicht existenzbedrohend gewesen sein, aber der dabei
konsumierte Alkohol war teuer. Das Schlimmste jedoch war,
daß der Emil seine Zeit in den Kneipen verluderte. Seine Mau-
rertätigkeit gab er ganz auf – es wollte ihn ohnehin niemand
mehr beschäftigen –, und um den Hof kümmerte er sich
immer weniger. Seine Äcker sahen zum Gotterbarmen aus;
den Kuhstall hielt die Frau zwar noch leidlich in Ordnung, aber
sie hatte nie genug Futter für die Kühe. Zu allem Unglück
wurde der halbe Ertrag der Felder von einem großen, alten
und völlig überflüssigen Pferd aufgefressen.

Der Emil sah in diesem unverkennbaren Verfall lediglich das Ergebnis der Bosheit seiner Mitmenschen. So ging er dazu über, um das zu kämpfen, was er für sein Recht hielt. Er war kein Michael Kohlhaas, der aus verletztem Rechtsgefühl ins Unglück geriet. Emil versuchte vielmehr ohne Skrupel, kleinere oder größere Vorteile zu erlangen: Er versetzte Grenzsteine oder behauptete, sein Nachbar habe es getan. Er erklärte, seine Frau sei von einem anderen schwanger, und verlangte Alimente. Dem Gemeindevorsteher schrieb er an die Tür: »In diesem Haus wird Unzucht getrieben.« Ironischerweise hatte er es an die Tür vom Schweinestall geschmiert, und Vater als Amtsvorsteher entschied, daß Säue vor solchen Beleidigungen nicht geschützt seien. Er stellte Armenrechtsgesuche, erhob Klage und Beschwerde wegen angeblicher Wegerechte, behexter Kühe, Wildschaden und Zechschulden. Anfangs hatte er einige Erfolge und erreichte den einen oder anderen vorteilhaften Vergleich, weil seine Gegner um des lieben Friedens willen nachgaben.

1933 entdeckte er urplötzlich sein nationalsozialistisches Herz. Er trat in die SA ein und lief fortan braun und gestiefelt durchs Dorf. Da er der einzige war, verschaffte er sich damit vorübergehend eine gewisse Überlegenheit und versuchte nicht ohne Erfolg, seine Umwelt unter Druck zu setzen. Meine Mutter zum Beispiel wurde von ihm hart angegriffen, weil sie den »deutschen Gruß« nicht mit der nötigen Ergriffenheit entbiete. Der Emil hatte damit wohl recht: Wenn Mutter den Arm ausstreckte, sah es so aus, als ob sie einen unappetitlichen Gegenstand aufhöbe – von vaterländischer Begeisterung keine Spur. Sie sagte gewöhnlich auch guten Tag, hatte jedoch vor dem Emil und den Braunen hinter ihm immerhin so viel Respekt, daß sie sich zu einem »Heil Hitler!« herbeiließ. Ich bezweifle im übrigen, daß sie den Gruß mit Absicht so komisch ausführte. Es war auch ein gut Teil Ungeschick dabei.

Daß die Kinder der Bayers schlechter gehalten wurden als

die Ferkel, habe ich schon erwähnt. Als es wieder einmal Nachwuchs bei ihnen gab, machte die Fürsorgerin der Wöchnerin einen Besuch und – so wurde erzählt – fand das Neugeborene nackt auf dem kalten Steinfußboden in der Küche liegend; es starb bald darauf an einer Lungenentzündung. Da schon einmal ein Kind der Bayers auf ungeklärte Weise verstorben war, wurde man mißtrauisch. Der Emil bekam Ärger mit dem Jugendamt. Ob er deshalb aus der SA hinausflog, weiß ich nicht, jedenfalls trug er die Uniform nicht mehr, und wenn er auch das Denunzieren nicht lassen konnte, so hörte doch niemand mehr auf ihn.

Das Netz zog sich über ihm zusammen, denn zugleich häuften sich seine Schulden. Erbhofbauer war er nicht; dazu war der Betrieb zu klein. Aber man jagte einen Landwirt nicht ohne weiteres von seinem Hof. So wurde der Hof unter Pflegschaft gestellt – mein Bruder wurde Pfleger –, und das Gericht ordnete seine Verpachtung an. Pächter wurde Szymanski, bis dahin Schweizer auf dem Gut. Der machte aus dem verkommenen Betrieb in Kürze eine ordentliche Wirtschaft. Er schaffte das Pferd ab und lehrte vier Kühe, Wagen und Pflug zu ziehen. Da sie nur halbtägig und leicht arbeiten mußten, schadete ihnen das wenig, und da Szymanski sie gut fütterte, hatte er bald die besten Milchleistungen im ganzen Dorf. Er verdiente genug, um davon zu leben und die Pacht zu zahlen.

Nur im Hause war der Teufel los: Die beiden Familien mußten sich den eh schon knapp bemessenen Raum teilen, und Emil war ein Meister in der Erfindung stets neuer Schikanen und Niederträchtigkeiten. Geld bekam er nur in kleinsten Raten von meinem Bruder; jeder Groschen wurde schließlich für die Kinder und die Gläubiger dringend gebraucht. In den Gasthäusern der Umgebung hatte Emil längst keinen Kredit mehr. So blieb ihm als einziger Zeitvertreib seine Leidenschaft für streitige Verfahren aller Art. Und auch diese Freude gönnte man ihm nicht lange. Seine Armenrechtsgesuche wurden wegen Aussichtslosigkeit der Rechtsverfolgung laufend abgelehnt. Bei dem Winkeladvokaten, der früher für ihn gearbeitet hatte, stand er tief in der Kreide. Auch die Partei hatte sich von ihm zurückgezogen. Die einzige Institution, die unentgeltlich seine Klagen und Beschwerden bearbeiten mußte, war die allgemeine Verwaltung, vertreten durch den Amtsvorsteher. Das war der Bauer Kallenberg im benachbarten K., ein braver Mann, zwar Mitglied der NSDAP, aber keiner von den gräßlichen kleinen Nazis.

Der Amtsvorsteher hatte gewöhnlich nicht allzuviel zu tun, aber der Emil hielt ihn in Trab. Eine Beschwerde nach der anderen traf in der guten Stube der Kallenbergs ein, die als Amtszimmer diente. Jede Klage enthielt eine Reihe finsterer Anschuldigungen, die sich bei näherer Prüfung als unwahr herausstellten. Die Phantasie des Emil war unerschöpflich, aber längst hatte man es aufgegeben, ein Strafverfahren wegen Verleumdung oder Beleidigung gegen ihn anzustrengen, denn etwas Schöneres als ein Verfahren gab es nicht für ihn. Er hätte dann vor Gericht nach Herzenslust schwadronieren, jammern und schimpfen können, hätte reichlich Zuhörer gefunden und am Ende eine Geldstrafe bekommen, die er nicht hätte bezahlen können, oder eine kleine Freiheitsstrafe, die zur Bewährung ausgesetzt worden wäre. So konnte man ihn nicht fassen. Also ging der Amtsvorsteher dazu über, ihn einfach nicht mehr zu beachten. Emil konnte nun Klagen und Beschwerden in beliebiger Menge vortragen, es passierte einfach nichts. Er beschwerte sich beim Landrat, aber auch dort war er »amtsbekannt«; die Schriften wanderten in den Papierkorb. Und wenn er persönlich bei den Behörden erschien, war niemand für ihn zu sprechen.

Der Emil verzweifelte. Ja, ich glaube, daß er wirklich einer tiefen Verzweiflung verfiel, denn er hatte sich in jeder Richtung festgerannt. Niemand von uns hat ihn deshalb bemitleidet. Auch als er - gleichsam als letztes Kampfmittel - mit Selbstmord drohte, lachten wir nur. Er schickte an alle seine Widersacher Briefe mit der Mitteilung, daß er sich entleiben

werde. Ein Brief, der an meinen Bruder gerichtet war, schloß
mit den Worten: »Und so muhs ich den mit Got fier König und
Vaterland dahinscheiden wägen der widrigen Umstände«.
Natürlich geschah gar nichts. »Ah«, hieß es, »der Bayer Emil
denkt ja überhaupt nicht daran.«

Eines Abends hatten die Eltern ein paar Gäste, darunter
den jungen Pastor mit seiner Frau. Nach dem Abendessen – es
war ein schöner Sommertag und noch ziemlich hell – wollte
ich noch zu Scholz gehen, um ihm etwas auszurichten. Auf der
Vorfahrt begegnete mir Emil. »Herr Dokta«, sagte er, »eich
hua geheert, der Urtsgeistliche is eim Schlusse.« Ich bejahte.
»Eich mecht den Urtsgeistlichen sprechen«, sagte der Emil,
»eich will heit nacht aus dem Leben scheiden und mecht dazu
das heilige Abendmahl nehmen.« »Ja, wollt Ihr denn schon
wieder Selbstmord begehen?« fragte ich ihn. Emil nickte ernst.
Ich erklärte ihm – was er sicher wußte –, daß Selbstmord eine
schwere Sünde sei und daß er dafür sicher nicht das Abendmahl erhalten könne. Emil bestand darauf, den Pastor zu
sehen. Ich ging ins Haus zurück und berichtete halb belustigt
über mein Gespräch. Der Pastor war zwar nicht bereit, einem
Selbstmordkandidaten das Abendmahl zu reichen, ging aber
nach kurzer Überlegung doch nach draußen, um mit dem Emil
– der übrigens nie zur Kirche ging – zu sprechen. Der Emil war
schon fort. Wir sprachen noch ein wenig über ihn, lachten und
wechselten das Thema.

Am nächsten Morgen traf ich Vater beim Frühstück. »Na,
hat sich der Emil umgebracht?« fragte ich grinsend. Ich sehe
noch Vaters Gesicht, als er sagte: »Er hat sich heute nacht
erhängt.«

Die Art und Weise war so grotesk wie grauenvoll: Um seinen Widersacher, den Amtsvorsteher, zu strafen, war Emil die
drei Kilometer nach K. gepilgert und hatte sich an einem Leiterwagen erhängt, der vor der Hintertür des Bauernhauses
stand. Ein Leiterwagen ist nicht hoch, und sich daran auf-
zuhängen, dürfte Emil einige Mühe gekostet haben. Er hatte

offensichtlich diese komplizierte Todesart gewählt, weil er sich ausgerechnet hatte, daß morgens die schwangere Frau seines Feindes als erste aus der Tür kommen würde. Aber die Kallenbergen hatte ein dickes Fell, und als sie den Toten erkannte, war der Schrecken vergessen.

Richtig ist, daß der Emil niemandem fehlte, aber rückblickend fürchte ich, daß wir uns an diesem schrecklichen Kerl ziemlich arg versündigt haben. Eine Ausnahme machte da nur mein Bruder, der sich um ihn und seine Familie immer wieder bemühte. Wir anderen sahen in Emil eine Art dämonischer Groteske, wie sie als Wasserspeier an gotischen Kirchdächern kleben. Wir brachten ihm kein Mitleid entgegen, keine Nächstenliebe, keine Spur von Verständnis. Wahrscheinlich hätten wir ihm damit auch nicht helfen können, aber indem wir ihn seinem Dämon überließen, sind wir mitschuldig geworden an seinem makabren Ende.

Die Sprache

Es gab mehrere Sprachen: reines Hochdeutsch natürlich, das wir zu Hause sprachen. Noch heute ist es von der Art, die meine Schweizer Freunde als bedrückend korrekt empfinden und meine österreichischen Bekannten verachten, weil es ihnen nach Kommiß, nach »Pferden, Weibern, Sekt« riecht. Wir mußten dieses Deutsch im Haus, mit den Eltern und Dienstboten sprechen und wurden scharf vermahnt, wenn wir vom Hof Abweichungen mitbrachten.

Auf dem Hof wurde nur selten reines Schlesisch gesprochen. Und das war nicht etwa die Sprache aus Gerhart Hauptmanns »Versunkener Glocke«; die »la« und »le« am Ende waren nicht üblich. Im wesentlichen bestand der Dialekt aus Vokalabwandlungen, die ziemlich schwierig waren. »Eich bei ni eire Tante«, sagte die Neugebauer Berta zu den kleinen Scholz-Kindern (ich bin nicht eure Tante). »Kumm ok har, kannst meitefuarn, eich fuar na Beithen« (komm nur her, du kannst mitfahren, ich fahre nach Beuthen). Sehr beliebt war die Wendung: »Bei ok ni asu« (sei doch nicht so). Es gab nebenbei einige dialekteigene Vokabeln: »Sterz« war Umzug und Umzugsgut, »a wing« war ein wenig, »labern« war »quatschen«, ein »Borg« ein junger Eber. »Schöps« für Hammel und »schöpsen« für kastrieren kommt wohl auch anderswo vor. Das alte Schlesisch hatte viel aus dem Fränkischen übernommen, aber auch aus anderen deutschen Landschaften, aus denen Kolonisten gekommen waren.

Wie gesagt, das alte Schlesisch beherrschten nur wenige, und es wurde zu Vaters Kummer noch weniger gesprochen. Was wir auf dem Hof hörten, war »Leutsch«, eine Sprache, die sich mit dem Hamburger »Messingisch« vergleichen läßt, nachlässig zusammengestoppelt aus schlesischem Hochdeutsch und schlechtem Schlesisch. Es war die Sprache, die wir gebrauchten, sobald wir auf dem Hof spielten. »Tu ba heit schiepeln?« fragte ich den Jung Ernst etwa (tun wir heute Murmeln spielen?). Die Verben wurden meist im Infinitiv und in Kombination mit »tun« verwendet. Wir »machten« nach Schönau, wenn wir uns dort hinbegaben. Ich kann diese Sprache noch heute mühelos sprechen, erklären kann ich sie nicht.

Polnische Anklänge fanden sich nur in den als Fremdworte gebrauchten Verwünschungen: »Pschakrew« und »pieronna« kamen aus Oberschlesien zu uns. Aber die »Lärge«, das Lieblingsschimpfwort aller Schlesier, dürfte deutschstämmig sein, wenn ich auch nie erfahren habe, was eine Lärge ist. Unter Beschimpfungen spielten die Abstufungen für »geistig minderbemittelt« eine wichtige Rolle: »Timplich« war die freundlichste Form, »tälsch« war schon schlimmer, und »tamsch« bedeutete soviel wie bewußtseinsgestört, geistig völlig abwesend.

Eine besondere Sprache verwendeten die herrschaftlichen Dienstboten. Ihr Vokabular war rein oder fast rein hochdeutsch. Aber sie hatten eine eigene Grammatik, die sehr schwierig war und die ich nie begriff. Meine Mutter bemühte sich noch zwanzig Jahre nach der Flucht vergeblich, unserer alten Mamsell die deutsche Grammatik beizubringen: »Mamsell, es heißt nicht ›wenn wir wollen um ein Uhr essen, werd ich müssen bald die Kartoffeln ansetzen‹, sondern ›wenn wir um ein Uhr essen wollen, muß ich . . .‹« – »Nu ja, wenn gnä' Frau mir das tut sagen, werd ich müssen die Kartoffeln um halb eins ansetzen.«

Einige besondere Aussprüche von Mamsell verdienen festgehalten zu werden: »Würde Herr Oberst bitte das Aschloch zumachen« (das Feuerloch am Ofen). »Ich kannte den Herrn nicht, aber ich habe ihn gleich sein Geschlecht angesehen« (die gute Familie). »Haben die Herrschaften heute Makkaronilust?«

Unsere Sprache besaß eine Fülle von Ausdrucksformen, die

von der sozialen Stellung der Gesprächspartner abhingen. »Herr Oberst hat sich beschissen«, sagte die Heinzen zum Beispiel, wenn Vater einen Staubfleck auf der Jacke hatte, und drückte sich damit völlig korrekt aus. Vater war in der dritten Person Singular anzureden, und »beschissen« war ein höfliches Synonym für »schmutzig gemacht«.

Vater andererseits redete die Heinzen mit »Ihr« an. Das war ein wenig vertraulich; als Junge hätte ich es mir nicht erlauben dürfen. Gewöhnlich sagte man »Sie«. Gegenseitig geduzt wurde nur bis zur Konfirmation. Ich wurde dann erst mit »Herr Gerhard« angeredet, um mit etwa sechzehn Jahren zum »jungen Herrn« zu avancieren. Der in Ostpreußen übliche Ausdruck »Junker« wurde nicht gebraucht. Da wir selbst nie mit »Sie« angeredet wurden, war es wichtig, welchen Titel wir führten. Alte, würdige Gutsbesitzer wurden mit »Herr Leutnant« angesprochen, wenn sie keinen anderen militärischen Rang aufzuweisen hatten. »Gnädiger Herr« sagte man höchst ungern, während »Gnädige Frau« allgemein üblich war. Hatte ich ein Examen bestanden und holte Scholz mich an der Bahn ab, dann war seine erste Frage etwa: »Dürfen wir jungen Herrn jetzt Herr Referendar nennen?« Eine Ablehnung betrübte ihn sehr. Als ich schließlich das ziemlich nutzlose Doktorexamen machte, war ein Hauptantrieb, endlich einen Titel für Scholz zu haben.

Eine große Ausnahme gab es zwischen Mamsell und meiner Schwester: Sie behielten das gegenseitige Du auch nach Hertas Konfirmation bei. Das blieb so bis zu Mamsells Tod. Nachdem Herta geheiratet hatte, sprach Mamsell jedes Jahr einmal feierlich meinen Schwager an: »Ich wollte Herrn Baron fragen, ob Herr Baron gestattet, daß ich auch weiter zu Hertachen das Du-Wort gebrauche?«

Während wir Eltern und Verwandte duzten, hatten wir Respektspersonen gegenüber die dritte Person Plural zu gebrauchen: »Herr Graf haben ...«. Man sagte »Herr Graf« und »Frau Gräfin«. Das süddeutsche »Graf« und »Gräfin«

»adelte« sich erst später ein. Mit den Grafen war es noch einfach – wir hatten nur wenige. Bei anderen Titeln verfuhren wir freier. Es war eine Frage anerzogenen Taktes, ob man sagte »Herr Oberstleutnant« oder »Herr von Berge«. Barone wurden gewöhnlich nicht so angeredet. Dabei mag ein österreichisch-preußischer Gegensatz eine Rolle gespielt haben. In Österreich – und damit im alten Schlesien – war jeder Adlige Baron. In Preußen meinte man, daß das einfache »von« dem Baron oder Freiherrn gleich oder doch fast gleichwertig sei. Viele Gedanken machten wir uns darüber allerdings nicht.

Nur Generäle und Minister wurden unter allen Umständen mit ihrem Titel angesprochen, wobei man wiederum aufpassen mußte, ob sie etwa »Exzellenz« waren; dann gebührte auch der Gemahlin der Titel. Fürstlichkeiten waren glücklicherweise rar. Der Carolather war »Durchlaucht«; das war einfach. Aber natürlich mußte man wissen, wer mit »Erlaucht«, »Durchlaucht«, »Hoheit«, »Königliche Hoheit«, »Kaiserliche Hoheit« oder gar »Majestät« anzureden war oder angeredet werden wollte. Wem die dritte Person oder der Handkuß gebührte, das wußten wir ebenso sicher, wie Scholz wußte, für wen er den steifen Hut aufzusetzen hatte.

Die Gegend

Der gesellschaftliche Verkehr auf den Gütern war eng mit dem Begriff der »Gegend« verbunden und eigentlich auf diese beschränkt. »Gegend« waren die benachbarten Güter in einem Umkreis von ungefähr zwanzig Kilometer, was etwa einer zweistündigen Wagenfahrt entsprach. Auch als man später Autos hatte, wurde der Verkehr nicht wesentlich über den alten Radius ausgedehnt. Vielleicht bestand kein Bedürfnis danach; aber als es soweit war, daß jeder Gutsbesitzer ein Auto fuhr, kam schon bald der Krieg. Sicher wäre die nächste Generation in ihrer gesellschaftlichen Zusammensetzung durch die Motorisierung verändert worden. Einstweilen blieb es bei den zwanzig Kilometern.

Innerhalb dieses engen Radius herrschte eine fürchterliche Enge der Anschauungen. Städtische Berufe waren vom gesellschaftlichen Verkehr ausgeschlossen. Offiziere konnte man einladen oder den Landrat, wenn sie aus »gutem Hause« waren, vielleicht noch einen Richter. Aber diese Leute gehörten nicht zur Gegend, und alle anderen Berufe kamen überhaupt nicht in Frage. Unser Hausarzt war ein recht wohlhabender Mann mit einem hübschen Haus und einer reizenden Frau. Obwohl sie von Geburt adlig war, wurde das Ehepaar nicht zu Gesellschaften eingeladen. Niemand wäre auf den Gedanken gekommen; allenfalls eine Einladung zum Tee war möglich – wenn kein anderer Besuch da war.

Vater war herzlich befreundet mit dem Weinhändler der Kreisstadt, der halb Niederschlesien mit seinen vorzüglichen Weinen belieferte und unvergleichlich viel reicher war als wir und gebildeter als die meisten unserer Nachbarn. Diese Freundschaft, von vielen als ziemlich extravagant empfunden, ging jedoch nicht so weit, daß sie sich, gar mit Ehefrauen, gegenseitig nach Hause eingeladen hätten.

Nicht alle Güter der Umgebung wurden der Gegend zuge-
rechnet. Es gab eine Gruppe von Gutsbesitzern, die einem
ganz anderen Lebensstil huldigten als wir und daher nicht zu
uns paßten. Sie blieben lieber ohne uns und wir ohne sie, ohne
daß es deswegen Feindschaft gab. Andererseits war die
Gegend keineswegs auf die Adligen beschränkt. Sie gaben
wohl noch den Ton an, aber wahrscheinlich überwogen
die Bürgerlichen.

In mancher Hinsicht war die Gegend eine ganz praktische
Einrichtung: Sie war – von der Verwandtschaft abgesehen –
der Kreis von Menschen, der bei großen Festen einzuladen
war, wobei man auch eine Auswahl treffen konnte. Die
Gegend besorgte bei feierlichen Anlässen ein gemeinsames
Geschenk – meist ein silbernes Stück – und ließ sich, ohne
Namen zu nennen, darauf eingravieren. Ein Vertreter der
Gegend sprach dann die gemeinsamen Glückwünsche aus.
Wer neu in die Gegend kam, durch Kauf oder Erbschaft,
erfuhr mühelos, wo er Besuch zu machen hatte, und konnte
auch davon ausgehen, aufgenommen und eingeladen zu werden, wenn er nicht durch extreme Untugenden auffiel. Unter
den Herren der Gegend wählte man die Gäste für die Treibjagd aus, und wer eine ordentliche Flinte schoß, konnte mit
Jagdeinladungen rechnen.

Zwischen Weihnachten und Ostern gab es dann die Diner-
Einladungen. Das war eine langweilige Einrichtung, die halb-
offiziell als »saurer Mops« bezeichnet wurde. Man fuhr ein bis
zwei Stunden auf holprigen Straßen über Land. Selbstverständlich war das Fahrzeug ungeheizt und oft nicht einmal
geschlossen, weil man den Pferden keine schwere Last zumuten wollte. Trotz der Pelze, Decken und Wärmflaschen kam
man verfroren an und wurde in einem Salon empfangen, den
die Familie sonst nicht benutzte; er war nur für diesen Abend
geheizt worden und daher kalt. Der Aperitif war noch nicht
erfunden. So fror man – besonders die Damen in ihren
dekolletierten Abendkleidern –, bis die eingeladenen Paare in

guter Ordnung – Hausfrau voran, Hausherr als letzter – ins Eßzimmer marschieren durften. Wenn dieses ebenfalls kalt war, rentierte sich die Sparsamkeit für den Gastgeber nicht, denn die Folge waren schwere Einbrüche in seine Rotweinbestände.

Das Essen hatte sich im Rahmen der »Verabredung« zu halten. Nach dem ersten Weltkrieg hatten einige prominente Damen der Gegend vereinbart, die vor dem Krieg übliche Schlemmerei nicht wieder aufkommen zu lassen. Ein Diner durfte maximal aus Vorgericht, Suppe, Fleischgang, Süßspeise und allenfalls noch einer Käseplatte bestehen. Delikatessen wie Kaviar, Hummer, Lachs und Austern waren nicht gestattet, Gänseleber nur, wenn sie selbstgemacht war. Ausnahmen waren erlaubt für hohe Familienfeste, wurden aber kaum gemacht. Wenn bei einem gewöhnlichen Diner außer dem Fisch etwa noch eine Muschel mit Ragout fin als Vorspeise gereicht worden war, rief die würdigste der geladenen Damen am nächsten Tag mit honigsüßer Stimme bei der Gastgeberin an (normalerweise gab es keine Dankesanrufe oder -briefe): »Ach liebe Frau von N., es war ja gestern ein reizender Abend, aber das Essen war gegen die Verabredung.« Die Beschuldigte suchte dann nach irgendwelchen Ausreden, wußte aber, daß alle ihre weiblichen Gäste inzwischen tüchtig über sie geklatscht hatten. Der ganze Erfolg, den sie sich von dem schönen Essen erhofft hatte, war in sein Gegenteil verkehrt – nein, nie wieder!

Dem Hausherrn dagegen blieb es unbenommen, die Schätze seines Kellers vorzuführen. Zu jedem Gericht gab es einen anderen Wein: Mosel zum Fisch, Sherry oder Portwein zur Suppe, Rheinwein oder französischen Rotwein zum Braten, je nachdem, ob es helles oder dunkles Fleisch gab. Außerdem konnte es einen »Flüsterwein« geben. Das war ein besonders guter Tropfen, dessen Kreszenz den Gästen vom Diener ins Ohr geflüstert wurde. Die Gläser dazu standen nicht im Gedeck, sondern wurden auf einem Tablett gereicht, und jeder

Gast ließ sich nicht mehr eingießen, als er trinken wollte, damit ja kein Tropfen umkam. Zum Nachtisch gab es dann manchmal noch ein Glas Sekt, aber wirklich nur eins, und keinen französischen.

Während des Essens war lebhafte Unterhaltung Pflicht. Jeder Herr sollte spätestens bei der Suppe mit seiner Dame zur Rechten eine Unterhaltung begonnen und die zur Linken einmal angesprochen haben. Es kam lediglich darauf an, *daß* geredet wurde; der Inhalt war von den Regeln des Anstands nicht betroffen. Wenn allerdings jemand, insbesondere eine Dame, allzu intelligente Reden führte, etwa über moderne Kunst oder Literatur, hielt man das für bedenklich.

Nach dem Essen wandelte man paarweise zum Salon, küßte der Tischdame die Hand und war ihr nun nicht mehr verpflichtet. In kleinen Tassen wurde Mokka gereicht und, wenn man Glück hatte, Likör. Beides gleichzeitig und im Stehen zu halten war eine schwierige Kunst. Aber setzen durfte man sich nicht, sonst landete man unfehlbar »bei den Damen«, wovor es allen Herren grauste. Diese blieben im Salon der unsterblichen Diskussion über Kinder und Dienstboten überlassen, während die Herren fluchtartig ins Herrenzimmer übersiedelten, wo es Zigarren, Bier und Cognac gab. Hier sprach man über Politik, über Landwirtschaft im allgemeinen und Agrarpreise im besonderen. Witze wurden selten erzählt. Es war sehr langweilig. Eigentlich hätte man nach einer halben Stunde zu den Damen zurückkehren sollen, aber dort war es noch langweiliger und man durfte nicht rauchen. So war man froh, wenn die Wagen gemeldet wurden. Es war ein ewiger Streit, ob diese um zehn Uhr oder um halb elf vorfahren sollten. Vater war für zehn, und da er häufig der älteste Gast war, mußten die anderen sich danach richten. Pferde und Kutscher konnte man nicht warten lassen, und so brach man rasch auf. Die Herren gingen in den Salon, holten ihre Damen und verabschiedeten sich zwanglos nach der Rangordnung. Diener und Hausmädchen trugen vorgewärmte Decken und Pelzfuß-

säcke zu den Kutschen und erhielten eine Mark als Trinkgeld –
nicht mehr. Mein Großvater, der ein wenig geizig war, gab nur
50 Pfennig und hieß deshalb bei allen Dienern und Kutschern
der »Fünf-Böhm-Karle«. Die Heimfahrt in frischer Luft war
oft das Beste an dem ganzen »sauren Mops«; wir hatten uns in
die Decken gehüllt und genossen unseren kleinen Schwips.

Im Sommer wurde manchmal ein »Picknick« veranstaltet.
Da traf sich die Gegend in irgendeinem hübsch gelegenen
Landgasthof. Von allen Seiten trabten die offenen Wagen
heran, von manchem Gut sogar zwei, denn man brachte die
sommerlichen Logiergäste mit. Die Pferde schwitzten und
schlugen mit den Schwänzen nach den Bremsen. Die Kutscher fluchten heimlich, denn es gab keine Möglichkeit zum
Ausspannen und sie mußten den ganzen Nachmittag über
herumstehen und auf die Pferde aufpassen. Wir Kinder fanden das Unternehmen ziemlich albern; warum konnte man
nicht zu Hause Kaffee trinken und anschließend eine Spazierfahrt machen? Und außerdem war da die Sache mit dem
Kuchen: Jeder Wagen brachte große Portionen von Kuchen
mit, der auf den Tischen der Gastwirtschaft verteilt wurde,
während der Wirt schwachen Körnchenkaffee und Bedienung
lieferte. Nun gab es unter den Hausfrauen zwei Gruppen: Die
eine wetteiferte um den Ruhm, den besten Kuchen zu backen,
die andere hielt es für klüger, den guten Kuchen der Nachba-
rinnen zu essen und den eigenen weiterzureichen. Mutter
gehörte zur ersten Kategorie; ihr Kuchen war herrlich. Aber
beim Picknick bekamen wir ihn nur aus der Ferne zu sehen.
Wir mußten mit trockenen Napfkuchen vorliebnehmen, in
denen man die Rosinen zählen konnte, oder mit Butterkuchen
aus einem watteartigen Hefeteig mit ein paar Zuckerkörnern
drauf – es war eine Schande!

Nach dem Kaffee wurden ganz lustige Spiele gespielt. Das
hätte man aber zu Hause mit den Hofkindern ebensogut oder
besser haben können. Außerdem erwies sich, daß die mit mir
gleichaltrigen Nachbarsöhne stärker als ich waren. Das

demonstrierten sie um so lieber, als sie sich ärgerten, daß ich sie mit meiner Länge übertrumpfte.

Mir fehlte damals noch das richtige Verständnis für diese Picknicks. Aber sie müssen ein hübsches Bild abgegeben haben: gepflegte Wagen, dampfende Pferde und livrierte Kutscher, die Herren in hellen Sommeranzügen, Frauen und Mädchen in leichten bunten Kleidern, Kinder in Matrosenanzügen und weißen Kleidchen. Das wuselte und schwatzte durcheinander, und ein vorsintflutlicher Apparat gab laute musikartige Töne von sich. Ein Bild, nicht so grazil wie Fragonard und nicht so saftig wie Teniers, aber recht ansprechend. Mutter hatte ihren Spaß daran, Vater drückte sich und bekam am Abend den Rest von dem guten Kuchen – so ungerecht ist die Welt!

Feste und Jagden

Die Feste, die wir feierten, waren fast ohne Ausnahme Familienfeste. Es gab die kleineren wie Geburtstage, Verlobungen, Konfirmationen, und die großen Feste: Hochzeiten – grün, silbern und golden –, an denen die »Verabredung« außer Kraft gesetzt war. Für Kindstaufen gab es keine festen Bestimmungen; es war zwar zulässig, hierbei die »Verabredung« zu übertreten, andererseits wurden sie oft nur im kleinen Kreise gefeiert.

Auch zu Geburtstagsfeiern wurden meist nur Verwandte eingeladen. Wir hatten ohnehin genug davon. Die meisten Geburtstage der Familie fielen in die kühlere Jahreszeit und spielten sich nach festem Schema ab: Vormittags um 11 Uhr wurden die Geschenke aufgebaut und überreicht, zum Glück ohne Gesang. Statt dessen gab es ein erstes Stück von der delikaten Nußtorte. Das Mittagessen durfte sich der Jubilar bestellen. Eines der Kinder mußte eine Rede halten, an die keine hohen Anforderungen gestellt wurden, die aber mit einem dreimaligen Hoch zu enden hatte.

Zum Nachmittagskaffee kamen die ersten Gäste. Es waren die, die den weitesten Weg hatten und ihren Pferden eine längere Verschnaufpause einräumen wollten. Verschiedene Kuchen standen auf dem Tisch. Das Geburtstagskind mußte höllisch aufpassen, daß das ihm gebührende Mittelstück der Nußtorte nicht von einer gefräßigen Tante weggefuttert wurde; die anderen Kuchen waren nämlich bei weitem nicht so gut. Die Kinder konnten sich anschließend aus dem Staub machen; die Erwachsenen langweilten sich redlich bis zum Abendessen. Eine unerläßliche Beigabe zu jedem Geburtstag waren Tante Eva und Onkel Gotthard. Tante Eva war eine Frau, die im Rufe allergrößter Vortrefflichkeit stand und ihn sicher auch verdiente. Sie entdeckte jedes Stäubchen auf einem Bilderrahmen, jeden Fliegendreck an der Fensterscheibe und wies mit der gebotenen Strenge darauf hin. Sie sah unfehlbar, wenn jemand einen Fleck aufs Tischtuch machte, wenn ein Schuhband offen war oder ein Handkuß nicht richtig ausgeführt wurde. Ihre unbedingte Wahrheitsliebe zwang sie, auf alle diese Verfehlungen hinzuweisen – nicht unfreundlich, aber ernst und für die Delinquenten bedrückend. Sie war klug und liebevoll und brachte schöne Geschenke mit. Mutter gab nie zu, daß sie Angst vor ihr hatte, Vater fürchtete ohnehin Gott und Teufel nicht, aber für uns war sie so etwas wie das fleischgewordene schlechte Gewissen.

Onkel Gotthard dagegen war erhaben und harmlos. Groß, rund, mit weißer Mähne und weißem Kinnbart, sah man ihm den alten General nicht an. Eher wirkte er wie ein Bischof. Wir hatten allerdings keine Bischöfe, nur Superintendenten. General-Superintendent, das hätte auf ihn gepaßt. Er tat keiner Fliege etwas zuleide, ging nicht einmal auf die Jagd. Ich bin überzeugt, daß seine Soldaten ihre Gewehre nur mit Platzpatronen geladen hatten, während Tante Eva mit dem strengen Blick aus ihren dicken Brillengläsern ganze Divisionen in die Flucht hätte schlagen können.

Onkel Gotthards Recht und Pflicht war es, die Geburtstagsrede zu halten. Das war eine langwierige Zeremonie, bei der er erstaunliche Kenntnisse über jedes Familienmitglied an den Tag legte: »Dein lieber Mann hat das böse Furunkel an seinem Hals mit Gottes Hilfe ausgeheilt.« – »Der liebe Karl-Andre ist zu unserer großen Freude in die Obertertia versetzt worden. Auch Hertachen macht ihren Eltern Freude und kann schon das kleine Einmaleins.« Jedes Familienmitglied kam dran. Da Onkel Gotthard im Jahr mindestens drei Geburtstagsreden hielt, wurde man dreimal mit einer Zensur bedacht, die aber stets freundlich ausfiel. Manchmal, wenn größere Ereignisse – ein Examen zum Beispiel – zu kommentieren waren, wurde die Rede sehr lang. Der Braten wurde dann kalt und das Eis warm. Wir entwickelten eine gewisse Begabung darin, die zu erwartende Rede im voraus mit großem Pathos zu parodieren, und amüsierten uns im stillen, wenn unsere Vorhersagen zutrafen.

Das Essen war, wie gesagt, einfach bei solchen Gelegenheiten: Suppe, Braten und Nachspeise. Auch am Wein wurde gespart. Es gab einen einfachen Mosel und billigen roten Tischwein. Die alten Damen tranken ihre Gläser nicht aus. Darum eilten wir Jungens gleich nach der Mahlzeit ins Eßzimmer zurück und tranken aus, was übriggeblieben war. Die Diener saßen dann beim Essen und erwischten uns nicht. Einmal überraschte uns einer und schnauzte uns mächtig an. Heute weiß ich, warum.

Wenn ich Diener sage, so meine ich natürlich die Kutscher. Wir hatten keine Diener und die meisten aus der »Gegend« ebenfalls nicht. Aber alle Kutscher, die nach und nach auch zu Chauffeuren wurden, waren perfekt im Servieren und sahen es als Ehre und Vergnügen an, wenn sie dazu aufgefordert wurden. Die Gastgeberin brauchte nur bei den Nachbarn anzurufen und zu fragen, ob der Kutscher für den Mittag oder Abend zur Verfügung stehe. Die Kutscher besaßen eigens für diesen Zweck bestimmte Livreen. Fünf oder sechs Livrierte zur Bedienung zu haben war also kein Luxus.

Anders verlief der Geburtstag meines älteren Bruders, der im Juli lag. Dann hatten wir Sommergäste im Haus, und die Wagen der Besucher waren vollgeladen mit Kindern und Erwachsenen. Wer einen Break besaß, spannte ihn an. Das war ein offener Wagen, in dem man quer zur Fahrtrichtung saß und der acht bis zehn Personen befördern konnte. Zunächst gab es eine große Kaffeeschlacht auf der Terrasse am Park, bei der Kakao und Milch in Strömen flossen. Es wurde Obst- und der in Schlesien unvermeidliche Streuselkuchen serviert. Wer nicht wenigstens fünf Stück Kuchen aß, war ein Schwächling. Nach einer kleinen Aufführung ging es in den Park zu irgendwelchen Spielen, die unter Beteiligung der Erwachsenen zunächst recht gesittet verliefen. Bald wurden die Mütter und

Tanten, die zuviel Kuchen gegessen hatten, jedoch müde und überließen uns unserem Schicksal.

Erst spielten wir artig weiter, dann entschieden wir uns für einen Gang auf den Gutshof. Die Besichtigung der Ställe war bald beendet, das Abendessen noch weit. Das war der Augenblick, um Schandtaten auszubrüten. Der Wettbewerb mit den städtischen Feriengästen bot einen zusätzlichen Anreiz. Wir hielten Städter für hoffnungslose Narren, die wir mit unseren ländlichen Erfahrungen beeindrucken und hereinlegen zu können glaubten. Das erwies sich oft als Irrtum, denn die Stadtkinder waren sportlich besser ausgebildet als wir, hatten in früheren Ferien schon »Landerfahrung« gesammelt und blamierten uns ganz schön. Dem gemeinsamen Tatendrang tat das jedoch keinen Abbruch: Man kletterte im Heuboden bis unter das Dach, neckte den bösartigen Bullen oder hetzte auf der Weide die Fohlen. An der Ochsentränke und am Teich gab es reichlich schlammiges Wasser, mit dem man sich bespritzen konnte, oder einen Frosch, der im Ausschnitt der kleinen Mädchen Platz hatte.

Als Beispiel für ein großes Fest beschreibe ich die Hochzeit meiner Schwester im Jahre 1937. Zunächst gehörte zu einem solchen Fest eine generalstabsmäßige Planung, denn nichts überließ man Außenstehenden oder bezahlten Kräften. Erste Aufgabe war die Gästeliste: Die nahen und etwas entfernteren Verwandten mußten eingeladen werden, die Freundinnen der Braut, die Freunde der Brüder und des Schwiegersohns; außerdem die eigenen Freunde und Nachbarn. Dann kam die Schwiegerpartei mit ihrer Gästeliste, die immer viel länger war, als man es sich vorgestellt hatte: Uralte Patentanten wurden aus einem Damenstift ausgegraben, man erinnerte sich an Studienfreunde des Bräutigams und Jagdkameraden seines Vaters. Die Kapazität des Hauses war jedoch begrenzt. Zum plazierten Essen, wie es bei der Hochzeit unumgänglich war, konnten nicht mehr als 38 Personen geladen werden. Beim

kalten Buffet am Polterabend konnte man mehr Gäste ver-
kraften. Aber wen durfte man zum Polterabend auffordern,
ohne ihn auch zur Hochzeit einzuladen?

Es begannen diplomatische Verhandlungen mit den
Schwiegereltern: »Vettern zweiten Grades«, so einigte man
sich, »laden wir nicht ein.« Dann aber bemühte man sich,
einen geliebten Vetter als Paten oder Brautführer wieder ein-
zumogeln. Oder es hieß: »Wir haben fünf Brautjungfern, aber
eine wird von dem unverheirateten Bruder geführt.« Dem-
nach hätte die andere Partei nur vier Brautführer mitbringen
dürfen. Letzten Endes einigte man sich; schließlich sollte die
Ehe keinesfalls durch Familienkrach bei der Hochzeit vorbela-
stet werden.

Die Einladungen konnten hinausgehen. Während man auf
die Antworten wartete, beschäftigte man sich mit der Frage
nach der Verpflegung der Gäste und des Personals. Für neun
bis elf Mahlzeiten mit wechselnder Kopfzahl mußte vor-
gesorgt werden, denn die ersten Gäste kamen am Vorabend
des Polterabends und die letzten fuhren am Nachmittag nach
dem Hochzeitstag ab. Man trieb zwar keine Völlerei, aber es
wurde schon einiges gegessen in diesen Tagen. Alle Vorbereitungen wurden von Mutter mit Mamsell gründlich
besprochen. Dann setzte Mamsells Feldherrentalent ein: Sie
strahlte vor Begeisterung und guter Laune, und alles geschah
pünktlich und lautlos und ohne Aufregung. Vater hatte für den
Wein zu sorgen. Das war schon schwieriger. Immer kaufte er
zu wenig. Ein Feind aller Maßlosigkeit, konnte er sich die Sauf-
lust seiner jungen und alten Gäste einfach nicht vorstellen.
Auch ahnte er nicht, daß Kutscher und Diener ebenfalls ihren
Tribut forderten. So konnte es vorkommen, daß gegen Ende
eines Festes die Bowle immer wässeriger wurde und schließlich ganz versiegte.

Inzwischen war der überwiegende Teil der Einladungen
beantwortet worden. Es gab wenig Absagen: Eine Tante war
krank, ein paar junge Leute auf Reisen; sie wurden durch

andere Gäste ersetzt. Nun konnte die Unterbringung geregelt werden. Die eigenen Gästezimmer reichten natürlich nicht aus, aber die Nachbarn waren gern bereit, einzuspringen. Es mußte nur mitgeteilt werden, wer auf welchem Gut einquartiert wurde, wann er ankam und wo er von der Bahn abgeholt werden mußte. Ein Teil der Gäste kam mit eigenem Auto und erleichterte so die Transportprobleme.

Am Polterabend mußten richtige kleine Theaterstücke aufgeführt werden. Schlampige Hochzeitsgedichte genügten nicht. In jeder Familie gab es jemanden, der, mehr oder weniger gequält, sein Stückchen schreiben konnte. Eine nie eingestandene Rivalität zwischen den Familien von Braut und Bräutigam stachelte den Ehrgeiz an. Dabei durfte unbedenklich aus früheren oder fremden Stücken abgeschrieben werden. Es mußte nur lustig sein und eine Beziehung zum Brautpaar haben. Kostüme und Requisiten wurden zusammengekramt, kleine Lieder eingeübt, Spickzettel verteilt für die, die ihre Rolle nicht gelernt hatten. Für die Proben war ein Teil der Gäste schon am Vorabend des Polterabends eingetroffen.

Blumen wurden im Garten geschnitten und ohne viel Aufhebens in Vasen gestellt; Floristik war bei uns unterentwickelt. Auch auf den Schmuck der Kirche wurde nicht viel gewendet. Porzellan und Besteck für fünfzig Personen war vorhanden, reichte aber nicht ganz aus; einiges mußte von den Nachbarn geliehen werden. Damals kannte man noch keine Checklisten, aber es gab etwas Ähnliches: eine Art Großbuch, in dem alles verzeichnet war. Jeder bekam ein Blatt Papier, auf dem seine Aufgaben mit genauen Zeitangaben festgelegt waren.

Die ersten Logiergäste trafen ein und wurden herzlich willkommen geheißen. Während noch Tische gedeckt und in der Küche das kalte Buffet vorbereitet wurde, machten sie es sich bequem. Alle Gäste waren in heiterster Laune und völlig uneinsichtig gegenüber den Bitten der Gastgeber, weniger laut zu sein. Man mußte Nerven wie Stahltrossen haben, oder man durfte ein solches Fest nicht geben. Ein Segen war das erstklassige Personal, das zur Verfügung stand: Zwölf livrierte Diener (Kutscher), alle perfekt ausgebildet und mit dem Haushalt wohlvertraut, fühlten sich glücklich, dabeisein zu dürfen. Wilhelm, der Gurkauer Diener, herrschte über sie. Er nahm der Hausfrau einen großen Teil der Arbeit ab. Er war großartig, nur trank er zuviel Bowle.

Zum Polterabend war außer den eigentlichen Hochzeitsgästen die »Gegend« eingeladen. Sie kamen in Autos und Wagen. Die Herren trugen Smoking, die Damen »kleine« Abendgarderobe. Man begrüßte sich, beschnupperte den Bräutigam, der wohlerzogen, aber etwas gequält das allgemeine Interesse über sich ergehen ließ. Einzelne Geschenke wurden nicht mitgebracht. Man hatte wie üblich zusammengelegt, und der älteste Herr überreichte ein silbernes Tablett mit einer kurzen Ansprache. Weitere Reden unterblieben. »Bei kalten Buffets redet man nicht.« Man ging zu Tisch – selbstverständlich mit Tischordnung, Ehepaare grundsätzlich getrennt.

Statt der Reden wurde nach dem Essen »gepoltert«. Die Aufführungen waren gar nicht so schlecht und entfesselten durch ihren persönlichen Bezug großes Gelächter. Dann wurde getanzt. Rückblickend wundere ich mich über unsere Anspruchslosigkeit in bezug auf die Tanzmusik: Da die Drei-Mann-Kapelle, die beim Erntefest spielte, nicht salonfähig war, begnügten wir uns mit unserem alten Koffergrammophon. Einige neue Platten und besonders laute Nadeln waren vorher besorgt worden. Wir tanzten munter danach. Manchmal hörte man die Musik nicht recht, dann dachte man sie sich. Der Vorteil war, daß nicht allen das Trommelfell dröhnte und auch Gespräche möglich waren. Es gab Bowle – zu wenig, wie immer.

Ausnahmsweise fuhr die »Gegend« erst um halb zwölf Uhr ab. Die Kutscher hatten noch gegessen und beim Aufräumen geholfen. Um ein Uhr scheuchte Mutter die letzten Tänzer ins Bett. Verschlafene oder gar verkaterte Gesichter am Hochzeitstag waren unerwünscht.

Am Hochzeitstag regnete es. Und wie es regnete! Kein Mensch hätte geglaubt, daß der Kreis Glogau als einer der trockensten Landstriche Deutschlands galt. Einerseits war das gut; denn es wurde als glückliches Vorzeichen genommen, wenn es in den Brautkranz regnete. Andererseits entstand durch den Regen eine Reihe von Schwierigkeiten: Der Empfang der Guts- und Dorfleute im Park mußte verschoben werden. Und dann gab es Verkehrsprobleme: Wir hatten eben keine Chausseen, und die Feldwege, die das Dorf mit der Außenwelt verbanden, waren aufgeweicht und zerwühlt. Gäste von außerhalb mußten hoffnungslos steckenbleiben. An den kritischen Stellen wurden Ochsengespanne postiert, die versackte Autos sanft aus dem Dreck zogen. Die Fahrt zur Kirche wurde auf Pferdetransport umgestellt. Nur das Brautpaar fuhr im Auto; man fand das vornehmer. Ich bekam die Aufgabe, meine Großmutter als besondere Ehrenperson in dem kleinen DKW meines Bruders zu befördern. Das wurde eine abenteuerliche Fahrt; schleudernd, mit brüllendem Motor und Wolken von Wasser und Dreck verspritzend, kamen wir ans Ziel und auch wieder zurück. Oma war stark beeindruckt.

Die kirchliche Zeremonie verlief wie alle Trauungen; geweint wurde nicht, wozu auch? Glücklicherweise war Pastor Mücke schon pensioniert, so daß unter dem neuen Pastor alles sehr feierlich und ohne Gekicher abgewickelt werden konnte.

Zu Hause gab es dann eine einfache Zwischenmahlzeit und anschließend eine Ruhepause. Das Hochzeitsessen fand gegen 18 Uhr statt; wie schon zur Trauung trug man Frack und großes Abendkleid. Mit Rücksicht auf die sittsamen Tanten mußte meine Frau ein Stoffdreieck in ihren hübschen Rückenausschnitt einknöpfen, was sie furchtbar ärgerte.

Man traf sich im Gartenzimmer. Mein Bruder und ich hatten aus starken Ingredienzen ein sanft schmeckendes Getränk gebraut, das vor dem Essen angeboten wurde und besonders die alten Damen in zügellose Heiterkeit versetzte. Jeder suchte sich dann seine Tischdame – immer eine von der Gegenpartei, »damit die Familien einander kennenlernten« – und schritt, unter Einhaltung der Reihenfolge, zu seinem Platz. Das Vorgericht hatte der Fischer G. geliefert, auf Grund einer alten Schuld; ich glaube, es waren Schleie. Dann kamen Tomatensuppe, ein Kalbsbraten (im April gab es kein Wild) und am Schluß das Vanilleeis. Vater hatte gute Weine besorgt.

Die Reden bei Hochzeiten waren durch Herkommen festgelegt. Nur eine Schwierigkeit gab es neuerdings: Bis vor kurzem hatte zu Beginn eines Festessens der Hausherr einen Toast auf den Kaiser ausgebracht: »Das erste Glas gehört unserem geliebten Landesherrn – Seine Majestät, unser allergnädigster Kaiser und König, Wilhelm II., er lebe – hurra, hurra, hurra!« Als ich das zum erstenmal hörte, bei der Taufe eines Vetters, saß ich im Nebenzimmer am Katzentisch. Ich war ganz erschrocken, als sich im Saal plötzlich alle geräuschvoll von ihren Stühlen erhoben und nach einigen mir unverständlichen Worten donnernd »Hurra« schrien. Als dann auch noch Gläser klirrten und Stühle schurrten, meinte man, die Gäste gingen nun mit den Tischmessern aufeinander los.

Unter Hitler war dieser schöne Brauch mißliebig geworden. Es wurde erwartet, daß man den Führer leben ließ. Das kam in unserem Haus nicht in Frage. Manche halfen sich, indem sie das Vaterland leben ließen. Vater hielt es für besser, den ganzen Toast zu »vergessen«.

Nach dem Vorgericht sprach ein Onkel des Bräutigams – der Vater lebte nicht mehr – und begrüßte die Braut als neues Mitglied der Familie. Nach der Suppe mußte ein Verwandter der Braut auf die Gegenfamilie reden. Das war eine schwierige Aufgabe: Wenn man die Gegenfamilie zu sehr lobte, sah es so aus, als hätte man nur darauf gewartet, die Tochter dort unterzubringen. Manche Redner beschränkten sich deshalb auf die eigene Familie, aber das war nicht der Sinn der Sache. So suchte man gemeinsame Traditionen und Ansichten herauszustreichen, was unvermeidlich langweilig war. Die wichtigste

Rede war natürlich die des Brautvaters. Vater machte das mit klugen, warmherzigen Worten zwischen dem ersten und zweiten Servieren des Bratens. Die letzte Rede wurde zu Eis und Sekt von einem der Brautführer gehalten. Sie mußte sich auf die Brautjungfern beziehen und sollte witzig und amüsant sein. Die Mädchen konnten geneckt werden, mußten aber ein paar nette Komplimente bekommen. Manche Brautführer blamierten sich schrecklich dabei; aber auf der Hochzeit meiner Schwester lief alles nach Wunsch.

Nach dem Essen gab es Kaffee und Likör. Dann wurde der Brautkranz ausgetanzt – dabei stellte sich heraus, welche Brautjungfer als nächste heiratete –, und anschließend zog sich das Brautpaar zurück, um in »Zivilkleidung« umzusteigen. Beim Aufbruch wurden sie überrascht, mit Reis beworfen und durch allerlei brutale Späße an der Abfahrt gehindert. Humoristen hatten die Antriebsräder des Autos heimlich aufgebockt, so daß sie nur gräßlich schnurrten, als der Fahrer starten wollte. Auch hing ein Schweif von klappernden Gegenständen an dem Fahrzeug. Ich hatte aus schmerzlicher Erfahrung eine Abneigung gegen dieses alberne Brauchtum. Verhindern konnte ich es nicht.

Die Gäste tanzten weiter. Hochzeiten waren eine gute Gelegenheit, neue Verlobungen einzuleiten, aber auch ein kleiner Flirt war an einem solchen Abend höchst willkommen. So wurde es spät, drei Uhr morgens, bis die letzten schlafen gingen. Und wieder hatte die Bowle nicht gereicht.

Treibjagd

Eine besondere Art von Geselligkeit boten die Jagden. Wenn wir von Jagden sprachen, meinten wir Treibjagden. Sie fanden zwischen dem 1. Oktober und dem 15. Januar statt. Im Herbst jagte man nur im Wald, im Winter vorwiegend auf den Feldern; allerdings besaßen wir nicht genug Feld für eine große

Jagd. Auch im Wald lohnte sich die Jagd nur, wenn es Karnikkel gab. Diese flinken kleinen Nager vermehrten sich zwar rasch, waren aber sehr anfällig für Seuchen, denen sie oft bis auf geringe Restbestände erlagen. Da Hasen und Fasanen nur in geringer Zahl vorkamen, mußte die Jagd dann ausfallen.

Morgens gegen halb neun trafen die ersten Gäste ein. Mutter hielt eine Frühstückstafel mit vortrefflichem Kaffee und großen Aufschnittplatten bereit. Nach langer Anfahrt hatten die meisten erst einmal Hunger. Es waren nicht viele Jäger; sechs bis sieben Flinten reichten. Ein paar Damen waren als Begleiterinnen stets willkommen; auch größere Kinder durften mitgebracht werden. Die begrenzte Flintenzahl machte die Jagdeinladungen bei uns sehr begehrt.

Wenn alle Schützen eingetroffen waren, stieg man in die Wagen, um hinauszufahren. Meist genügte es, wenn Scholz mit dem sechssitzigen »Fürst Bülow« fuhr, denn Onkel Nimrod behielt seinen Wagen den ganzen Tag über bei sich und ebenso Graf N., dessen Kutscher zu vornehm war, bei uns auszuspannen. Vor dem ersten Treiben hielt Vater als Jagdherr die obligate Ansprache; er gab einige technische Anweisungen und ermahnte zur Vorsicht. Dann wurden die Schützen auf ihre Stände eingewiesen. Prominente und gute Schützen bekamen die besten Plätze; was übrigblieb, bekamen die Jungjäger und die, die nichts trafen.

Die Mitläufer suchten sich ihren Schützen. Sie hatten das Recht zu wählen, auch die Damen und Kinder. Einen Mitläufer abzulehnen galt als sehr unhöflich. Selbst alte Herren, die es nicht ausstehen konnten, wenn ein Bengel hinter ihnen her peterte, gaben nur durch brummiges Wesen zu verstehen, daß sie ihn lieber bald los wären. Damen – und es waren meist junge Damen – gingen fast nie mit Brüdern oder dem Ehemann. So mancher Jäger war hoch erfreut, wenn sich ihm ein hübsches weibliches Wesen anschloß, und mancher Hase verdankte diesem Umstand sein Leben.

Förster Wolf blies das Treiben an, und die Treiber, meist

Kinder, marschierten los. Wie alle Treiber machten sie ein fürchterliches Geschrei, das eher schadet als nützt, und versäumten es, mit den Stöcken an Bäume zu schlagen. So ging ein Teil des Wildes nach rückwärts hinaus und brachte, da dort kein Schütze war, den Balg in Sicherheit. Vorne knallte es, mal munter, mal weniger, manchmal auch gar nicht. Vor allem in den ersten Treiben war meist nicht viel los.

Interessanter wurde es schon im »krummen Winkel«, wo es niedrige Kulturen und viele Karnickel gab. Das Gelände war unübersichtlich, und man mußte höllisch aufpassen, wohin man zielte. Da passierte es dann, daß, während ich mit Onkel Christoph einen Hasen belauerte, eine Schrotladung des Grafen N. in bedenklicher Nähe niederging. Onkel Christoph rief laut »hopp, hopp« – das Zeichen, mit dem die Schützen ihren Stand bemerkbar machten –, bauz, die zweite Schrotladung lag noch näher bei uns! Der Graf schoß sich ein. »Hopp, hopp«, brüllte der Onkel und befahl mir gleichzeitig, dem Angreifer den Rücken zuzuwenden. Das war gut, denn beim dritten Schuß prasselten uns die Schrote auf Rücken und Beine, ohne allerdings die dicken Joppen und Ledergamaschen zu durchschlagen. Nun schrie Onkel Christoph: »Graf N.!« Da kam der Unselige angerannt und bat um Patronen – er hatte sich »verschossen«, das heißt, die mitgeführte Munition verbraucht.

Gegen Mittag gab es eine Erbsensuppe, die in einer Kochkiste herausgefahren worden war. Eine Kochkiste war ein großer stabiler Holzkasten, der mit isolierendem Material – wahrscheinlich Heu – sorgfältig gefüttert war. Man stellte den Suppenkessel hinein, und der kochte dort auf physikalisch unverständliche Weise ohne Brennmaterial, Stunden und Stunden. Zur Suppe, in der Wurststückchen ziemlich verloren umherschwammen, gab es eine trockene Semmel, einen Apfel und vielleicht ein Fläschchen Bier.

Die Pause dauerte nicht lange, dann ging es weiter. Alte Herren wurden nach Möglichkeit gefahren, Jüngere mußten zu Fuß in den steilen Hängen herumklettern, hatten dafür aber die Chance, einen guten Stand zu erwischen. Das aufregendste Treiben gab es in der »Kuhkammer«, einem lockeren Fichten-Erlengehölz in der Nähe der Viehkoppeln. In guten Jahren gab es hier wirklich sehr viele Karnickel. Da knallte und krachte es wie in der Schlacht bei Sedan! Es gab wenig Schußfeld, und man sah die Kaninchen nur ganz kurz; so kamen zwei Drittel von ihnen ungeschoren davon. Gleichwohl lagen nach dem kurzen Treiben oft an die dreißig Stück auf der Strecke. Es waren lustige Jagden, obwohl unser Revier keineswegs zu den besten gehörte. Bei Onkel Nimrod wurde in drei Jagden je dreimal soviel geschossen wie bei uns in den besten Jahren.

Ganz anders waren die Feldjagden organisiert. Es waren mehr Schützen dabei, gewöhnlich ein Dutzend, und auf jeden Schützen kamen etwa sechs Treiber. Dann ging es in holprigem Trab zum Ausgangspunkt des »Kessels«. Auf zwei gegenüberliegenden Punkten eines gedachten Kreises standen die beiden Parteien. Sie schwärmten nach beiden Seiten aus; sechs Treiber – ein Schütze, sechs Treiber – ein Schütze, so trotteten sie in Abständen von etwa dreißig Metern über den Acker, bis die ersten sich trafen und so den Kessel »zumachten«. Dann wurde angeblasen, und langsam bewegte sich die ganze Armee in Richtung Mitte. Erst nach dem Anblasen durfte geschossen werden, aber wenn ein Hase schon vorher gut kam, schoß man dennoch – auch wenn man einen tadelnden Blick des Jagdherrn riskierte.

Wenn der Kreis so eng wurde, daß Schüsse die gegenüberliegende Schützen-Treiber-Kette gefährden konnten, ertönte ein Hornsignal oder der Ruf »Treiber rein«. Wer dann noch in den Kessel hineinschoß, setzte sich härtester Kritik aus. Von einem unserer vielen entfernten Onkel erzählte man sich, daß er beim Essen als Jagdherr über einen jugendlichen Jagdsünder gesagt hatte: »Und dann freue ich mich, den Sohn meines alten Freundes X hier zu sehen, der heute zum ersten und letzten Mal an meiner Jagd teilgenommen hat.«

Wenn die Treiber in der Mitte zusammengetroffen waren, wurde abgeblasen, Strecke gelegt, und dann ging es auf die Wagen zum nächsten Treiben. Die Feldtreiben gingen über große Flächen, und so gab es manchmal nur vier oder fünf an einem Tag, während im Wald oft zwanzig kleine Treiben herauskamen.

Nach der Jagd fuhr man zurück ins Gutshaus. Die Gästezimmer waren geheizt und hergerichtet worden. Jäger und Mitläufer zogen sich saubere Schuhe an, vertauschten die Jagdjoppe mit einer bequemen Jacke und wuschen sich. Dann kamen sie zum »Tee«. Im weiteren Tagesverlauf hatte sich Ende der zwanziger Jahre eine Veränderung ergeben. Bis dahin hatten sich die Herren für eine Stunde ins Bett gelegt, dann ihren Smoking angezogen und waren um 19 Uhr zu einem feierlichen Jagdessen mit Reden von Jagdherr und Jagdkönig erschienen. Als die wirtschaftliche Lage auch auf dem Lande immer kritischer wurde, kam man überein, die kostspieligen Jagdessen aufzugeben. Es gab nur noch den »Tee«; allerdings war der Tisch etwas reichlicher gedeckt als früher, und hinterher gab es einen Schnaps. Auch als in den Jahren vor dem zweiten Weltkrieg wieder ein bescheidener Wohlstand einzog, wurden die Jagdessen nicht wieder aufgenommen. Nur bei sogenannten »Jugendjagden« schloß sich manchmal ein kleines Tanzfest an.

Kinderspiele und -arbeiten

Wenn der Dreck von der Schneeschmelze abgetrocknet war – irgendwann im frühen März –, liefen auf dem Schönauer Fußweg die Windrädchen. Das war ein Naturereignis wie das Blühen der Veilchen am Prellstein bei der Vorfahrt: Ernst, Emil oder Oswald hatten aus einem Stück Pappe eine runde Scheibe geschnitten, die von der Mitte her in Tortenstücke aufgeteilt wurde. Die Dreiecke wurden aufgeklappt, eins nach rechts, eins nach links. Dann lief das Rad vor dem noch kalten Ostwind her, und man konnte Wettrennen zwischen den Rädchen veranstalten. Ernst hatte immer die schnellsten.

Ungefähr gleichzeitig mit den Narzissen kamen die Kreisel. Auch sie waren nur bei trockenem Wetter zu betreiben, denn im ganzen Dorf gab es keine betonierte oder asphaltierte Fläche. Man mußte warten, bis der Platz vor einem der Häuser abtrocknete. Die Kreisel waren aus Holz mit einem rundköpfigen Nagel an der Spitze und wurden mit einer Peitsche getrieben, die aus einer Haselgerte und einem Bindfaden gefertigt wurde. Man wickelte die Schnur um den Kreisel, schleuderte ihn mit der Peitsche so auf den Boden, daß er sich drehte, und hielt ihn dann durch Peitschenschlag in Gang. Das sah furchtbar einfach aus, aber ich brachte es nie richtig fertig, obwohl ich die besten Kreisel und Peitschen hatte. Während Ernst seinen Kreisel beliebig lang und in tollen Sprüngen tanzen ließ, rollte meiner schon nach wenigen Peitschenschlägen müde zur Seite.

Nicht besser erging es mir beim »Schiepeln«, das etwa mit der Gersteneinsaat begann und sich bis in den Frühsommer erstreckte. Dazu wurde ein kleines Loch in die Erde gebohrt, und von einer markierten Stelle aus mußte jeder versuchen, seine zehn bunten Tonmurmeln ins Loch zu treiben. Strittig war, ob man »schieben« oder nur »schnipsen« durfte. Schnipsen konnte ich überhaupt nicht; so wurde mir das Schieben gestattet. Gleichwohl verlor ich immer. Fünfzig Murmeln kosteten zehn Pfennig, und ich verspielte nicht nur mein ganzes Taschengeld, sondern auch noch die Murmelm meines Bruders. Ich hatte eine wunderschöne große Murmel aus Glas mit einem schwarzweißroten Band darin. Sie war nach Aussage meines Bruders hundert einfache Murmeln wert. Ohne Rücksicht auf die Nationalfarben versuchte ich, sie einzutauschen. Aber Ernst lehnte immer ab, vermutlich weil er Ärger befürchtete.

Bald kam die Zeit für die Wassermühlen. Der Bach am Auslauf des Dorfteiches hatte jetzt reichlich Wasser, und in die Weidenzweige schoß der Saft, so daß sie schön biegsam wurden. Mit ein paar Hölzern bauten wir recht primitive Schaufelräder, die auf zwei Astgabeln befestigt und so am Bach angebracht wurden, daß das Wasser sie drehte. Wenn man drei oder fünf Mühlen hintereinander in Betrieb hatte, sah das nicht nur recht hübsch aus, sondern man war auch laufend damit beschäftigt, irgendwelche Pannen zu beheben.

Wenn die Pflaumen blühten, wurde es Zeit, an den Teich zu gehen. Schon im Winter hatten wir beim Holzeinschlag die schönsten Borkenstücke gesammelt und eine ganze Flotte daraus geschnitzt. Vom kleinen Einmaster bis zum langen Fünfmastschiff war alles vorhanden. Als Masten dienten meist Streichhölzer, die Segel waren aus Papier. Mit unserer Flotte zogen wir zum Teich und ließen die Schiffchen vor dem Wind zum anderen Ufer segeln. Manche fuhren langsam, manche schnell, ein Teil kippte um, und wieder andere landeten so unglücklich unter einem überhängenden Ufer, daß wir sie nicht mehr herausbekamen. Das Spiel war immer spannend und wurde den ganzen Sommer nie langweilig. Es hatte nur einen Fehler: Mutter war stets in Angst, wir könnten ertrinken – auch als die Sache mit der Wolf Elli noch gar nicht passiert war.

Zu Weihnachten bekam ich einen Dampfer: ein schönes

Rund um die Kastanie fanden viele der Kinderspiele statt

Kriegsschiff zum Aufziehen und mit Kanonen. »Emden« hieß es, nach dem berühmten kleinen Kreuzer des ersten Weltkrieges. Der Teich war damals nur halb zugefroren, und das neue Schiff mußte natürlich ausprobiert werden. Die »Emden« lief wunderschön, leise surrend und mit gewaltigem Tempo. Aber dann spielte uns das Steuer einen Streich: Der Kurs beschrieb immer mehr die Form einer Parabel, und die »Emden« nahm Richtung auf den vereisten Teil des Teiches. Leise knirschend stieß sie in das schlackige Eis, arbeitete sich noch einige Zentimeter darin voran, und dann rührte sich nichts mehr.

Wenn wir das wertvolle Stück einfrieren ließen, würde es erst verrosten und dann unweigerlich gestohlen werden. Ein heiliges Donnerwetter erwartete mich, denn natürlich hatte Vater die winterliche Probefahrt verboten. Es gab weit und breit kein Boot und kein Floß – das war eingezogen worden, nachdem mein Bruder und sein Freund beinahe damit ertrunken wären. Der Schnabel Paul hatte den Einfall mit dem Brüh-

trog: Wir trugen den Trog, in dem sonst die geschlachteten
Schweine zur Rasur fertiggemacht wurden, zum Teich, legten
einen Ziegelstein als Sitzbank hinein und brachen eine Latte
aus Walters Gartenzaun, die als Paddel diente. Paul erwies sich
nicht nur als einfallsreich, sondern auch als mutig; er war
bereit, das Fahrzeug zu besteigen, und stieß gefährlich schau-
kelnd vom Ufer ab. Das Unternehmen gelang, ohne daß die
Eltern davon erfuhren. Schnabel Paul durfte zur Belohnung
einen Tag lang mit dem geretteten Dampfer spielen.

Wenn die Pflaumen blühten und wir an den Teich gingen,
begann auch die Zeit der Maikäfer. Ich weiß nicht, warum
diese Tiere eine so unwiderstehliche Anziehungskraft auf Kinder ausüben; aber sie tun es, und es ist ein Jammer, daß sie
heute fast ausgestorben sind. Morgens, solange noch Tau auf
den Bäumen lag, zogen wir in die Eichen vom Neustädtler
Wald. Die Käfer waren dann noch klamm und fielen herunter,
wenn wir die Bäume schüttelten. In manchen Jahren mußten
wir uns plagen, um wenigstens ein paar aus den Bäumen zu
schütteln, in anderen Jahren prasselten sie nur so herunter.
Wir sammelten sie in Zigarrenkisten, in deren Deckel wir
Löcher gebohrt und die wir mit Eichenblättern ausgelegt hatten. Von diesen Maßnahmen abgesehen, verfuhren wir wenig
human mit unserer Beute. Die, die wir an die Hühner verfüt-
terten, hatten es noch am besten. Die übrigen wurden erst einmal nach Arten sortiert: Je nach Farbe des Kopfes, die zwischen grauweiß und schwarz changierte, waren sie »Bäcker«,
»Müller«, »Schuster« oder »Schornsteinfeger«. »Müller« gab
es am meisten, sie landeten bei den Hühnern. »Schornsteinfeger« flogen am besten; man konnte ihnen einen Zwirnsfaden
ans Bein binden und sie wie einen Luftballon an der Leine flie-
gen lassen. Natürlich waren Maikäfer auch sehr geeignet,
überall dort plaziert zu werden, wo sie nicht hingehörten: auf
dem Frühstückstisch, im Bett der Hauslehrerin oder in Mamsells keuschem Rückenausschnitt.

Wenn der erste warme Sommerregen gefallen war, füllte

sich die Regentonne mit schmutzigem lauwarmem Wasser aus der Dachrinne. Die Tonne war eigentlich ein Betonbecken von etwa anderthalb Kubikmetern. Es stand an der Ecke der Vorfahrt am Gutshaus und diente dem Gärtner für die Blumen im Park. Wir hielten nicht viel vom Blumengießen, denn wir brauchten die Tonne für wichtigere Zwecke. Einmal lag gegenüber der Tonne an der großen Platane der Sandhaufen. Wir sollten dort zwar nicht spielen, weil wir angeblich Gefahr liefen, von vorfahrenden Wagen überfahren zu werden, in Wirklichkeit wohl, weil wir die ganze Vorfahrt versauten. Wir hatten einen anderen Sandhaufen im sogenannten »warmen Land«, hinten im Park. Wegen der Regentonne aber zog es uns immer wieder nach vorn: Mit ihrem Wasser konnten man den Sand anfeuchten, die Voraussetzung für den Bau jeder Sandburg. Mit dem aus der Tonne geschöpften Wasser füllten wir die künstlichen Teiche und Gräben. Nachher war es ein Mordsspaß, im Zuge einer Belagerung die Umfassungsmauern so lange mit Steinen zu bombardieren, bis das Wasser in einem Schwall auf die Vorfahrt floß.

Es gab noch ein anderes Spiel an der Regentonne: Wir ließen dort kleine Blechschiffe schwimmen, die nicht sehr brauchbar waren, weil sie keinen Antrieb hatten. Dann stellte sich einer von uns auf den Prellstein, der an der Tonne lehnte, und machte »Sturm«, indem er mit einem Kinderspaten das Wasser mächtig in Bewegung setzte. Es kam darauf an, welches Schiff am längsten Widerstand leistete. Ein Schiff hieß immer »Emden«, und aus nationalen Gründen gaben wir uns Mühe, die Wellen so zu lenken, daß dieses Heldenschiff Sieger blieb. In dem kleinen Dampfer »Seibold« war der »Emden« allerdings ein gefährlicher Konkurrent erwachsen, der immer Schlagseite hatte und doch nicht unterging. Den ungewöhnlichen Namen hatten wir dem Schiff wegen der Ähnlichkeit mit dem Ochsenknecht Seibold gegeben. Dessen abenteuerliche Methode, Getreidefuder zu laden, ist mir noch heute in Erinnerung: Die hohen Fuder hingen nach rechts oder links über, schwankten jämmerlich und drohten bei jeder Unebenheit des Weges umzukippen. Seibold lief nebenher und rief pausenlos: »Hoh, hooh, hoit, hoit, hoidoidoidoidoit.«

Allmählich bekamen auch die Hitschel- oder Holunderzweige die richtige Reife und gaben ideale Pfeilspitzen für unsere Flitzbogen ab. Die Bogen selbst wurden aus Haselnuß- oder Weidengerten gefertigt. (Nur einmal gelang es uns, dem Gärtner ein Bambusrohr zu stehlen, mit dem es sich ganz fabelhaft schoß.) Die Pfeile wiederum waren aus trockenem Schilfrohr. Wir schossen weit damit, trafen aber sehr schlecht. Um bessere Ergebnisse zu erzielen, bestückten wir sie mit Stricknadeln. Meine Schwester behauptete, wir hätten ihr damit ins Bein geschossen – eine alberne Übertreibung. Die Nadel steckte lediglich in ihrem Schuh, aber sie machte ein Theater daraus, verpetzte mich und erreichte, daß uns die Verbesserung unserer Ballistik verboten wurde.

Wenn der erste Herbstwind über die Stoppelfelder wehte, ließen wir Drachen steigen. Aber entweder taugten unsere Drachen nichts, oder wir verstanden nicht recht, sie steigen zu lassen. Auf einen Flug kamen zehn Fehlstarts, und bei der Landung verhedderten sich Schnur und Drachen in Bäumen und Telegrafendrähten, obwohl genug freies Feld vorhanden war. Nach einigen Nachmittagen stellten wir die Drachenfliegerei wieder ein.

Im November, oft schon Ende Oktober, wenn die Wege von Nässe klebten und die Sonntagnachmittage endlos zu werden drohten, begann eines unserer schönsten Spiele: »Kugelstoßen«. Mit dem chrenwerten Sport gleichen Namens hatte es nur gemeinsam, daß eine Kugel bewegt wurde, sonst war alles anders. Die Kugel war aus Eichenholz, sehr schwer und gehörte zu den Resten eines uralten Bocciaspiels, das unter der Veranda herumlag. Damit spielten wir eine Art Treibball. Auf der ungepflasterten Straße, die durch den Gutshof lief, wurde ein Kampffeld abgesteckt, das von der Tordurchfahrt bis zum Ende der langen Scheune reichte und gut 250 Meter lang war.

In der Mitte, vor Scholz' Pumpe – »Plumpe« sagten wir –, traten sich die beiden Parteien gegenüber, die beliebig stark sein konnten und vorher durch Wahlen zusammengestellt worden waren. Jeder mit einem schweren Brett, dem Schub eines Kastenwagens oder einem Balken ausgerüstet. Einer schleuderte die Kugel. Es kam darauf an, sie möglichst bald aufzuhalten. Von der Stelle, wo sie liegenblieb, durfte der Gegenwurf ausgeführt werden. Wer die Kugel über die feindliche Linie brachte, hatte gewonnen. Das Spiel bot dramatische Höhepunkte: wenn etwa die Kugel an allen Verteidigern vorbei zwanzig Meter ins Feindliche rollte oder wenn Klein-Herta, meine sonst nicht für voll genommene Schwester, einen gewaltigen Wurf des Heinze Oswald zum Stehen brachte. Das Stoppen der schweren Kugel war äußerst gefährlich, und so mancher Wagenschub ging dabei kaputt. So war das Spiel denn auch verboten, und wir konnten es nur spielen, wenn die Eltern ihren Nachmittagsschlaf hielten. Seltsamerweise gab es außer ein paar blauen Flecken nie einen Unfall.

Was nun das Rodeln betrifft, so gab es zwar einige Hänge, die sich dazu eigneten, aber jeder Hang hatte auch seine Nachteile. Der Kesselberg mit seiner schönen Grasnarbe als Untergrund war eingekoppelt; am Ende der Abfahrt befand sich ein Stacheldrahtzaun. Die Fichtenlehne war recht gut geeignet, gehörte aber zu zwei verschiedenen Feldschlägen, von denen der eine fast immer ein Sturzacker war, auf dem auch bei reichlich Schnee kein Schlitten lief. Blieb der Aspenberg, wunderbar steil und meist ziemlich glatt. Nur lag da, wo der Auslauf hätte beginnen sollen, der Pflanzgarten, in dem der Nachwuchs an Waldbäumen gezogen wurde. Der Maschendrahtzaun war harmlos: Wenn man mit dem Schlitten hineinfuhr, tat es kaum weh, und nach einiger Zeit entstand ein Loch, durch das man hindurchfahren konnte. Wir versicherten Vater, wir würden vor dem Zaun abbremsen; wenn wir dann den Schlitten nicht halten konnten, war es eben ein Unglücksfall.

Neben den »Spielen« gab es die »Arbeiten«, die wir mehr oder weniger als Spiel betrieben. Es ging gleich nach der Schneeschmelze los: mit Laubfahren. Im Herbst hatten die alten Weiber die Blätter im Park auf große Haufen gerecht; nun mußten sie abgefahren werden, auf den Komposthaufen oder in den Gemüsegarten als Unterlage für die Mistbeete (Mutter sagte vornehm »Frühbeete«). Hierzu durften wir uns den sanftesten Ochsen, den »Rotschimmel«, aus dem Stall holen; der Inspektor half uns beim Auflegen des schweren Jochs. Wir spannten ihn in einen leichten Ackerwagen ein und fuhren damit die Laubhaufen ab. Mein Bruder und sein Freund Hänschen luden auf, ich stand auf dem Wagen und trampelte das Laub fest, Herta, die Schwester, sollte »weiterrücken«, sobald ein Laubhaufen aufgeladen war – irgend etwas mußte sie ja tun. Aber sie stellte sich furchtbar ungeschickt dabei an, so daß wir uns beklagten: Sie sei so dämlich, daß sie nicht einmal den Ochsen fahren könne. Zugegeben, der Ochse war ein bißchen groß für sie, aber er war sehr gutmütig, und das »hoit« und »schwoide« hätte sie wirklich begreifen können.

Diese Arbeit wurde leider überhaupt nicht bezahlt. Dagegen suchte Vater uns zum Distelstechen zu locken, indem er uns zehn Pfennig pro Stunde bot. Aber Distelstechen ist sehr langweilig. Zudem pflegte Vater dabeizustehen und mit seinem Spazierstock, an dessen Spitze eine kleine Schaufel angebracht war, schneller Disteln zu stechen als wir mit unseren von Scholz und dem Stellmacher ausgeliehenen Stechern. So redeten wir uns mit dringenden Schularbeiten heraus und verwendeten unsere Geräte lieber als Lanzen für allerlei Ritterspiele und die Jagd auf Maulwurfshaufen im Park.

In der Erntezeit war es dann ein Vergnügen, im leeren Leiterwagen aufs Feld hinaus zu fahren. Wir saßen zwischen den Leitern, oder der Kutscher ließ uns die Zügel halten, und wir balancierten breitbeinig stehend, wobei man sich nicht festhalten durfte. Den Rückweg mußten wir zu Fuß machen, denn das Mitfahren auf dem vollen Fuder war streng verboten, und in diesem Punkt ließ keiner der Kutscher mit sich reden. Wir waren so verrückt auf die kleinste Fahrt im Pferdewagen, daß ich manchemal an einem Tag vier- oder fünfmal vom Feld zurücklief, nur um wieder hinausfahren zu können. Manchmal konnte man draußen mit Sepp, dem Dackel, Mäusejagd betreiben. Wenn nämlich die Puppen – anderswo heißen sie Diemen, Mieten, Mandeln oder Hocken – umgestoßen wurden, damit man die Garben aufladen konnte, versuchten oft Mäuse zu entfliehen, die sich darunter angesiedelt hatten. Sepp stellte ihnen leidenschaftlich gern nach.

Arbeit war das natürlich nicht. Dagegen gelang es uns manchmal, Vater dahin zu bringen, daß er uns zehn Pfennig Stundenlohn versprach, wenn wir »weiterrückten«: Waren ein oder zwei Puppen aufgeladen, mußte der Wagen weiterfahren, um nach ein paar Metern bei den nächsten Puppen zu halten. Wenn einer der aufladenden Männer jedesmal den Spicker aus der Hand legen, die Zügel ergreifen und die Pferde antreiben mußte, störte das den Rhythmus der Arbeit. So war es schon recht praktisch, wenn ein Junge die Führung der Pferde übernahm. Es machte auch Spaß und ging wunderbar, solange der Wagen geradeaus fuhr. Schwierig wurde es, wenn am Ende der Zeile umgedreht werden mußte. Nichts bricht so leicht wie die fünfzehn Zentimeter dicke Deichsel eines vollen Fuders bei unebenem Boden: Sie knacken wie Streichhölzer. Außerdem kann man bei einem solchen Manöver mühelos das ganze Fuder umwerfen, was besonders unangenehm ist für die beiden »Fudermacher«, die oben die Garben verstauen.

Wenn ich mit den Zügeln nicht ganz richtig umging, bekam ich von den Arbeitern, die rettend einsprangen, grimmige Schelte, oft zu Unrecht, denn es war gar nichts passiert. Mit Ochsen »weiterzurücken« war allerdings fürchterlich. Ununterbrochen suchten sie nach Nahrung und zogen unversehens die Fuhre weiter. Das gab ein Geschrei von »brrr, brrr, paß doch auf, timpliche Lärge«, wobei nie zu ermitteln war, ob damit der Sattelochse oder ich gemeint war. Sattelochse hieß der, der links ging, der Führer des Gespanns. An seinem Halfter war ein Strick befestigt, an dem man ziehen oder zuckeln konnte. Ziehen hieß links, zuckeln rechts und wurde von den Rufen »schwoide« oder »hoit« unterstrichen. Ob der Ochse dann tat, was er sollte, hing unter anderem davon ab, wo die nächsten Hafergarben winkten. Manchmal blieb nichts anderes übrig, als mit der Peitsche so auf die Ochsen einzudreschen, daß sie sich in die gewünschte Richtung gedrängt sahen. »Gib ok die Leine har«, war schließlich das vernichtende Urteil, das meiner fristlosen Entlassung gleichkam.

Da ging es mit dem Schälen schon besser. Gemeint ist nicht das Schälen von Kartoffeln oder Äpfeln, sondern von Stoppelfeldern. Wenn das Getreide abgeerntet ist, soll möglichst bald das Feld flach gepflügt werden. Das schädigt das Unkraut, konserviert die Bodenfeuchtigkeit und fördert die Gare. Bei uns nahm man hierzu einen Pflug mit vier kleinen Scharen, der von zwei Pferden oder drei Ochsen gezogen wurde. In der Zeit des Schälens war immer entsetzlich viel zu tun, so daß jede Hilfskraft bei dieser Arbeit willkommen war. Später beim Tiefpflügen konnten etwaige Fehler ausgeglichen werden.

Wir durften nur Sonnabend nachmittags zum Schälen gehen, sonst hätten die Schularbeiten gelitten. Ich war neun oder zehn Jahre alt, als wir damit anfingen. Es war schon ein erhebendes Gefühl, mittags mit Ernst, Paul und Oswald an der Pferdestalltür zu stehen und zur Arbeit eingeteilt zu werden. Dann mußte der alte Hoffmann uns drei Ochsen herausgeben, wobei es darauf ankam, einen guten Sattelochsen zu erwischen und möglichst nicht den »Grünen«, der stößig war. Die Jöcher aufzulegen – diese Pluralbildung von Joch war üblich – war Schwerarbeit. Und dann kam der Augenblick, wo man unter den Bauch des Ochsen greifen mußte, um die auf der anderen Seite herunterhängende Kette zu fassen, die als Bauchgurt diente. Manche Ochsen benutzen diese Gelegenheit, um ihrem Schinder einen saftigen Tritt zu versetzen. Es sah so aus, als schlügen sie nach einer Fliege. Herta hatte uns im Wettlauf um einen guten Pflug inzwischen einen Vorsprung gesichert und saß stolz auf dem wertvollen Gerät. Falls sie nicht gerade den falschen Pflug ausgewählt hatte, war dies ein wichtiger Vorteil bei der Feldarbeit, denn die Pflüge waren uralt und hatten ihre Eigenarten.

Die Ochsen wurden zur Tränke geführt, dann zogen wir zu dem Feld, das geschält werden sollte. An solchen Nachmittagen waren wir Kinder meist allein auf dem Acker; nur wenn ein Feld neu angefangen wurde, kam der Inspektor mit, um die erste Runde anzuführen. Mit dem Schälpflug fährt man nämlich nicht auf und ab, sondern rund um das Feld. Das ist einfacher. Allerdings entstehen in den Kurven unvermeidlich Fehler, indem ein mehr oder weniger großes Stück Stoppel ungeschält bleibt. Es wurde jedoch immer wieder von uns verlangt, solche Fehler zu vermeiden. Wer nie drei Ochsen und einen Pflug gesteuert hat, kann sich die Probleme nicht vorstellen, die dabei auf ihn zukommen: Der Handochse, der »Rechtsaußen«, muß in der Furche gehen, dann läuft das rechte Rad des Pfluges auch in der Furche, und so liegt der Pflug richtig. Aber man bringe einen Handochsen dazu, in der rauhen Furche zu marschieren, wenn seine Nachbarn zur Linken bequem auf der festen Stoppel gehen und von Zeit zu Zeit eine liegengebliebene Ähre schnappen können! Handochsen sind meist jung und widerspenstig und werden nach links drücken. Ohne einen energischen Sattelochsen läuft das Pflugrädchen unweigerlich aus der Furche, und ein Stück Stoppel bleibt ungepflügt. Dann muß man den Pflug ausheben, umdrehen und noch einmal einsetzen. Die folgenden Gespanne müssen indessen anhalten, und es hagelt Verwünschungen aller Art. Dasselbe kann natürlich auch an den Biegungen geschehen, nur daß hier ein gewisses Maß an Schlampigkeit geduldet wird.

Der Pflug muß auch auf die richtige Tiefe eingestellt sein. Geht er zu seicht, so rutscht er an jeder etwas härteren Stelle über den Boden weg, und es gibt wieder »Schweinerei«. Geht er zu tief und schwer, dann schlägt man das Vieh tot; außerdem ist es schlecht für die Bodengare. Gewöhnlich kann man den »Tiefgang« mit einem Hebel einstellen; manchmal aber stimmt die Einstellung des Vorderrades nicht mit den Bodenverhältnissen überein. Dann muß einem der Ochsen das Jochspill abgenommen werden – eine sechzig Zentimeter lange Eisenstange, die zur Befestigung des Jochs dient –, und mit dieser Stange lockert man die Schraube, mit der das Rad am Pflug befestigt ist. So kann das Rad höher- oder tiefergestellt werden. Manchmal geht der Pflug dann noch schlechter als zuvor.

Wenn der Pflug endlich einmal läuft, dann ist es ein herrliches Gefühl. Gleichmäßig ziehen die »Eichhörnchen« – so nannten wir unsere Ochsen liebevoll –, und die Schollen fallen fett und regelmäßig zur Seite. Lange Fäden von Speichel hängen an den Mäulern der Ochsen, die Luft ist klar und frisch, und dicke Flocken von Altweibersommer treiben im Herbstwind. Herta sitzt auf dem Pflug, angeblich, damit er regelmäßiger geht, in Wahrheit, weil sie zu faul ist zum Laufen. Abends hat sie den Hintern voll dicker roter Striemen und jammert – aber nicht zuviel, denn sonst dürfte sie vielleicht am nächsten Sonnabend nicht mehr mit.

Das Schönste ist die Vesperpause. Im Schatten eines Pflaumenbaums lagern die Rucksäcke. Mamsell hat jedem eine Bierflasche voll Milchkaffee mitgegeben – natürlich ist der Kaffee aus Gerste gebrannt –, außerdem riesige Klappschnitten und einen Apfel. Obst zum Nachtisch liefert auch der Pflaumenbaum – nach einer Behandlung mit Oswalds Peitsche. Ernst führt in seinem Rucksack zusätzlich eine große saure Gurke mit, gelb und saftig; mit der stillt er seinen Durst, während ihm der Saft ins Hemd hineinläuft. Nach der Mahlzeit bleibt noch Zeit für ein Wettspucken mit Pflaumenkernen, oder es finden sich ein paar Pferdeäpfel für eine kleine »Schneeballschlacht«.

Die Ochsen haben die Pause genutzt, um riesige Pfützen zu seichen. Fritz ist auf Nahrungssuche gegangen, hat sein und seiner Kollegen Geschirr total vertüdert. Menschen und Tiere sind jetzt ruhiger, träger und friedvoller. Die zweite Hälfte des Nachmittags verläuft ohne besondere Ereignisse. Paul hat eine Uhr, er ist der Älteste. Fünf Minuten nach halb sieben gibt er das Zeichen zum Aufbruch, eigentlich zehn Minuten zu früh. Langsam, langsam, damit wir nicht zu früh ankommen, wandern wir zum Hof. Das Abendbrot an solchen Tagen war etwas Köstliches.

Für diese Arbeit bekam ich, genau wie die anderen Jungens fünfzehn Pfennig die Stunde. Nie habe ich zu Hause mehr als fünfzehn Pfennig in der Stunde verdient, auch später nicht, wenn ich als Student volle Männerarbeit leistete und Garben auflud. Vater sagte, ich hätte ja Wohnen und Essen umsonst, da wäre ein höherer Lohn ungerecht gegen die anderen Arbeiter.

War ich beim Aufladen dabei, legten die anderen Arbeiter, Kuschke, Schnabel oder Sattich, ein Tempo vor, das niemand von ihnen gewohnt war. Die Wagen fuhren dann so kurz hintereinander in die Scheune, daß die Ablader nicht mehr nachkamen und die Weiber oben im Bansen vor Wut kreischten. Sie beeilten sich nicht etwa, weil sie Angst vor mir gehabt hätten, sondern weil sie mich fertigmachen wollten. Ich hielt es wiederum für Ehrensache, unter allen Umständen mitzuhalten. Die Sonne brannte durch meinen Strohhut, der Schweiß lief an mir herunter und vermischte sich mit Staub und Grannen zu einer juckenden Soße. Weizengarben, vom Binder gebunden, waren das Schlimmste. Einzeln waren sie gar nicht schwer, aber die tausendste schien dreimal so schwer zu sein wie die erste. Vor meinen Augen flimmerte es, und jedesmal, wenn ich eine Garbe anhob, zuckte es in meinem Kopf, als ob ich einen Schlag mit dem Holzhammer bekommen hätte. Aber ich hielt durch. Nur einmal schickte Vater mich mit einem Vorwand nach Hause – wohl weil er merkte, daß ich kurz vor dem Umfallen war. Fünfzehn Pfennig waren ein kümmerlicher Lohn für diese Arbeit.

Bruder Karl-André mit Scholz Mattel, die das Privileg hatte, im Park spielen zu dürfen

Aus dem bisher Gesagten wird deutlich, daß es bei unseren Spielen und Arbeiten recht demokratisch zuging. Bis zu einem gewissen Grade ist das auch richtig: Wenn wir mit den Hofkindern zusammen waren, genossen wir keine Privilegien. Aber ich würde die Wahrheit verfälschen, wenn ich verschwiege, daß wir eigentlich in zwei Welten lebten.

Wie es auf dem Hof zuging, habe ich zu schildern versucht; wir waren gern dort, sehr gern, trotz der Ermahnungen unserer Eltern, die uns lieber bei zahmeren Spielen gesehen hätten. Doch es gab eine zweite Welt: im Park und im Gutshaus. Hier hatten die Hofkinder keinen Zutritt. Ausnahmen gab es nur für den Ernst, der mit in den Park gehen durfte, sowie für Scholz Mattel und, wenn sie Zeit hatte, Liersch Bertl, die beide überall freien Zutritt hatten. Für die anderen Kinder war der Eingang zum Park eine unsichtbare Grenze, die nicht überschritten wurde – oder nur heimlich. Uns erschien diese Grenze als ganz natürlich: Die Spiele im Park eigneten sich nicht für die Hofjungens, und unsere empfindlichen Spielsachen im Haus hätten sie sofort ruiniert. So schien der Trennungsstrich unvermeidlich. Die Hofkinder allerdings waren wohl anderer Meinung. Immer wieder kam es vor, daß sie uns im Park einen Schabernack spielten, und heute bin ich ziemlich sicher, daß sie damit die Unzufriedenheit über ihr Ausgeschlossensein zum Ausdruck brachten, vielleicht ohne sich dessen bewußt zu werden.

Anders war es, wenn wir auf Anordnung der Eltern die Hofkinder am Sonntagnachmittag zum Spielen in den Park holen mußten. Wir schätzten diese Spielnachmittage, die unter der Aufsicht von Erwachsenen - Mutter, Kinderfräulein oder Hauslehrerin - standen, gar nicht und hätten viel lieber auf dem Hof gespielt. Aber die Hofkinder kamen mit Begeisterung, pünktlich und zum Teil sogar gewaschen. Auf den Besuch im Park hätten sie nie verzichtet. Dabei waren unsere Spiele nicht aufregend. »Versteckers« (Versteck mit Anschlag) war noch das beste, auch »Einszweidreifangschon« war noch ganz gut. Dabei stellten wir uns in Paaren hintereinander. Vorne stand ein einzelner, der in die Hände klatschte und »eins, zwei, drei, fang schon« rief. Dann mußte das letzte Paar rechts und links nach vorne laufen und versuchen, wieder zusammenzukommen. Wenn es dem ersten gelang, einen von beiden zu berühren, wurde dieser dann Fänger. Die Hofkinder liebten auch ein Spiel, das »Ziehe durch« hieß. Die Paare standen sich dabei gegenüber, hielten sich an den hochgehaltenen Händen, und die jeweils letzten liefen darunter durch. Dazu sang man:

>   »Ziehe durch, ziehe durch,
>   durch die goldne Brücke,
>   sie ist entzwei, sie ist entzwei,
>   wir wolln sie wieder flicken!
>   Mit was denn? Mit was denn?
>   Mit einerlei, mit Steinerlei.

Der Erste kommt, der Zweite kommt,
der Dritte muß gefangen sein.«

Noch langweiliger war »Der Plumpsack geht rum«, und was
wir, meine Schwester und ich, wie die Pest haßten, war
»Kommtaumi«. Dabei mußten wir uns paarweise gegenüber-
stehen und singen:

»Komm tau mi, komm tau mi,
ich bin so alleen,
Ga von mi, ga von mi,
ich mag dich nicht sehn.
Widerallala, Widerallala
Ga von mi, ga von mi,
ich mag dich nicht sehn.«

Dazu mußte man alberne Sprünge auf dem Rasen vollführen.
Wir wußten nichts von Volkstanz und verstanden kein Platt.
»Kommtaumi« erschien uns als ein ebenso sinnloser Urlaut
wie »Widerallala« und »Hulijauchi«, der Lieblingsschrei unseres Bruders. »Gavonmi« sagte uns ebensowenig. Und die
dazugehörigen Zappeleien machten wir immer verkehrt.

Die Hofkinder hatten eben mehr davon als wir. Außerdem
durften sie zum »Sommersingen« in den Park kommen, ja
sogar auf die Veranda. Das geschah am Sonntag Laetare. Für
Sommer war es noch viel zu früh, und es wurde auch nichts
vom Sommer gesungen, sondern:

»Rote Rosen, rote Rosen blühen auf dem Stengel,
Der Herr ist scheen, der Herr ist scheen,
die Frau is wie ein Engel.
Gebe Gott, gebe Gott,
Daß sie Glick und Segen hott.«

Oder auch:

> »Der Herr, der hat ne hohe Mützen,
> Die hat er voll Dukaten sitzen.
> Er möcht sich wohl bedenken
> Und mir einen schenken.«

Und:

> »Ich stih auf'n Stein,
> Mich friert in die Bein,
> Gebt mir a Gackeln,
> Daß ich kann wieder weiter wackeln.«

Sie bekamen weder Eier (Gackeln) noch Dukaten, aber eigens zu diesem Tag gebackene süße Brezeln. Mutter mußte den ganzen Tag über mit dem Brezelkorb vor die Tür treten und sich eines der Lieder anhören. Die Kinder zogen durch das ganze Dorf – wir durften nicht mitgehen. Wenn sie nichts bekamen, sangen sie:

> »Hühnermist und Taubenmist!
> In einem Hause kriegt man nichts.
> Ist das nich 'ne Schande
> In dem ganzen Lande!?«

Es gab also eine enge Beziehung sowohl zwischen »Herrschaft« und Arbeiterschaft als auch zwischen uns und den Hofkindern. Aber es gab auch hohe unüberwindliche Schranken, Verhaltensregeln, die so stark auf unser Lebensgefühl einwirkten, daß noch heute meine Schilderungen von ihnen beeinflußt sind.

So spielte sich eben nur die Hälfte unseres Lebens in der Gemeinschaft des Hofes ab; die zweite verbrachten wir in einer anderen Welt. Wir merkten das gar nicht: Beide Welten schienen uns organisch ineinanderzugreifen. Daß unsere Spielgefährten vom Hof gern mit uns getauscht hätten, bezweifelten wir nicht, trösteten uns jedoch mit der Überlegung, daß sie mit unserer Art zu leben gar nichts hätten anfangen können. Mutter, die selbst nicht ohne Standesdünkel war, wies uns aus christlichem Verantwortungsgefühl wiederholt auf unsere unverdiente Bevorzugung hin; wir schoben diese Gedanken rasch und unwillig beiseite. Eine gottgewollte Ordnung? So weit dachten wir nicht. Es war eben so, wie es war.

Bei schönem Wetter spielten wir im Park. Wir hatten zwei Sandhaufen, den bevorzugten an der Vorfahrt und einen anderen im »warmen Land«. Im »warmen Land« stand auch eine drehbare Wippe, die der Stellmacher aus einer ausgedienten Wagenachse und einem Balken gefertigt hatte. Aber vor allem standen dort unsere Öfen. Ofenbau war eine unserer Leidenschaften: Mit dem Handwagen zogen wir auf dem Hof herum und beschafften uns die erforderlichen Materialien, ein paar Ziegelsteine, Kalk und Lehm. Schwieriger war die Beschaffung einer Herdplatte. Aber nach einigem Suchen fand sich immer ein quadratisches Stück Eisenblech. War der Ofen fertig, wurde er mit trockenem Reisig geheizt. Zum Kochen hatten wir nichts. So kochten wir in Schwesters Puppentöpfen Fichtennadeln. Der so gewonnene Badeextrakt wurde allerdings nie benutzt. Wann wurde denn schon gebadet?

Im Park hatten wir auch den Krocketplatz. Nie wieder habe ich einen so großen und unebenen gesehen. Wir spielten leidenschaftlich Krocket und zankten uns entsetzlich dabei. Ich weiß nicht, wie es kam, daß wir uns gerade bei diesem Spiel maßlos stritten. Vielleicht lag es an unseren besonderen Regeln. Wir hatten nämlich ein eigenes Spiel entwickelt, das »Räuberkrocket«, bei dem man weniger darauf achtete, selbst ans Ziel zu kommen, als darauf, den Mitspieler daran zu hindern. Was haben wir uns geärgert! Den tiefinneren Wunsch, den Krockethammer auf das Haupt des Gegners zu schmettern, haben wir uns zwar nicht erfüllt, aber alle anderen Arten von Handgreiflichkeiten waren an der Tagesordnung. Wegen des ewigen Krachs – Herta petzte natürlich – wurde uns das Spiel verboten. Aber es zog uns immer wieder auf den Krokketplatz; den größten Teil meiner Verbalinjurien habe ich dort gelernt. Dann ließ Vater einen Tennisplatz bauen, der die Hälfte des Krocketplatzes beanspruchte – und plötzlich war Frieden.

Dieser Tennisplatz war kein hundertprozentiger Erfolg. Der Rasen, auf dem er angelegt wurde, war etwas abschüssig, und es gelang nicht, ihn ganz einzuebnen. So mußte immer eine Partei bergauf, die andere bergab spielen. Wir wurden uns nie einig, was günstiger war. Außerdem waren grobe Fehler bei der Gestaltung des Fundaments gemacht worden. Der Boden wurde – natürlich von Hand – tief ausgeschachtet und zunächst mit einer dicken Schicht starker Feldsteine befestigt. Diese wurde mit etwa zehn Zentimeter Lehm eingeebnet. Der Lehm wurde gewalzt und bekam eine ordentliche Schicht Kies als oberste Decke.

Ich weiß nicht, wie man Tennisplätze anlegt, aber so geht es jedenfalls nicht. Auf dem Kies sprangen die Bälle nicht besser, als wenn man sie auf Wasser geworfen hätte. In mühevoller Arbeit kratzten wir vier Fünftel wieder ab und versuchten den Rest in den Lehm einzuwalzen. Bei trockenem Wetter konnte man von nun an spielen. Wenn es regnete, sog sich allerdings der Lehm voll Wasser, und wenn dann jemand über den Platz lief – und sei es auch nur ein Hund gewesen –, gab es Löcher und kleine Gebirge. Kam man zu früh mit der Walze, klebte der ganze Dreck daran fest; kam man zu spät, so waren die Unebenheiten bereits zementiert. Wir spielten trotzdem – sehr schlecht, aber das störte uns nicht. In Knickerbockers, mit Umlegekragen und Schlips, in langen Wollstrümpfen und Turnschuhen waren wir für professionelle Tennisspieler ein seltsamer Anblick. Wir waren jedoch überzeugt, daß Sport ein Vergnügen sei und mit Leistung nichts zu tun habe.

Als Kinder bevorzugten wir natürlich andere Spiele: So stand im Park ein einfaches Holzhäuschen aus schwarz imprägnierten Brettern und schwarzem Pappdach, die »Bude« genannt. Sie gehörte uns. Wir saßen auf zwei Holzbänken und ein paar Hockern um den einfachen Tisch herum und spielten mit den Puppen von Schwester Herta. Viel machen konnte man eigentlich nicht. So erfanden wir das Spiel »Obsthexe«. Erfunden hat es Scholz Mattel, die daher auch immer daran beteiligt war. Mit mir zusammen schüttelte sie die Flieder- und Akazienbüsche, die um die Bude herumstanden. Dann taten wir so, als ob wir Früchte aufsammelten, und Mattel jubelte in einer unnatürlichen Tonart: »Och! Hat's hier aber Früchte! Hat's hier Früchte!« Herta blieb indessen in der Bude; sie hörte sich unser Erstaunen über die vielen Früchte eine Zeitlang an und kam dann urplötzlich aus dem Kasten hervorgeschossen, eine Rute oder einen Besen vor sich her schwenkend. Mattel und ich flüchteten; dann konnte das Spiel von vorne beginnen. Ich habe das Grundprinzip dieses wenig geistreichen Spiels in verschiedenen Versionen immer wieder erlebt: »Wer hat Angst vorm schwarzen Mann?« und so weiter. Solche Spiele könnten sich wohl nicht halten, wenn sie nicht einen atavistisch-kultischen Hintergrund hätten: die Herausforderung des Dämonischen.

Eine wichtige Rolle im Kalender der Kinder spielte die Obsternte. Park und Gemüsegarten waren nicht übermäßig reich an Obst, und soweit es sich um hochwertiges Obst handelte, sollte es verkauft werden. So waren für uns nur wenige Bäume freigegeben. Der wichtigste war der mit den Frühbirnen. Er war so groß, daß man ihn nicht besteigen, geschweige denn schütteln konnte; man mußte also warten, bis die Birnen herunterfielen. Sie waren klein, sehr süß und hatten eine ungewöhnlich abführende Wirkung; »Cholerabirnen« wurden sie deshalb auch genannt.

Im Herbst gab es reichlich blaue Pflaumen in den Alleen, und der Pächter sagte nicht viel, wenn man ein paar davon klaute. Auch besaßen wir ein eigenes Beet mit Monatserdbeeren – kleinen Erdbeeren, die den ganzen Sommer über trugen. Wir bekamen im Grunde also genug, aber das Verbotene lockte am meisten. So unternahmen wir heimliche Raubzüge in die Beete mit den großen Gartenerdbeeren oder in die Himbeersträucher und waren morgens vor dem Gärtner an den Pfirsichbäumen, um die heruntergefallenen Pfirsiche aufzusammeln oder einem, der ohnehin bald gefallen wäre, ein wenig nachzuhelfen.

Eine besondere Methode verlangte die Jagd nach den Gravensteinern. Gravensteiner sind die Könige der Äpfel. Kein Apfel kann sich auch nur annähernd mit dem echten Gravensteiner vergleichen. Aber sie stellen hohe Ansprüche an Boden und Pflege und bringen geringe Erträge. Wir hatten nur einen Gravensteinerbaum im Park, und die wenigen Äpfel waren allseits begehrt. Nur war es fast unmöglich, sie zu pflücken. Keine Leiter erreichte sie, und an Klettern war bei dem hohen und zarten Baum nicht zu denken. Rotbackig lockend und verboten hingen sie in unerreichbarer Höhe, stets in Gefahr, ein Opfer von Vögeln oder Maden zu werden. Selbst ein raffiniert geschleuderter Knüppel erreichte sie nicht. Aber ich hatte ein Tesching: sechs Millimeter mit gezogenem Lauf und sehr guter Schußleistung. Das setzte ich zur Apfelernte ein. Es kam darauf an, den Stiel so zu durchschießen, daß die Frucht unbeschädigt herabfiel. Unnötig zu erwähnen, daß ich die Beute selbst verzehrte; allenfalls bekam Herta mal einen Wurmstichigen.

Neben unseren steten Bemühungen um Nahrungsmittel waren wir auch ständig auf der Suche nach neuen Behausungen: Wir hatten die »Bude« und die Öfen im »warmen Land«, aber das genügte nicht. So gingen wir zunächst daran, einen Unterstand zu bauen. Weil es militärisch war, wurde das Unternehmen von Vater unterstützt. Wir erhielten im hinteren Eck des Gemüsegartens einige Quadratmeter besten Ackerlandes zugewiesen, mit dessen Zweckentfremdung

Vater sonst kaum einverstanden gewesen wäre. Auf etwa fünf Quadratmeter buddelten wir uns zwei Meter tief ein. Es war ein ganzes Stück Arbeit: Die Erde mußte in etwa fünfzehn Schichten abgestochen und stufenweise nach oben geschaufelt werden. Dann wurde noch ein schräger Weg als Zugang gegraben. Das Dach aus alten Zaunlatten, Laub und Lehm geriet zwar nicht bombensicher und blieb der neuralgische Punkt unserer Konstruktion, aber als Tarnung war es gut. Wir stellten zwei Bänke und einen Tisch auf, die wir aus der »Bude« entführten, und erbauten uns einen unserer geliebten Öfen. Er zog nicht besonders und qualmte gräßlich, vermutlich weil der Schornstein nicht über den Erdboden hinausreichte. Eines Tages fanden wir im Ofenloch zwei Junghasen, die den Schornstein anscheinend für einen guten Unterschlupf gehalten hatten. Einer von ihnen starb; den anderen setzten wir an eine Stelle, wo die Häsin ihn bald darauf abholte.

Der Unterstand erweckte den Neid der Hof- und Dorfjungen, die ihn nicht betreten durften. Es war albern von uns, aber wir erlaubten ihnen nicht einmal eine kurze Besichtigung. Sie taten sich zusammen, und eines Morgens war alles kurz und klein geschlagen, was sich nur irgend zerstören ließ. Wir kannten die Anführer dieses Angriffs, konnten aber keinem etwas nachweisen. Von Vater erwarteten wir die Einleitung einer hochnotpeinlichen Untersuchung und ein Strafgericht. Er tat jedoch gar nichts – abgesehen davon, daß er uns seines Bedauerns versicherte.

Wir flickten die Trümmer zwar recht und schlecht zusammen, aber die Freude an dem Unterstand war uns vergällt. Wir waren vor allem darüber erschrocken, daß hier offenbar nicht nur mein erklärter Feind, der Herzog Alfred, und Heinze Artur, der jede Dummheit mitmachte, am Werk gewesen waren, sondern auch andere Jungen, mit denen ich mich sonst gut vertrug. Selbst meine besten Freunde, die sicher genau Bescheid wußten, schwiegen wie das Grab. Irgend etwas wehte mich kalt an.

War es ein oder zwei Jahre später, daß wir anfingen, die Hütte auf dem Kahlkopf zu bauen? Kahlkopf hieß unser höchster Berg, ein Kieshügel mit so schlechtem Boden, daß außer ein paar Kuscheln und Birkenruten nichts darauf wuchs. Er lag etwa dreihundert Meter über dem Meeresspiegel und hundertfünfzig Meter über unserem Tal. Uns kam er sehr hoch vor. Es führte kein Weg hinauf, nicht einmal ein Fußpfad, und dort zu bauen war ein abenteuerliches Unternehmen.

Ja, und dann waren da die Ponys. Das erste war Panje. Er stammte aus Polen und war unbeschreiblich faul und störrisch. Wenn mein Bruder und Freund Hänschen ihn in den Klapperwagen einspannten, nahmen sie sechs starke Haselnußgerten mit. Wenn sie die auf ihm kaputtgeschlagen hatten, kehrten sie um; nach Hause ging Panje von allein. Ich war noch sehr klein, hatte keinen direkten Kontakt zu Panje und weiß daher auch nicht, warum er eines Tages nicht mehr da war.

Dagegen weiß ich noch ganz genau, wie mich Vater eines Tages zum Pferdemarkt mitnahm. Der Pferdemarkt fand auf einem großen ungepflasterten Platz am Rande des benachbarten Marktfleckens statt. Meiner Erinnerung nach – aber ich bin sicher, daß sie mich täuscht – liefen dort Hunderte wunderbarer Pferde herum. Vater und Scholz waren allerdings ganz anderer Meinung: Alte Kracken seien es, die man wie verrückt gestriegelt und mit einer chemischen Substanz behandelt habe, damit sie glänzten. Pfeffer habe man ihnen in den Arsch geblasen; deshalb tanzten sie jetzt herum wie die Rennpferde. Ja, Schlachtrösser seien es – Rösser zum Schlachten. Ein Pferdehändler bot ein wunderbares Tier zu einem lächerlichen Preis an, wurde jedoch abgewimmelt. Schließlich entdeckten Vater und Scholz in einer Ecke einen sehr kleinen, feingliedrigen Schimmel. Das übliche Feilschen begann. Es endete vorzeitig, weil Vater die Regeln nicht beherrschte und zur Enttäuschung des Händlers bereits nach fünf Minuten einen Preis akzeptierte, der mindestens zehn Mark über dem lag, was der Händler erwartet hatte. Das Pferd war als Geschenk für meinen Bruder gedacht. Er nannte den kleinen Wallach Caesar. Unter seinen Ahnen muß ein Araber gewesen sein, denn Caesar hatte viel Blut, war aber auch eine kleine Bestie. Mein Bruder ritt ihn ohne Sattel und Bügel – nur mit einer Decke. Wenn man von Caesar nicht herunterfiel – und mein Bruder fiel nicht –, konnte man später auf jedem Pferd sitzen, was aber noch lange nicht hieß, daß man auch reiten konnte.

Ich selbst hatte etwas Reitunterricht auf dem kleinen Mistvieh, war aber eigentlich noch zu jung. Scholz ließ mich nicht von der Longe, und da diese nicht eben lang war, machte der Unterricht wenig Freude. Nur selten gab es einen Ausritt, und auch das war nichts Echtes, denn Scholz ging immer nebenher und führte das Pony am Zügel.

Als ich acht Jahre alt und mein Bruder in Pension bei Großmutter in Potsdam war, wo er zur Schule ging, wurde ich eines eigenen Ponys für würdig befunden. Wieder fuhr Vater mit mir auf den Pferdemarkt. Wieder sahen wir prächtige Rosse, die meine Begehrlichkeit erregten, wieder brachten Vater und Scholz diesen herrlichen Tieren und ihren peitschenknallenden Besitzern unverständliche Verachtung entgegen, und wieder kauften sie ein Pferd, das mir überhaupt nicht gefiel. Caesar war wenigstens noch ein Schimmel gewesen; Schimmel haben immer einen Hauch von Vornehmheit. Dieses Mal war es nur ein kleiner zottiger Dunkelfuchs, halb verhungert, mit mißmutig zurückgelegten Ohren und bei jeder Gelegenheit gebleckten gelben Zähnen. Teuer war er nicht. Das hatte den Vorteil, daß auch noch ein Ponywagen gekauft wurde, weil der alte Klapperwagen auseinanderfiel – natürlich ein Gelegenheitskauf. Der Wagen war schmalspurig, so daß er nicht in die Geleise der Landwege paßte, und viel zu schwer. Meinen Einwendungen gegen »Trolls« zu langes Fell begegnete Vater mit dem Versprechen, man werde ihn scheren. Tschich besorgte es mit den Instrumenten und der Sachkenntnis, die er beim Schafscheren erworben hatte. Aber was kam zum Vorschein? Ein skelettartiges Scheusal, grau und jämmerlich. Selbst Vater war erschrocken, er nannte Troll das »Miseräbelchen«. Troll dagegen fand es ganz schön, die Zotteln los zu sein, und den guten Hafer, den Scholz ihm zumaß, genoß er sichtlich. Er setzte zwar nie Fleisch an, entwickelte aber erstaunliche Kräfte und große Munterkeit.

Auf dem Schoberplatz an der Bockwiese – sie hieß so, nachdem ich dort im Alter von vier Jahren eine sehr heftige Meinungsverschiedenheit mit Mutter gehabt hatte – gab mir Scholz Reitunterricht. Sehr weit kam ich nie: Knie anlegen, Zehenspitzen waagrecht und nicht nach außen, Schritt, Trab, Rechts- und Linksgalopp, niemals Angst vor dem Pferd haben – mehr lernte ich nicht. Ich weiß nicht, ob Scholz bei den Dragonern viel mehr gelernt hatte. Allerdings erzählte er gern, wie sie ohne Bügel durch den Sprunggarten gejagt worden waren. Nachdem ich gelernt hatte, mich kunstlos, aber sicher auf dem Pferderücken zu bewegen, entließ mich Scholz nicht ungern. Ihm war es lieber, wenn ich durch die Gegend ritt und er seine Ruhe hatte.

Sonntag vormittags spannten Schwester Herta und ich Troll in den Wagen und fuhren über Land. Drei Stunden waren wir oft unterwegs; wenn wir nur pünktlich zum Mittagessen zu Hause waren, fragte niemand nach. Nun ging die Fahrt nicht sehr schnell, aber zwanzig bis dreißig Kilometer schafften wir doch. Bergauf schoben wir, bergab hängte sich Herta hinten an den Wagen, bohrte ihre stämmigen Beinchen fest in die Erde und bremste so, während ich auf dem Bock saß und versuchte, Troll zum Anhalten zu bewegen. Eine Bremse hatte der Wagen nicht. Später fanden wir eine bessere Methode der Talfahrt: Wir blieben im Wagen sitzen, zogen dem Pony eins mit der Peitsche über und jagten in immer schneller werdendem Galopp bergab. Dazu schrieen wir gellend und hielten uns, so gut es ging, am Wagen fest, um nicht hinauszufliegen. Wunderschön waren diese Fahrten. Wir hatten eine einigermaßen gute Kenntnis der Gegend und fuhren auf einsamen Feld- und Waldwegen. Selten nur trafen wir einen Menschen. Selbst auf der einzigen Chausee, die wir manchmal benutzten, um noch rechtzeitig nach Hause zu kommen, war so gut wie kein Verkehr. Zwischendurch ließen wir Troll am Wegrand eine kleine Mahlzeit einnehmen und ernteten selber ein paar Kirschen, Äpfel oder Pflaumen. Hin und wieder entdeckten wir einen Ort, den wir noch nicht kannten: Reihe mit dem verwunschenen Wasserschlößchen oder Kutschwitz, wo einmal ein Rittergut gewesen sein soll, jetzt aber nur ein paar Hütten standen. Auf diesen Fahrten geschah nichts Aufregendes. Wir warfen nie um, und wenn einmal am Zeug etwas riß, konnten wir uns mit einem Strick, der unter dem Bockkissen lag, ganz gut helfen. Aber mit neun Jahren Herr über ein Fuhrwerk und allein unterwegs zu sein, war ein königliches Gefühl.

Wenn im Winter Schnee lag, entführten wir den Handschlitten des Nachtwächters, auf dem er das Brennholz für die Küche brachte, spannten Troll davor und hängten ein paar Rodelschlitten an. Hierbei konnten auch die Hofkinder mitmachen. Ich kutschierte, Herta saß grundsätzlich auf dem letzten Schlitten, der wie wild hin und her schwänzelte, flog manchmal herunter und lachte sich halbtot.

Leider war der Schnee nur selten wirklich gut. Statt dessen gab es endlose Wochen mit Regen, Wind und feuchter Kälte. Der Nachtwächter fluchte über unsere dreckigen Schuhe, die er nicht trocken bekam. Unsere Mäntel, meist aus Uniformresten von Vater gefertigt, hingen mit Regenwasser vollgesogen wie Schwämme am Ofen und wollten ebenfalls nicht trocknen. Man mußte einfach zu Hause bleiben.

Das war dann die Zeit der Zimmerspiele. Herta hatte einen unerschöpflichen Bestand an Puppen: Große, kleine und papierene. Ich verachtete sie alle, ebenso wie sie meine Soldaten. Dennoch gab es die Möglichkeit gemeinsamer Spiele. Wir stellten zum Beispiel eines unserer Stühlchen auf den Kindertisch und zwei dahinter und erbauten auf diese Weise eine

Kutsche mit hohem Bock. Das Schaukelpferd wurde davor gespannt, ich bestieg den Bock, und Herta stieg mit ihren Puppenkindern hinten ein. Wir machten weite Reisen, fuhren in alle Städte, deren Namen wir kannten, und erlebten Abenteuer, die wir irgendwo gelesen oder gehört hatten. Mit besonderer Vorliebe kutschierten wir durch die sibirische Taiga, wobei wir regelmäßig von Wölfen angefallen wurden.

Puppen- und Soldatenspiele – ich besaß eine beachtliche Sammlung Zinnsoldaten – waren gut für den Alltag; an Sonntagen, vor allem jedoch in den Ferien, wurden größere Spiele aufgezogen. Dann bauten wir in der Diele die Eisenbahn auf. Es handelte sich um eine schon damals ziemlich veraltete Aufzieheisenbahn mit O-Spur. Wir besaßen eine Unmenge Schienen und rollendes Material, da uns die Bestände unseres älteren Bruders und zweier verstorbener Onkel zur Verfügung standen. Meist beschränkten wir uns darauf, Züge in rasendem Tempo über wackelige Bahnkörper donnern zu lassen und Weichen geschickt so zu stellen, daß zwei Züge im letzten Augenblick doch nicht zusammenstießen.

Manchmal stellten wir die Eisenbahn auch in einen größeren wirtschaftlichen Zusammenhang. Wir besaßen eine von Vater gefertigte und auf ein großes Brett montierte »Landwirtschaft«. Es war ein kleiner Gutshof mit Herrenhaus, Scheunen und Ställen, Park und Misthaufen. Dazu gehörten hölzerne Figuren: Tiere, Menschen, Wagen und Geräte. In einer Kiste befanden sich die Bausteine für eine Stadt. Die landwirtschaftlichen Erzeugnisse wurden verkauft und mit der Eisenbahn zur Stadt gefahren. Wenn wir die Burgen »Hohenzollern« und »Hohenstaufen« aufgebaut hatten, wurden ihre aus preußischen Kürassieren, Husaren und englischen Kolonialsoldaten bestehenden Besatzungen per Eisenbahn zu allerlei kriegerischen Unternehmungen im Kreise herumgefahren.

Als ich schon älter war, Sekundaner, und als Fahrschüler nach Neusalz fuhr, genierte ich mich, zuzugeben, daß ich noch mit Soldaten spielte. Meine Armee lag wohlverwahrt in meinem klobigen alten Schreibtisch, vor dem Mutters ohnehin begrenzte Ordnungsliebe respektvoll haltmachte. Um ungestört zu sein, hatte ich die Hausbewohner davon überzeugt, daß ich nicht arbeiten könne, wenn ständig jemand in mein Zimmer hereinplatze. So blieb ich bei meinen Schularbeiten am Nachmittag unbehelligt. Dann packte ich oft die Soldaten aus und ließ sie wilde und phantastische Schlachten schlagen mit rasend dahingaloppierenden Pferden und blitzenden Degen.

Manchmal experimentierte ich dabei auch ein wenig mit Schießpulver, indem ich ausprobierte, wie hoch die Stichflamme eines angezündeten Pulverhäufchens reichte und ob es dabei eine Explosion geben würde. Die Decke meines Zimmers sah ziemlich schwarz aus. Einmal brannte die Tüllgardine an; es gab ein mäßiges Loch. Sonst passierte nichts.

Politik und Religion

Das folgende Kapitel ist mir peinlich. Aber es muß geschrieben werden. Ich will ja keine idealisierte Märchenwelt schildern, sondern die Wirklichkeit.

Schon die Überschrift läßt Übles ahnen. Warum beide Begriffe zusammen behandeln? Die Antwort ist einfach: Sie wurden eben ständig durcheinandergebracht. »Thron und Altar« war die Devise, nach der wir erzogen wurden. Dabei waren die Eltern beide nicht so ganz von dem überzeugt, was sie uns lehrten. Vater war leidenschaftlicher Monarchist, mochte aber Wilhelm II. nicht besonders und hatte auch mit Pastoren nicht viel im Sinn. Mutter hatte zwar nichts gegen Wilhelm einzuwenden, fand es aber bedenklich, wenn Thron und Altar zu sehr miteinander verquickt waren.

Das änderte nichts daran, daß wir, grob gesagt, etwa in folgendes Weltbild hineinwuchsen: Gottes Wille ist ein mächtiges Deutschland, eine Hohenzollernmonarchie mit möglichst wenig konstitutionellen Einschränkungen. Der letzte Kaiser hatte schlechte Berater gehabt, sonst hätte er den Weltkrieg zu einem früheren, günstigeren Zeitpunkt angefangen. Am Ausbruch des Krieges waren ausschließlich die Feindstaaten schuld, die Deutschland aus Rachedurst, aus Neid und Mißgunst systematisch eingekreist hatten. Die Deutschen hatten in diesem Krieg immerzu gesiegt und hätten auch die Oberhand behalten, wenn

1. an der Marne nicht überflüssigerweise der Rückzug angetreten worden wäre;

2. man nicht vor Verdun unsere besten Divisionen sinnlos verheizt hätte;

3. der U-Boot-Krieg nicht aus humanitärer Sentimentalität halbherzig geführt worden wäre;

4. nicht kurz vor dem Sieg die verräterische Sozialdemokratie den siegreich kämpfenden Truppen den Dolch in den Rükken gestoßen hätte.

Vater wußte im Grunde, daß das wenigste hiervon richtig war. Wenn man ihn gezielt fragte, gab er ausweichende Antworten. Doch er war wohl überzeugt, daß die Richtung stimmte und daß man uns durch Details nur verwirre.

Seit Jahrhunderten hatte der ostelbische Adel in unerschütterlicher Treue dem Hause Hohenzollern gedient. Er hatte dafür materiellen und ideellen Lohn erhalten. »Die Gnade des Herrschers« bestimmte die Welt des Adels; als diese Welt zusammenbrach, gelang es ihm nicht, sich das Neue zu eigen zu machen.

Ich war fest überzeugt, daß die Republik nicht nur als Staatsform ein Unding sei, sondern auch von Verrätern und Verbrechern regiert wurde. So war es kaum verwunderlich, daß ich in meinem Abendgebet Gott regelmäßig bat, er möge Deutschland wieder stark und mächtig machen und den Kaiser wieder auf seinen Thron setzen.

Tatsächlich gab es in der politischen Wirklichkeit eine Menge Dinge, mit denen man nicht einverstanden sein konnte. Der Versailler Vertrag war, zumindest was die Reparationszahlungen betraf, ein Narrenstück, für das man allerdings nicht die Parteien der Weimarer Koalition verantwortlich machen konnte. Auch vergaß man, daß die Ursachen zahlreicher Mißstände zum großen Tel auf das Konto der Monarchie gingen und daß man einer jungen Demokratie einige Kinderkrankheiten zubilligen muß.

Die Bücher, die uns geboten wurden, beschäftigten sich, soweit sie politisch waren, mit deutschen Heldentaten und Siegen sowie mit den Schurkereien unserer Feinde. »Geier über Marienburg« oder »Der Schiffsjunge des Großen Kurfürsten« begeisterten uns ebenso wie die zahllosen Bücher über friderizianische Tugenden und napoleonische Schrecken.

Vater als Bataillonskommandeur

Schließlich landeten wir bei »Im Felde unbesiegt«. Auch auf See waren wir angeblich »unbesiegt« geblieben. Das nährte unseren Glauben an die Dolchstoßlegende: Wenn wir nirgends besiegt worden waren, warum hatten wir dann den Krieg verloren? Keine nationale Propaganda war zu dumm für uns.

Alles, was dieses Weltbild hätte in Frage stellen können, fiel der Zensur anheim. Schriftsteller wie Emil Ludwig oder Erich Maria Remarque galten als linke Schmierfinken. Und eine böse Geschichte passierte mit unserem Nachbarn, dem Grafen Zedlitz. Er war bei Wilhelm II. Hofmarschall gewesen und veröffentlichte Mitte der zwanziger Jahre seine Erinnerungen. Ich kenne niemand, der sie gelesen hat. Das Buch wurde einfach nicht gekauft, durfte nicht gekauft werden, denn es enthielt wenig freundliche Plaudereien aus dem Nähkästchen des Berliner Hofes. Es kam zum Weihnachtsgeschäft heraus. Zedlitz war bei Onkel Nimrod zur Treibjagd eingeladen. Irgend jemand rief den Onkel an, informierte ihn in groben Zügen über das Buch und erklärte, er könne mit dem Autor zusammen nicht jagen. Onkel Nimrod rief Zedlitz an und lud ihn aus. Damit begann ein Boykott durch sämtliche Nachbarn. Keiner sprach mehr mit dem »Verräter«, es gab keine Einladungen mehr für ihn, keiner seiner alten Freunde betrat sein Haus. Der Boykott dauerte bis 1945. Manchmal begegnete ich dem alten Grafen auf der Bahnstation. Da stand er, groß, schwer und weißhaarig, mit Spitzbart und langem Lodenmantel. Niemand grüßte ihn. Er muß sehr einsam gewesen sein.

Antisemitisch waren wir auch. Damals kamen in großer Zahl Juden aus Polen nach Deutschland, wo sie bessere Lebensbedingungen vorfanden als in den Ghettos des Ostens. Die Einwanderer, die sich bei uns niederließen, waren tüchtig, brachten jedoch ihre eigenen Ansichten mit, die nicht immer mit den unseren übereinstimmten. Als am Ende der Inflation zahlreiche Juden als wohlhabende Leute dastanden, während die deutschen Sparer ihr Vermögen verloren hatten, bekam der Antisemitismus neuen Auftrieb. Auch in der Presse, im Handel, als Anwälte und Schriftsteller zogen manche Juden an den Christen vorbei. Wilhelm II. hatte zwar freundschaftlich mit Albert Ballin und anderen prominenten Juden verkehrt und mancher jüdischen Familie das Adelsprädikat verliehen, aber darüber ärgerten sich die Junker ganz besonders. Offene Kritik an Seiner Majestät kam allerdings auch nach der Abdankung Wilhelms II. nicht in Frage.

Die praktischen Konsequenzen des Antisemitismus nahmen sich zunächst recht harmlos aus: »Man« heiratete keine Juden und mied nach Möglichkeit den gesellschaftlichen Verkehr mit ihnen. Wenn ein Mitglied der Familie sich dennoch jüdisch verheiratete, ließ man es nicht zum Bruch darüber kommen. Juden als Gäste wurden mit einem Achselzucken geduldet.

Nach außen hin suchte man auch die Geschäftsbeziehungen zu Juden zu vermeiden. Aber wenn Salo Cohn, der König des schlesischen Gerstenhandels, für den Zentner Braugerste zwanzig Pfennig mehr bot als seine christliche Konkurrenz, widerstand wohl kaum ein Landwirt dieser Versuchung. Sonst mied man die jüdischen Landhändler, die als Halsabschneider galten, obwohl einige christliche sie dabei glatt übertrafen, und folgte der Parole »Kauf nicht beim Juden!« In Glogau gab es zwei bessere Textilgeschäfte: Scheier war jüdisch und wurde boykottiert, Exner war christlich, und der Landadel kaufte seit 1919 bei ihm, obwohl er viel schlechter und teurer war als Scheier. Am 1.April 1933 marschierte dann auch Exner mit einem Schild um den Hals durch die Straßen. Er war genauso Jude wie Scheier.

Bei diesen Äußerungen unseres Antisemitismus blieb es. Manchmal war wohl die Rede davon, daß man den Einfluß der Juden auf Politik und Kultur gesetzlich eindämmen müßte, aber niemand verband damit konkrete Vorstellungen. Pogrome lagen außerhalb unseres Vorstellungsvermögens. Immerhin hat unser Antisemitismus Hitler den Weg zur Macht erleichtert.

Schlimmer aber als der Antisemitismus war - zunächst wenigstens - die einmütige Ablehnung der deutschen Republik, nicht nur durch die paar Adligen, sondern durch weite Kreise des gehobenen Bürgertums. Die Kreise, die unsern Staat hätten tragen und stützen sollen, standen in blindem Haß gegen alles, was Gegenwart hieß, und ergingen sich in nostalgischen Phantasien. Indem sie an der Vergangenheit klebten, legten sie den Grundstein für eine fürchterliche Zukunft.

Als Hindenburg zum Reichspräsidenten gewählt wurde, glaubten viele bei uns aufatmen zu können. Er war als »Sieger von Tannenberg« ein weithin beliebtes Idol und galt, wohl zu Recht, als Monarchist. Seine Tochter war mit einem von Mutters vielen Vettern verheiratet, und so fiel ein kleiner Strahl seines Ruhmes auch auf uns. Ich war elf Jahre alt, als ich ihm während eines Tees bei meiner Großmutter in Potsdam vorgestellt wurde. Ich erschrak sehr, als ich plötzlich vor ihm stand. Er war furchtbar groß und dick und trug eine blaue Vorkriegsuniform mit roten Generalstabsstreifen, vermutlich ein altes Stück, das er auftrug; er war sehr sparsam. Das Ganze ereignete sich im März 1925 – Ebert war gerade gestorben –, und Mutter fragte Hindenburg, ob er nicht Reichspräsident werden wolle. Da lachte er dröhnend: Das fehle ihm gerade noch. Damals war Dr. Jarres Präsidentschaftskandidat der Rechtsparteien. Einen Monat später hing das Bild Hindenburgs an allen Litfaßsäulen und sogar an der Mauer unseres Gemüsegartens: »Der Retter«.

Vater erwartete von Hindenburg nicht allzuviel. Aber die Hoffnung, er werde die Monarchie wiederherstellen, war weit verbreitet, besonders bei den Frauen, und niemand – weder Freund noch Feind – hatte eigentlich gedacht, daß der alte Herr seinen Eid auf die Weimarer Verfassung ernst nehmen würde. Er tat es und hat damit immer die enttäuscht, die ihm jeweils vertrauten, 1925 die Deutschnationalen und 1932/33 die Sozialdemokraten. Er hat verhängnisvolle Fehler begangen, aber er hat seinen Eid gehalten, getreu seinem Wort: »Die Treue ist das Mark der Ehre.«

Ich habe nicht oft an nationalsozialistischen Versammlungen teilgenommen, aber die erste ist mir deutlich in Erinnerung. Sie fand im Bösauer Gasthof statt. Vater fuhr hin, »um sich die Leute mal anzuhören«, und nahm mich mit. Ein spilleriger kleiner Redner in Breeches, hohen Stiefeln und mit randloser Brille auf spitzer Nase beherrschte die Szene. Er konnte gut reden: zackig, giftig, begeistert. Er kritisierte alles, was die Herren nicht mochten, und versprach alles, was sie sich wünschten: Abschütteln des Versailler »Diktats«, Ende der Arbeitslosigkeit, sichere Preise, Aufrüstung, nationale Einheit, Schutz der Moral, Kampf gegen »jüdische Zersetzung«. Als wir gingen, meinte Onkel Nimrod, so übel seien die Leute eigentlich nicht, und Vater stimmte zu. Aber später wurden sie doch mißtrauisch; der ganze Stil paßte ihnen nicht. Sie spürten wohl instinktiv, daß mit ihren Überzeugungen Schindluder getrieben wurde.

In der Weimarer Republik spielten die Bünde eine große Rolle. Vater gehörte dem »Kriegerverein« an, einer noch aus der wilhelminischen Zeit stammenden Vereinigung gedienter Soldaten, die auf dem Lande sehr verbreitet war. Sie war rechts orientiert, jedoch keineswegs militant. Ihre Aktivitäten beschränkten sich auf die Errichtung und Einweihung von Kriegerdenkmälern, darauf, verstorbenen Kameraden das letzte Geleit zu geben – in Gehrock und Zylinder –, und auf den jährlichen Kriegerball.

Der »Stahlhelm«, politisch sehr viel engagierter und ziemlich straff, ja militärisch organisiert, faßte auf dem Land trotz vieler Sympathisanten nicht so recht Fuß. Ich weiß niemanden in Baunau, der mitmarschiert wäre. Reichsbanner und Rotfront gab es nicht. Die SA war unbeliebt, ein Haufen brutaler Rabauken. Ihr Auftreten trug dazu bei, daß frühe Sympathien für Hitler bald einschliefen.

Ich schreibe »einschliefen«, weil ich vermute, daß sie nie ganz starben. Es gab zuviel Gemeinsames zwischen dem nostalgischen Nationalismus der Junker und der großdeutschen Brutalität der Nazis. Sie kamen immer wieder aufeinander zu, auch wenn sie sich haßten. Ein Beispiel war die Flaggenfrage: Die schwarzweißrote Fahne hatte zwar keine alte Tradition – sie stammte von 1871 –, aber es waren immerhin die alten preußischen Farben, mit etwas Rot modernisiert. Es war zudem eine schöne Farbkombination. Das Schwarz-Rot-Gold hingegen, dessen Tradition völlig zweifelhaft war, litt darunter, daß man goldene Fahnen nicht herstellen konnte. Die Wut, mit der die Rechtsparteien diese Fahne verfolgten, war allerdings rein symbolisch: Mit der Fahne des Reiches suchten sie den Staat selbst lächerlich und verächtlich zu machen. Schwarz-Rot-Mostrich war noch harmlos. Begeistert zitierten wir:

»Aus unsrer Fahne schwarzweißrot,
Da nahmen sie das Weiße
Und wischten sich den Arsch damit,
Da war es schwarzrot-Scheiße.«

In Baunau gab es keine einzige schwarzrotgoldene Fahne.
Wenn geflaggt wurde – und das kam häufig vor –, wehte nur
schwarzweißrot. Wer die Farben des Reiches gezeigt hätte,
wäre ein Landesverräter gewesen. Die Nazis machten sich diesen Unsinn zunutze und wüteten gegen die Reichsflagge noch
schlimmer als die Deutschnationalen. Auch hielten sie sich bei
ihrer eigenen Fahne an die alten Farben, aber am Ende sah sie
der kommunistischen fast ähnlicher als der alten deutschen.
    Man wird der Generation meiner Eltern nicht vorwerfen
können, daß sie den Nationalsozialismus gewollt habe. Sie hat
aber auch nichts dagegen getan. Sie hat mit voller Kraft an der
Zerstörung der Republik mitgewirkt. Diese historische Schuld
tragen der Landadel, weite Kreise des Bürgertums, die Kommunisten und zahlreiche andere gesellschaftliche Gruppen
gemeinsam. Einig waren sich die in gegenseitigem Haß ver-
krampften Deutschen nur darin, daß die Republik nichts
tauge.

Religion trat hinter den politischen Leiden und Leidenschaften zurück, war aber dennoch ein wichtiger Teil unseres
Lebens. Während uns im Schulunterricht und in der Kirche
ein eher formales Christentum gelehrt wurde, lebten Mutter
und Großmutter echte Frömmigkeit vor. Das Tischgebet
wurde zwar heruntergeleiert, aber das Abendgebet war eine
ernste Sache. Mutter lehrte uns, nach einem Liedervers frei zu
beten, mit dem Dank zu beginnen und keine törichten oder
ungerechten Bitten zu stellen. Ich richte mich heute noch
danach.
    Sonntag abends fanden sich alle Hausbewohner im Saal zur
Andacht ein. Mutter spielte auf dem Flügel einen Choral und

Die »Gottesscheune«: alles war aus Holz und ein wenig schief

führte den Gesang an. Vater las eine Seite aus dem Andachtsbuch »Der alte Gott lebt noch« von Conrad, dem Pastor an der Berliner Gedächtniskirche, der meine Schwester getauft hatte. Das Vaterunser am Schluß war dann mein Teil. Diese gemeinsamen Andachten waren in den meisten Gutshäusern üblich. In Pommern wurden sie vielfach sogar täglich abgehalten. Sie waren kurz, schön und feierlich.

Dagegen war das Verhältnis zu unserer Kirche und ihrem Pastor recht kühl. Zwar fuhr man regelmäßig alle vierzehn Tage zum Gottesdienst, aber es war ein offenes Geheimnis, daß alle Familienmitglieder sich opferten, weil es eben sein mußte. Was wir gegen das Kirchengebäude hatten, weiß ich nicht; wir nannten es verächtlich »die Gottesscheune«. Es war ein eigenartiger runder Fachwerkbau, wenn ich nicht irre, eine der »Friedenskirchen«, die Friedrich II. nach dem Siebenjährigen Krieg für die schlesischen Protestanten hatte bauen lassen. Alles darin war aus Holz und ein wenig schief. Links vom Altar saß in einer Loge der Patron mit seiner Familie, rechts vom Altar war unsere Loge, die wir mit Onkel Nimrod und seinem Anhang teilten. In der zweiten Reihe der Loge durften die Heinzes sitzen und sonstige »Hofprominenz«. Wir nahmen sie freilich nicht im Kutschwagen mit, selbst wenn wir freien Platz hatten; allenfalls auf dem Heimweg ließen wir sie mal aufsteigen. Im Kirchenschiff saßen die Frauen unten, die Männer oben auf der Empore – sofern sie überhaupt kamen; die Kirche war meist gähnend leer. Die Klassentrennung reichte übrigens bis auf den Friedhof. Als keine Krypten und Grüfte in den Kirchen mehr zur Verfügung standen, hatten sich die Gutsbesitzer für ihre Familien hübsche private Begräbnisstätten, meist im Wald, eingerichtet. Offenbar wollten sie auch vor Gott nicht auf ihre ererbten Privilegien verzichten.

Der Kantor Bernd, gleichzeitig der Lehrer, spielte mit müden Tönen auf der alten Orgel, und die Gemeinde fiel mit dünnem, schleppendem Gesang ein: Sechs Strophen von jedem Lied und nach jeder Strophe ein Zwischenspiel. An höheren Festtagen veranstaltete der Chor eine erstaunliche Katzenmusik. Wenn Tante Margarete dann anfing, ziemlich laut mit Mutter zu tuscheln, räusperte sich Vater mißbilligend, weil Mutter und mit ihr die Hälfte der Gemeinde aus dem Takt geriet. »Mutter und Gemurmel«, so nannten wir das gemeinsame Lied.

Nun trat Pastor Mücke in Aktion. Er war ziemlich dick und hatte einen großen Vollbart. Wir nannten ihn Müncke wegen seiner Angewohnheit, immer wenn es feierlich wurde, ein »n«, manchmal auch ein »m« hinter den Vokalen einzufügen. Er sagte also »Geliemtes Brauntpaar, Gontt möge Euch Leimb und Seenle behünten.« Er hatte sich ein dickes Buch angelegt, aus dem er seine Predigten ablas. Da er seiner Sammlung nur selten eine neue Predigt hinzufügte, ließ es sich kaum vermeiden, daß wir die meisten bald schon auswendig kannten. Dann stieß uns Mutter in die Seite: »Heute kommen die Geschinkten.« Das bedeutete, daß er über die Geschickten und die Ungeschickten zum Reiche Gottes predigen würde. Wenn es dann hieß: »Betrachten wir zuerst die Ungeschinkten, danach die Geschinkten«, flüsterte Mutter, die ein kräftiges Gesäß hatte: »Ich komme noch nicht dran, ich gehöre zu den Geschinkten.« Das waren Augenblicke großen Vergnügens.

Peinlich wurde es dagegen, wenn die Predigt sozialkritische Töne anschlug. Die Bibel enthält mancherlei vernichtende Kritik an den Reichen, und die Reichen in der Kirche waren nun einmal wir. Daß darüber gesprochen wurde, mochte Vater nicht. Bibel hin, Bibel her, Aufreizung zum Klassenneid gehörte nicht in die Kirche. Also räusperte er sich so unüberhörbar und zornig, daß Müncke pausierte und bestimmt steckengeblieben wäre, wenn er sein Buch nicht gehabt hätte.

Besonders unbeliebt war auch eine Weihnachtspredigt, in der die frommen Hirten auf dem Felde gelobt wurden, »während mancher Reiche sich in seinem Bentte wänzte«. Mutter wehrte sich auf dem Heimweg gegen den Vorwurf: Man könne nicht von jedem verlangen, sich nachts draußen herumzutreiben. Diese Predigt hielt unser geistlicher Herr abwechselnd am ersten und zweiten Weihnachtstag. So konnte man sie drei oder vier Jahre hintereinander hören. Wir rezitierten lange Passagen daraus mit Münckeschem Pathos.

Der ungezügelte Spott über den seltsamen Pastor führte dazu, daß wir auch heilige Texte in unsere Parodien mit einbezogen. Obwohl die Eltern immer wieder betonten, daß man zwischen der Kirche und ihren unzulänglichen Dienern unterscheiden müsse, gewöhnten wir uns doch daran, die Kirche als eine überholte und lächerliche Institution anzusehen. Dies änderte sich erst, als ich fern von Baunau und zum Kirchgang nicht mehr gezwungen war.

Irgendwann – ich muß 14 oder 15 Jahre alt gewesen sein – begehrte ich gegen das väterliche Weltbild auf: gegen den lieben Gott als Verbündeten der Hohenzollern, gegen den militanten Nationalismus, gegen die Verdammung aller sozialistischen Gedanken. Mit dem Sozialismus fing es an: Man hatte mir erklärt, daß es zwar sehr schön und im Sinne Christi sei, wenn man alle Menschen gleich behandelte, daß sich das aber praktisch nicht durchführen ließe. Das hatte mir eingeleuchtet. Ein junger Mensch müsse ein Ideal haben, meinte Vater. Idealismus bedeute, ein hohes Ziel anzustreben, ein Ziel, das vielleicht unerreichbar ist, dem man aber opferbereit und ohne Rücksicht auf unmittelbaren praktischen Erfolg zueifert. »Wenn das so ist«, sagte ich, »dann sind doch die Marxisten die größten Idealisten.« Da warf Vater vor Zorn die Kaffeetasse um. Wir kamen nicht weiter und redeten aneinander vorbei – wochenlang, fast bei jeder Mahlzeit, immer gereizt und nur besorgt, daß die Kaffeetassen heil blieben.

Zu meiner Schande muß ich gestehen, daß meine Auflehnung nicht lange vorhielt. Zwar befreite ich mich von den väterlichen Vorurteilen, erlag aber ähnlichen Gedanken, die in meiner Umgebung gang und gäbe waren. Die ganze Schule war stocknationalistisch. Ein einziger Lehrer stand im Verdacht, Demokrat zu sein. Den Sohn eines kommunistischen Reichstagsabgeordneten ließen wir ungeschoren, weil er ein guter Kamerad war.

Meine politischen Ansichten habe ich oft geändert; ich meine, jeder Mensch hat das Recht dazu. Aber das ist hier nicht Thema. Auch die Geschichte des Dritten Reichs ist nicht das Thema dieses Buches. Die Auswirkungen der Naziherrschaft auf unseren Lebenskreis einigermaßen exakt zu schildern, würde ein eigenes Buch beanspruchen. Der ostdeutsche Adel hat für seine Fehler gebüßt, mehr als die auch nicht anders denkenden süd- und westdeutschen Nationalisten. Das spricht ihn gleichwohl nicht von Schuld und Verantwortung frei.

Und dennoch: Wir, unsere Freunde und Nachbarn, waren keine Nazis. Es gab Ausnahmen, einen Denunzianten, einen Parteifunktionär und eine Reihe von Überzeugten, aber das waren Versprengte. Der überwiegende Teil der Gutsbesitzer und ihrer Familien war skeptisch; man sprach nicht vom Führer, sondern von Hitler und übernahm keine Ämter in der Partei und ihren Gliederungen. Das bedeutete jedoch nicht, daß man den Nationalsozialismus rundweg abgelehnt hätte. Zum einen erfüllte Hitler mit dem Austritt aus dem Völkerbund oder mit der Rheinlandbesetzung alte nationale Wünsche. Aber es gefiel auch die brutale Art, mit der er die verhaßten Kommunisten ausschaltete, und selbst die Aushöhlung und Zerschlagung der demokratischen Institutionen stieß eher auf Sympathie als auf Ablehnung. Außerdem brachte die neue Regierung der Landwirtschaft massive wirtschaftliche Vorteile. Es gab zwar keine hohen, dafür aber feste Preise. Das hatte zur Folge, daß man nicht nur in schlechten Jahren, sondern auch in guten einen gesicherten Absatz hatte. Die »Erzeugungsschlacht«, die mit den Autarkiebestrebungen und dem chronischen Devisenmangel des Reiches Hand in Hand ging, führte zu vielfachen Förderungsmaßnahmen für die Betriebe. Zwar wurden die Güter, die die Höchstgrenze von hundert Hektar überschritten, von der Aufnahme in die Erbhofrolle ausgeschlossen. Aber es kam auch kein Gut mehr unter den Hammer. So hatte man viele Gründe, mit den neuen Herren zufrieden zu sein.

Andererseits gab es immer wieder Anlaß zur Irritation. Der Kampf gegen die Kirche entfremdete viele dem Regime. Mit den Deutschen Christen wollte man nichts zu tun haben. Vater war Synodaler in der Bekennenden Kirche, der einzigen Organisation, innerhalb deren eine legale Opposition möglich war. Mutter arbeitete, wie ich bereits geschildert habe, mit großem Erfolg in der »Evangelischen Frauenhilfe«, die ebenfalls vom Nationalsozialismus unberührt geblieben war.

Als Hitler nach Hindenburgs Tod das Amt des Reichspräsidenten mit dem des Reichskanzlers vereinigte, erkannten viele, daß Deutschland in die absolute Despotie trieb. Damals stimmten meine Eltern zum ersten Mal mit Nein. Bei der Zählung fanden sich jedoch nur Jastimmen. Ein Protest unterblieb.

So hatte jeder zu einem anderen Zeitpunkt sein Damaskus, an dem er Hitler und den Seinen endgültig abschwor. Bei dem einen war es bereits der Sturz Hugenbergs, bei einem anderen der sogenannte Röhm-Putsch, bei vielen schließlich die »Reichskristallnacht« am 9. November 1938. Aber es kam auch zu Rückfällen: Der Anschluß Österreichs etwa oder der siegreiche Frankreichfeldzug ließen auch die Augen derer aufleuchten, die Hitler für einen Schurken hielten. »Wenn das der Führer wüßte«, so trösteten sich die einen – daß man sich mit dem Regime abfinden müsse, ob es einem passe oder nicht, so resignierten die anderen.

Vater hatte einen Freundeskreis, der sich regelmäßig in Glogau traf. Man redete dort sehr offen und sehr oppositionell. Eines Tages wurde einer von ihnen, einer der besten, verhaftet. Als er nach einigen Wochen freigelassen wurde, war er wie umgedreht, spulte NS-Parolen ab und war unerträglich – bis seinen Freunden klar wurde, daß die Gestapo ihn zum Spitzel gepreßt hatte. Es war ein Schock für alle. Wie schwer es war, an aktive Widerstandsleute heranzukommen, zeigt eine Episode mit meiner Cousine. Sie gehörte zu einem Kreis von Männern und Frauen, die an den Vorbereitungen des Attentats vom 20. Juli beteiligt waren. Wir ahnten es, und ich bot vorsichtig meine Mitarbeit an. Meine Cousine aber stellte sich taub. Später gestand sie mir, sie habe ihrem geliebten Onkel, meinem Vater, den Sohn nicht nehmen wollen.

Eines will in die Schilderung der Jahre nach 1933 nicht recht hineinpassen: die Untergangsahnungen meiner Mutter. Sie war ein fröhlicher Mensch, unbekümmert und großzügig und neigte keineswegs zu Pessimismus. Aber immer wieder sprach sie – schon als wir noch ganz klein waren – von der Möglichkeit, daß wir das Gut und überhaupt alles verlieren könnten. Sie bereitete uns gleichsam darauf vor: So überlegte sie mit uns, wie wir leben würden, wenn wir keine Dienstmädchen mehr und nur eine Vierzimmerwohnung hätten. Sie machte uns klar, daß man diejenigen, die nach uns Baunau übernehmen würden, nicht hassen dürfe, und zitierte Chamissos Vers aus »Schloß Boncourt«:

»Sei fruchtbar, o teurer Boden,
Ich segne Dich mild und gerührt,
Und segn' ihn zwiefach, wer immer
Den Pflug nun über Dich führt.«

Als Mutter über diese Dinge mit uns sprach, war von einer Vertreibung keine Rede, eher von einem Bankerott. Aber meine Erinnerung sagt mir, daß Mutter einen allgemeinen Zusammenbruch vor Augen hatte. Als es dann soweit war, war ich durch diesen Kindheitseindruck innerlich vorbereitet. Seltsam – Mutter hing mit ganzem Herzen an dem, was unser Leben ausmachte, und doch ahnte sie, daß das alles nicht Wirklichkeit bleiben würde. Als sie es verlor, zerbrach sie fast.

Ein Wort noch über Vater: Er erschien uns viel enger als Mutter mit seiner unverbrüchlichen Hohenzollerntreue, seiner grundsätzlichen Sparsamkeit, den Klischees seines Standes. Erst wenn es wirklich kritisch wurde, zeigte sich seine Persönlichkeit. Als er alles verlor, wuchs er über sich selbst hinaus, wurde sein wahres Selbst erkennbar. Bettelarm, hatte er nichts eingebüßt von seinen chevaleresken Umgangsformen, nichts von seiner Güte, seinem gepflegten Äußeren, von der Haltung des vornehmen und gebildeten Herrn. Als sie sich nicht mehr auf Besitz und Titel stützte, gewann seine Würde eine neue Dimension.

Tiere

Tiere spielten in unserem Leben eine wichtige Rolle. Wir waren ständig mit ihnen zusammen, kannten und liebten sie, ohne allerdings in die romantisierende Tierliebe zu verfallen, die heute gerade da um sich greift, wo Tiere immer mehr aus dem menschlichen Leben verdrängt werden. Uns war es selbstverständlich, daß Tiere arbeiten, daß sie, wenn nötig, geschlagen werden und daß sie sich dem Menschen unterordnen mußten. Von meiner Urgroßmutter, die aus der Stadt stammte, erzählte man, daß sie ihre Mamsell gefragt habe, was es zum Mittagessen gebe. »Den bunten Hahn«, brummte die Küchenfee. »Oh, nein, Hühnerbraten bitte!«

Wir aßen unbekümmert unsere Freunde aus Schaf-, Schweine-, Kuh- und Hühnerstall. Gewiß, zu diesen Tieren hatten wir weniger enge Beziehungen als zu den Pferden und Hunden, aber wir hätten auch die gegessen. Die Produkte unserer Kaninchenzucht wurden nicht auf den Tisch gebracht; einem verbreiteten Aberglauben folgend, hielt Mutter das Fleisch zahmer Kaninchen nicht für »standesgemäß«. Wir mußten die schönen Braten zu einem Schandpreis verkaufen. Sehr oft kam es allerdings nicht dazu.

Wir hielten die Kaninchen im Kutschpferdestall. Am Anfang war ein harmloses Tierchen gewesen, das uns irgend jemand in einer Kiste mitgebracht hatte. Eines Tages entdeckten wir in einer Ecke der Kiste ein aus Haaren und Stroh gefertigtes Nest und darin nach einigem Suchen fünf nackte, blinde, scheußliche kleine Dinger. Die wuchsen sich schnell zu süßen Häschen aus. Da Bruder und Schwester, Sohn und Mutter nicht kopulieren durften, wurde ein Bock mit Heinze Oswald getauscht. Natürlich richtete es Oswald so ein, daß er bei diesem Tausch besser abschnitt. Aus der Kiste wurde ein regelrechter, vom Stellmacher gefertigter Stall mit mehreren Abteilungen, und überall blühte neues Leben.

Mit der Geschlechtsbestimmung bei den Jungtieren haperte es bisweilen. So hatten wir zwei junge Böcke zur Mast aufgestellt. Sie wurden auch schön dick. Eines Morgens, als ich in den Stall kam, entdeckte ich zu meinem Schrecken, daß der eine fünf, der andere sechs Junge geworfen hatte. Scholz schimpfte: Im Sommer konnten wir zwar leicht Grünfutter sammeln, im Winter aber brauchten wir außer Heu und Futterrüben kräftigere Nahrung. Daß wir das Heu von dem großen Haufen abzweigten, der für die Pferde bestimmt war, merkte niemand – aber der Hafer! Die Futterkiste, in der er sich befand, war zwar verschlossen, doch das Versteck des Schlüssels kannten wir längst, und wenn Scholz zur Bahn fuhr, konnten wir unbesorgt unsere Nager furagieren. Es gab zwar etwas Verdruß, wenn Scholz nachher im Stall ein paar verstreute Haferkörner entdeckte, aber der Schlüssel blieb an seinem Platz. Immerhin hing er dort seit achtzig Jahren.

Nun wäre Mitteleuropa mit Kaninchen überschwemmt worden, wenn nicht Nager im allgemeinen und Kaninchen im besonderen der Gefahr seuchenhafter Erkrankungen ausgesetzt wären. So wurde es uns bald zum alltäglichen Anblick, daß einer unserer Zöglinge mit rauhem Fell in einer Stallecke saß und die Nahrungsaufnahme verweigerte. Erst hatten wir wohl noch Hoffnung auf Besserung, aber wenn dann nach vielen Qualen der Patient anfing, mit den Zähnen zu schnurbsen, wurde er durch einen Schlag ins Genick erlöst. Wegen der geblähten Bäuche nannten wir die Krankheit »Trommelsucht«. Ihre veterinärmedizinische Erforschung unterblieb. Wenn die Seuche einmal im Stall war, halfen alle Desinfektionsmitteln nicht. Dennoch blieben immer genug Tiere übrig, mit denen wir die Zucht fortsetzen konnten.

Wir versuchten auch, einige Exemplare auszuwildern. Zwei »Sienen« – so nannten wir die Weibchen –, die wir vorher im Stadtgarten meiner Großmutter halbwild gehalten und tüchtig gehetzt hatten, damit sie laufen lernten, wurden in den Friedhofsbirken ausgesetzt. Ihre Farbe mag ein wenig unpraktisch gewesen sein – es war ein »blauer Wiener« und ein schwarzweißer »Schmetterling« –, aber wir wollten sie und ihre Nachkommen eben wiedererkennen. Im folgenden Jahr sind angeblich noch schwarze »Schmetterlinge« gesichtet worden; danach hörte man nichts mehr von ihnen.

Als ich nach Potsdam in Pension kam, lastete die ganze Kleintierzucht auf den Schultern unserer zehnjährigen Schwester. Sie gab sich viel Mühe und berichtete darüber in sehr originellen Briefen an uns. »Liebe Brüder«, so schrieb sie, »die verdammten Bengels decken mir immer die Sienen.« Damit hatte sie den Nagel auf den Kopf getroffen: Die Hofjungens fanden offenbar ein pubertäres Vergnügen daran, die Böcke heimlich an weibliche Tiere heranzulassen, die zum Werfen eigentlich noch zu jung waren oder eben erst geworfen hatten. Dadurch wurde der Bestand noch schneller als sonst vermehrt und immer schwächer und anfälliger. Schließlich verkauften wir den Rest für wenig Geld an Scholz Fritz, den Viehhändler.

Hunde hat es nur wenige in Baunau gegeben, und nur von einem will ich erzählen, von Sepp I., dem Superdackel. Er war rostrot mit einer schwarzen Schwanzspitze, hatte einen großen Kopf und zu dicke Vorderpfoten – richtige Pranken wie ein Bär. Bruder Karl-Andre bekam ihn als Geburtstagsgeschenk. Sepp war noch sehr klein und führte sich bei uns ein, indem er das ganze Haus vollpinkelte; auch kleine Häufchen verteilte er in unbekümmerter Großzügigkeit. Er besaß alle Untugenden eines Dackels, nur bissig war er nicht. Wir fanden es süß, wenn er Mutters Wollknäuel zerfetzte, wenn er den Gästen unterm Tisch heimlich die Schuhbänder aufzog, wenn er Teppiche und Fußkissen zernagte oder Onkel Nimrods besten Rehbock eine halbe Stunde lang durchs Revier jagte. Am Ende der Ferien nahm mein Bruder ihn mit nach Potsdam, und dort bekam Sepp die Staupe. In den Herbstferien kehrten mein

Bruder und Sepp abgemagert und miteinander zerfallen zurück. Sepp blieb in Baunau. Damit geriet er in meinen Einflußbereich, oder vielmehr ich in seinen. Gewöhnlich lag er in Vaters Zimmer auf einem teppichüberzogenen kleinen Schaukelstuhl, der eigentlich als Fußbank gedacht war. Die Wolle des Teppichs rupfte er vorsichtig aus, immerhin nicht ganz, so daß es weiter ein bequemes Lager blieb. Mit Ausnahme meiner Mutter, die eine gewisse Distanz zu ihm wahrte, beschäftigte er den ganzen Haushalt und tyrannisierte uns alle.

Nach dem zweiten Frühstück in der großen Unterrichtspause führten Sepp und ich regelmäßig einen Kampf auf: Ich rollte und schubste ihn durch das Eßzimmer. Er sprang an mir hoch, tat, als wolle er mich beißen, rannte dann wieder, über alle Stühle springend, durchs Zimmer, bellte und knurrte in gespielter Wut und versuchte mich zu packen – immer ohne mir weh zu tun. Wenn ich den Kampf gewann, legte ich ihn auf den Rücken und hielt ihn so ein paar Sekunden fest. Er durfte mich dann nicht anpinkeln, was er sonst gern tat, wenn er auf dem Rücken lag und man nach ihm griff. Gewann er, so biß er sich in meinem Hosenboden fest, und ich mußte ihn auf diese Weise einmal um den Tisch herum tragen. Ich sehe die alte, etwas speckige Hose noch vor mir, die das alles aushielt.

Später begleitete Sepp mich auf meinen Spatzenjagden, griff die erlegten Vögel und vergrub sie, sofern er sie nicht auffraß. Aber auch zur Karnickeljagd war er zu gebrauchen. Im Park durfte nicht mit Schrot geschossen werden. So mußte ich versuchen, die Karnickel mit der kleinen Kugel zu erlegen. Sepp jagte sie unermüdlich von einem Gebüsch zum anderen, und ich schoß. Es ist nicht eben leicht, dahinflitzende Karnickel mit der Kugel zu schießen. Die meisten Schüsse gingen daneben, aber manchmal hatten wir doch Erfolg, und Mißerfolge entmutigten uns beide nicht. Wir haben auch mit der Flinte zusammen gejagt. An der Grenze zu Onkel Nimrods Revier lagen Mutters Spargelkulturen, und dort steckten immer Karnickel. Auf dem etwa zwei Meter breiten Weg zwi-

Auf der Veranda

schen Onkel Nimrods Wald und den Spargeln, der zur Hälfte natürlich »feindlich« war, hätte ich die Karnickel schießen müssen. Das gelang nie. Jede Beute mußte ich – Sepp apportierte nicht – aus dem Nachbarrevier holen. Wir sind nie erwischt worden, oder hat der Onkel unsere Wilderei geflissentlich übersehen?

Sepp war auch ein großer Rattenjäger. Wenn im Schafstall Mist ausgefahren wurde, war er immer dabei. Die Ratten, die dabei aufgescheucht wurden, packte er blitzschnell, schüttelte sie einmal und legte sie dann sorgfältig in einer Reihe ab. Die Giebelwand des alten Gutshauses, in dem Scholz mit seinen

Pferden und Wagen untergebracht war, war von unten bis oben mit einem dicken Efeufilz bewachsen. Darin hausten ebenfalls Ratten, und dort vollführte Sepp waghalsige Kletterpartien. Oft hörte man sein wütendes Gebell zwei bis drei Meter hoch in der Wand, und manchmal mußte er gerettet werden, weil er nicht mehr herunterfand. Bei diesen Unternehmungen hatte er nie Erfolg, weil die Ratten rechtzeitig fliehen konnte. Oft sprang er jedoch von unten ganz plötzlich in den Efeu hinein und kam mit einer Ratte im Fang heraus.

Leider ging Sepp, wenn man nicht auf ihn aufpaßte, auch gern wildern. Besonders betrüblich war, daß er zu solchen Unternehmungen bevorzugt die »Bayer-Männe« als Begleitung wählte. Sie genoß einen ebenso schlechten Ruf wie ihr Herr, der Emil. Grundsätzlich wilderten sie in Onkel Nimrods Revier, weil dort der Besatz besser war als bei uns. Es ist ein Wunder, daß sie nie erschossen wurden.

Bayer-Männe hatte die Größe eines Vorstehhundes, und wie es Sepp gelang, seine fleischliche Lust an ihr zu befriedigen, konnte nicht aufgeklärt werden. Aber aus einem ihrer Würfe ging ein etwas vergröbertes Ebenbild von Sepp hervor. Es wurde – offenbar wegen seiner aristokratischen Abkunft – vom Schneider Höfchen erworben und bewachte von nun an dessen Anwesen. Vater und Sohn konnten einander nicht ausstehen. Wenn wir an Höfchens Zaun vorbeigingen, stürzten sie mit wildem Gegeifer aufeinander los und versicherten sich – durch den Zaun getrennt – ihrer gegenseitigen Verachtung. Wenn die Zauntür offenstand, übersahen sie das geflissentlich.

Sepps Beziehung zu dem Gartenhasen dauerte nur einen Sommer. Vater frühstückte pünktlich um 7.15 Uhr in Gesellschaft von Sepp auf der Veranda. Und pünktlich – ziemlich pünktlich – um 7.30 Uhr erschien auf dem großen Rasenplatz vor der Veranda der Gartenhase und setzte sich neben den Rhododendron. Sepp sah ihn, stürzte die Treppe hinunter und jagte den Hasen zwei- oder dreimal um den Park. Der Hase ließ seinen Verfolger mit etwa fünf Meter Abstand hinter sich herhecheln, bis er genug hatte. Dann setzte er sich rasch und gekonnt ab.

Daß Sepp diese Jagd immer wieder aufnahm, ist nur natürlich. Aber was dachte sich der Hase dabei? Es kann kein Zufall gewesen sein, daß er sich regelmäßig zu diesem Spiel einfand. Ich meine, es machte ihm wirklich Spaß, den Hund zu necken, wenn das auch unwahrscheinlich klingt. Ich habe mehrfach beobachtet, daß Hasen langsamere Hunde längere Zeit in kurzem Abstand hinter sich herjagen lassen, um dann mit einem kurzen Spurt dem Spiel ein Ende zu machen.

Eine langjährige und schwierige Beziehung war Sepps Feindschaft gegen das Pferd »Bismarck«. »Bismarck« stammte ab von Onkel Christophs Vollblutstute »Beatrix« und dem Oldenburger Hengst »Isonzo«. Er war eine etwas gewagte Kombination, aber das hübscheste Fohlen, das seit langem geworfen worden war. Mutter bekam ihn als Geburtstagsgeschenk. Er kam natürlich in die Pflege von Scholz und wurde zusammen mit der braven »Lotte«, der gleichaltrigen Tochter unserer dicken »Diana«, in einer Box im Kutschstall einquartiert. Neben der Box lag der große Heuhaufen, Vorrat für ein paar Wochen. Dort pflegte Sepp sich einzuwühlen, um mit viel Gebell die Ratten aufzuscheuchen. Bismarck streckte seinen langen Hals über die Planken der Box und verfolgte das Treiben. Plötzlich stieß Sepp aus dem Heuhaufen hervor, und beide erschraken sich. Sepp schnappte nach Bismarck, und bei der nächsten Gelegenheit schnappte Bismarck nach Sepp. Es passierte gar nichts. Sie mochten sich einfach nicht.

Im Frühjahr kamen die Fohlen mit den Jungrindern auf die Weide. Für Sepp war es ein beliebter Sport, die Rinder so lange anzubellen und zu beschimpfen, bis die ganze Herde die Flucht ergriff und im Galopp über die Weide jagte, während der winzige Köter mit Jubelgeschrei hinterherhetzte. Einen solchen Spaß wollte er wiederholen, und er hatte auch das Jungvieh schon ganz schön in Trab gebracht, als Bismarck ihn bemerkte und sofort zum Angriff überging. Sepp erkannte, daß Vorsicht hier der bessere Teil der Tapferkeit war. Aber der Fluchtweg zum rettenden Zaun war weit und Bismarck viel schneller als er. Es schien, als sei es ihm bestimmt, unter den Hufen des zornigen Wallachs zu enden. Wie alle Pferde mochte Bismarck jedoch nicht aus jagendem Galoppsprung den Feind mit den Hufen treffen. Er richtete sich erst auf der Hinterhand auf, um dann mit den vorderen Hufen zuzuschlagen. Das gab Sepp Zeit, ein paar Meter zu gewinnen, und der Schlag ging ins Leere. Dies wiederholte sich zweimal, dann hatte Sepp den Zaun erreicht. Er drehte sich um und giftete Bismarck mit gefletschten Zähnen an, war von da an aber etwas vorsichtiger auf der Koppel.

Sepp wurde dreizehn Jahre alt. Dann wurde er senil, fraß Rattengift, das er früher nie angerührt hätte, und starb. Das Schlimme mit Hunden ist, daß man die meisten überlebt. Sepps Nachfolger hießen auch alle Sepp, erreichten aber nie sein Format. Sie hatten auch deshalb ein weniger interessantes Leben, weil wir Kinder damals schon alle aus dem Haus waren. Es gab viel Unglück mit ihnen, und die meisten wurden nicht alt.

Der Jagdhund wurde vom Förster gehalten. Fast alle Jagdhunde stammten von Flora ab, der Deutsch-Kurzhaar-Hündin des Kaltenbriesnitzer Försters. Flora war weder besonders schön noch zur Zucht geeignet, aber ihr Herr achtete darauf, sie von Rassehunden decken zu lassen und nicht von hergelaufenen Dorfkötern. Auch hier will ich wieder nur einen herausgreifen, nämlich Rino, der von unserem Förster Wolf geführt wurde, einen der besten Hunde, die ich je kennenlernte. Wie seine Mutter war er hell mit braunem Kopf, aber sehr viel kräftiger gebaut. Er hatte eine unverwüstliche Konstitution. Sein einziger Fehler war, daß er bei der Suche auf Fasanen oder Hühner zu schnell ging und manchmal einen Vogel herausstieß, ohne vorzustehen. Ziemlich unbarmherzig band ihm Wolf daher einen meterlangen Knüppel um, der zwischen seinen Vorderbeinen baumelte. So lief Rino drei Stunden lang durch hohe Rüben, ohne Ermüdung zu zeigen. Er suchte dann mustergültig breit, in regelmäßigem Zickzack, jeden Quadratmeter des Feldes ab. Sobald er stand und die Rute nicht mehr bewegte, mußte der Jäger nur herangehen und ihn zum Aufjagen des Wildes auffordern. Das geschossene Wild apportierte er sauber, und beim Auffinden krankgeschossener Stücke war er unfehlbar. Das Wild faßte er so zart an, daß keinerlei Quetschung entstand.

Neben den Hunden spielten die Pferde eine wesentliche, fast noch wichtigere Rolle. Es gab immer mehr als ein Dutzend, und sie wechselten häufig. Als wir nach Baunau kamen, war der Pferdebestand durch kriegsbedingte Rekrutierung und Großmutters Aktionen zur Bargeldbeschaffung auf einem Tiefpunkt angelangt. Kutsch- und Ackerpferde waren uralt und fast alle reif für den Schinder. Nur zwei Ackerpferde waren brauchbar, die sogenannten Lazarettpferde: Sie waren im Kriege verwundet, im Pferdelazarett ausgeheilt und dann verkauft worden. Es waren zwei braune Stuten, die »Kitzliche« und die »Nichtkitzliche«. Die »Nichtkitzliche« hieß später auch »Bruno seine Liese«, weil der dreijährige Heinze Bruno eine tiefe Zuneigung zu ihr gefaßt hatte. Sie war zwar von größter Gutmütigkeit, konnte aber wenig leisten und ging meist einspännig mit leichten Fuhrwerken. Die »Kitzliche« dagegen war ein gesundes, gutes Pferd, das jedoch von den Schrecken des Krieges einen psychischen Schaden abbekommen hatte. Die Stute war gefährlich. Sie keilte und biß, wenn man sich ihr ungeschickt näherte, und versuchte wohl auch einmal durchzugehen. Viel Schaden hat sie nicht angerichtet, aber wir hatten einen höllischen Respekt vor ihr.

Als Vater im Dezember 1918 aus der Armee entlassen wurde, kümmerte er sich sofort um den Ankauf besserer Pferde. Als erstes erwarb er aus Heeresbeständen zwei hübsche braune Stuten als Kutschpferde. Phantasielos wurden sie die »Rechte« und die »Linke« genannt – so wie sie vor dem Wagen gingen. Die »Linke« war ein durchschnittliches Pferd und meist schlechter Laune. Sie lief grundsätzlich mit zurückgelegten Ohren herum, und man war nie sicher, ob sie beißen oder schlagen würde – obwohl sie es eigentlich nie tat. Außerdem hatte sie eine unsympathische Art, die Zähne zu blecken. Andererseits war sie gut im Wagen eingefahren, und wenn sie nicht gewesen wäre, hätte uns die »Rechte« in den ersten Jahren wahrscheinlich ums Leben gebracht.

Die aber war ein Wunderpferd. Hoch im Blut stehend hatte sie spitze Ohren, große Nüstern und eine schmale Nase, die immer schmaler und aristokratischer wurde, je mehr sie alterte. Ihr Schwanz war kupiert, wodurch ihre Kruppe dicker aussah, als sie war. Die Beine waren feingliedrig, trocken, sehr schnell und sehr ausdauernd. Im Stall war sie das liebenswürdigste Pferd, das man sich denken konnte; sie biß nicht, schlug nicht, war sorgsam im Umgang mit Kindern und Hunden. Herta und Sepp krochen regelmäßig zwischen ihren Beinen herum, ohne daß etwas passierte. Aber draußen ...

Sie war Reitpferd gewesen, und daß sie im Wagen gehen sollte, beleidigte sie. Zunächst weigerte sie sich, aber Scholz war ihr über, und sie gewöhnte sich ein. Nur einige Eigentümlichkeiten behielt sie: So konnte sie nicht einsehen, daß im Wagen nur Trab und nicht Galopp gefahren wurde. Bei jeder Gelegenheit zum Scheuen rannte sie los, so daß die arme »Linke«, die nicht mitkam, sich beinahe im Kummet erhängte. Sie brach nie nach der Seite aus, rannte nur wie besessen, und die Insassen des Fahrzeugs wurden tüchtig durchgeschüttelt. Scholz und die »Linke« bremsten die wilde Jagd nach einiger Zeit. Da es nicht immer einen Grund zum Scheuen gab, scheute sie auch aus dem Gedächtnis. In Schönau an der Ecke vom Gastwirt Untermann hatte einmal eine Dreschmaschine gestanden, über die sie sehr erschrak. Zehn Jahre lang machte sie dann regelmäßig einen Versuch, durchzugehen, wenn sie an diese Ecke kam.

Durchfahrt unter der Fünf-Scheune

Als die »Linke« wegen Spat in der Vorderhand ausschied, bekam die »Rechte« den Namen »Rakete«. Zwei neue braune Stuten zogen damals bei uns ein: die dicke »Diana«, rund, freundlich, fleißig und nicht sehr edel, und »Flamme«, ein langbeiniger Oldenburger Karossier, sehr vornehm und mit prächtigen Gängen, aber mit einem etwas unsicheren Temperament. Warum Vater sich nicht Pferde kaufte, die im äußeren Bild besser zusammenpaßten als diese drei, weiß ich nicht – vermutlich aus Sparsamkeit. Wenn man sie fuhr, mußte man darauf achten, daß Rakete immer rechts ging, »zur Hand«, wie wir sagten. Sie links, »zu Sattel« zu fahren, war Selbstmord.

Wenn Flamme und Rakete zusammen gingen, war etwas los. Die »Linke« hatte die Sturmläufe ihrer Partnerin noch gebremst, Flamme dagegen brachte neue Ideen und große Schnelligkeit in das Unternehmen. Auch würzte sie die Unterhaltung, indem sie gelegentlich über die Deichsel keilte und sich dann ziemlich beängstigend aufführte. Es kam darauf an, zu ahnen, wann sie ausschlagen würde, und ihr rechtzeitig vorher mit der Peitsche über die Ohren zu hauen. Das beschleunigte sehr unsere Fortbewegung. Es war nichts für Leute mit schwachen Nerven.

Rakete wurde uralt. Niemand wußte, wann sie geboren war, und an den Zähnen konnte man ihr Alter schon nicht mehr bestimmen, als sie zu uns kam. Sie hatte die Gewohnheit, sobald sie in den Stall kam, alle viere von sich zu strecken und wie tot dazuliegen. So entspannte sie sich. Mit der Zeit wurde ihre rechte Vorderhand steif und steifer. Erst »schonte« sie, dann lahmte sie. Gleichwohl rannte sie noch immer – nicht mehr ganz so schnell wie früher, aber mit ungebrochenem, heißem Pferdeherzen. Für uns war sie so etwas wie eine geliebte, hochgeachtete Tante, und es war schrecklich, als Vater sich entschließen mußte, sich von ihr zu trennen. Nein, Gnadenbrot gab es nicht. Aber Rakete wurde auch nicht an den Pferdehändler verkauft, der sie zum Totschinden an einen kleinen Bauern oder Händler verscheuert hätte. Sie kam zum Pferdemetzger, und Scholz war Zeuge, daß alles schnell und schmerzlos ging. Ich fand es nicht gut, daß Rakete aufgegessen wurde, aber die Abdeckerei wäre kaum besser gewesen. Sentimental war man eben nicht.

Ein schwerer Unfall mit Folgen ereignete sich nur einmal. Karl-Andre und ich fuhren nach Klein-Tschirne, um Vater von der Bahn abzuholen. Wir hatten Flamme einspännig im Striegauer Wagen, dem mit dem hohen Bock und der empfindlichen Konstruktion; gerade war er wieder einmal überholt worden. Hinter der Göllner-Mühle kamen wir auf die Chaussee. Wir stritten uns aus irgendeinem albernen Anlaß, und dabei haute mir Karl-Andre die Matrosenmütze vom Kopf. Während wir noch feilschten, wer aussteigen müsse, um sie aufzuheben, setzte Flamme sich in Galopp. Dann ging alles sehr schnell. Karl-Andre wollte die Peitsche in die Halterung stecken, um mehr Kraft für die Leine zu haben. Dabei verlor er den einen Zügel aus der Hand. Flamme bekam einen Ruck nach rechts ins Maul und drehte etwas ein. Wahrscheinlich ging ein Rad über den Randstein; Karl-Andre fiel vom Wagen, das Hinterrad fuhr über sein linkes Bein. Nun saß ich allein auf dem Bock. Die Zügel hingen unerreichbar neben dem Wagen. Flamme war in den Chausseegraben gegangen und galoppierte, allmählich langsamer werdend, vor dem schrägliegenden Wagen her. Schließlich kippten wir um: Der Wagen neigte sich langsam zur Erde, und auch Flamme legte sich auf die Seite.

Mit großen Anstrengungen – ein vorbeifahrender Ackerkutscher aus Kropusch half uns – brachten wir Flamme, die wie tot dalag, zum Aufstehen. Sie war unverletzt. Auch den Wagen richteten wir auf und zogen ihn mit Flammes Hilfe aus dem Graben. Eine Deichsel war gebrochen, aber mit Hilfe der im Kasten unter dem Bock vorrätigen Stricke konnten wir das Pferd einspannen. Nur aufzusteigen trauten wir uns nicht, sondern gingen zu Fuß neben dem Wagen her. Unterwegs trafen wir Scholz, der nun statt unser Vater von der Bahn holte.

Wir spannten noch aus und widmeten uns dann unseren Blessuren. Karl-Andre hatte eine böse Quetschung am Unterschenkel, die ihm lange zu schaffen machte. Bei mir war der Speichenknochen des linken Armes gebrochen. Dr. Hacker kam und richtete den Knochen wieder ein – ohne Narkose, was sehr schmerzhaft war. Danach konnten wir Lazarett spielen. Tante Marianne Marwitz war zu Besuch und tröstete uns mit ihrem Charme und vielen lustigen Liedern, die sie zur Gitarre sang.

Flamme wurde, wohl infolge ihres Kaltbluteinschlags, früh alt, und das Traben wurde ihr schwer. Da sie sonst kräftig und gesund war, versetzte man sie in den Ackerstall. Zu unserem Erstaunen fühlte sie sich dort wohl und entwickelte sich zu einem ruhigen und ziemlich freundlichen Ackerpferd. Dazu mag ihre Gespannpartnerin beigetragen haben, eine alte Rotschimmelstute, ein von Grund auf sanftes Tier. Flamme erwiderte ihre Güte mit treuer Freundschaft. Die Rotschimmelstute »hatte es im Kreuz« und konnte schlecht aufstehen, wenn sie einmal lag. Es war rührend zu sehen, wie Flamme ihr dann den Kopf unter den Bauch schob und ihr aufhalf. Dieser Anblick bewirkte, daß ich meine Meinung, Pferde seien dumm und gefühlsschwach, änderte. Da ihre Art zu empfinden und – ja, sagen wir ruhig – zu denken sich von der des Menschen sehr viel mehr unterscheidet als die des Hundes, wird sich zwischen Mensch und Pferd allerdings sehr viel seltener ein so tiefes Einverständnis erkennen lassen wie zwischen Mensch und Hund. Ich selbst habe mich immer mit Schweinen besonders gut verstanden und hege noch heute den Wunsch, einmal ein Ferkel als ständigen Begleiter zu erziehen.

Wenn ich alle Erinnerungen an die Baunauer Pferde aufschreiben wollte – an die schwarzbraune »Lotte«, die vor dem Kutschwagen an Kreuzverschlag starb, an den nervösen »Greif«, an Stenzels alten Braunen oder an den Schimmel, der sich an der Strohschneidemaschine den Bauch aufschlitzte –, ich würde kein Ende finden. Ein Pferd aber darf nicht vergessen werden: der alte »Zieten«. Es war in den schwierigen Zeiten um 1930, als Vater in einem harten Handel die jugendliche Lotte hergeben mußte, um den Zuschlag für die Klein-Würbitzer Jagdpacht zu bekommen. Nun fehlte ein Ackerpferd; aber es fehlte auch das Geld, um ein gutes zu kaufen. Vater wandte sich an Scholz Fritz, den vielgewandten Viehhändler. Der spuckte aus, wies auf die gewaltigen Schwierigkeiten hin, die zu überwinden es großer Fähigkeiten bedürfe, unterstrich seine unerschütterliche Ergebenheit und verschwand. Nach wenigen Tagen kam er wieder mit einem seltsamen Tier am Halfter. Er verlangte 350 Mark dafür, ließ sich aber auf 285 herunterhandeln. Da er drei fette Schweine in Zahlung nahm, bekam Vater aus dem schmierigen, mit Scheinen vollgestopften Portemonnaie sogar noch einen Lappen dazu. Da stand nun das Pferd, und Henschel, der es fahren sollte, schimpfte Galgen und Rad: Klapperdürr war der zwölfjährige Wallach, und klapperdürr blieb er trotz aller Versuche, ihn aufzufüttern.

Auf einem langen Hirschhals mit schütterer Mähne saß ein viel zu großer Kopf. Mit dem Senkrücken korrespondierte ein Hängebauch. Die Hinterhand stand kuhhessig - noch viel X-beiniger als bei irgendeiner Kuh. Die Kruppe fiel schräg und ohne jede Wölbung ab, und der Schwanz saß darin - na, die einen sagten, wie bei einem Maultier, die anderen wie bei einer Kuh.

Nein, so ein Pferd hatten wir noch nicht gehabt. Vor dem dünnen Hals hing ihm das Kummet bis auf die Sprunggelenke; er mußte erst mit einer Siele gehen, bis der Sattler ein Kummet enger gemacht hatte. Dann konnte man es nicht mehr über den Kopf streifen. Man mußte es mit einer Schnalle versehen, die geöffnet und geschlossen werden konnte. Zu unserer Überraschung tat der Klepper alles, was man von einem Pferd verlangen kann: Er ging zur Hand und zu Sattel, wie man es wollte. Er zog wie eine Schraube die schwersten Lasten. Trotz seines melancholischen Aussehens, das an Rosinante erinnerte, war er immer guten Mutes. Er trabte sogar - nicht einmal langsam, wenn er sich dabei auch ständig mit den Hinterfüßen auf die Vordereisen trat, oder umgekehrt. So tauften die Leute ihn »Zieten«. Das war eine große Ehre, denn der alten Husarengeneral stand hoch im Kurs. Zieten, das Pferd, wurde allmählich populär: Jeder wollte ihn fahren, und jedem gehorchte er freundlich und fleißig. Vater allerdings zog einen verhängnisvollen Schluß: Drei schlachtreife alte Schinder hat er dem Scholz Fritz für teures Geld noch abgekauft, ehe er erkannte, daß es Zieten nur einmal gab.

Das Ende

Mutter schreibt: »Das Ende ist nicht so plötzlich gekommen, wie es uns erschien. Nichts kommt plötzlich im Leben; alles keimt und wächst und breitet sich aus, unbemerkt von unseren stumpfen Sinnen, bis es aus dem Schleier hervorbricht und niederschlägt.«

Am 19. Januar 1945 kam ich von Krakau. Johann holte mich auf dem Bahnhof ab, mit steifem Hut, gepflegtem Kutschwagen und den Oldenburger Stuten. Nur ich hatte mich ein wenig verändert: Ungewaschen und unrasiert, auf der einen Schulter einen Bettbezug prallvoll mit meiner Habe, auf der anderen eine Maschinenpistole, in jeder Hand einen Koffer – so war ich noch nie zu Hause angekommen. Johann tat, als merke er nichts. Auf der Fahrt stellte er besorgte Fragen nach dem Ausgang des Krieges.

Die Eltern empfingen mich mit schmerzlicher Freude. Sie wußten, was bevorstand. Neben dem normalen Betrieb in Haus und Hof liefen intensive Fluchtvorbereitungen. Vorsichtig, sehr vorsichtig mußte man dabei sein, weil Flucht verboten war. Wer nur von Flucht sprach, konnte erschossen werden, so hieß es. Gleichwohl sprachen alle davon, und ich habe nicht gehört, daß jemand deshalb erschossen wurde. Chlond, der polnische Stellmacher, zimmerte ein Gestell, das wie ein Dachstuhl auf einen der gummibereiften Ackerwagen montiert werden konnte. Kisten und große Frachtkoffer wurden gepackt, und wir schlachteten einen Hammel, um frischen Proviant zu haben. Für diesen Hammel mußte ich in Glogau nachträglich den erforderlichen Schlachtschein besorgen. Johann fuhr mich im leichten offenen Wagen mit Holla und Renate. Wir schafften die 20 Kilometer in wenig mehr als einer Stunde.

235

Ich ging also im Landratsamt zu der Stelle, wo es Schlacht-scheine gab. Auf solche Scheine hatte man als Selbstversorger in gewissem Rahmen Anspruch, und unser Kontingent war noch nicht ausgeschöpft. Vor mir stand eine Bäuerin, deren Fall dem meinen sehr ähnlich war. Auch sie hatte ein Schwein ohne Schlachtschein geschlachtet und kam nun nachträglich darum ein. Nur lebte sie in einem Dorf auf dem rechten Oder-ufer, und die Russen waren ihr viel näher als uns. Das machte für den Beamten jedoch keinen Unterschied: »Was, Sie haben schwarz geschlachtet?« – »Aber nee doch, ich will ja den Schlachtschein, ich hab doch noch einen gut. Es war doch bloß so eilig.« – »Was heißt hier eilig? Wollen Sie etwa sagen . . .?« – »Ach Gott, nee, ich wollte ja bloß . . .« Aber die Sache ging ihren Gang: Sie bekam keinen Schlachtschein, wurde wegen Schwarzschlachtung angezeigt, und das Fleisch sollte beschlagnahmt werden. Ich verließ langsam und unbemerkt den Amtsraum.

Auch meine sonstigen Aufträge konnte ich nicht ausführen. Bei der Bank sollte ich 50.000 Reichsmark abheben; ich bekam nur 5.000, und das war schon viel. Beim Schneider scheiterte ich ebenfalls. Ich hatte Vater einen guten Anzugstoff geschenkt, den ich in Polen erstanden hatte. Der Schneider hatte angefangen, einen Anzug daraus zu machen, war aber noch nicht fertig. Ich wollte ihn mitnehmen, wie er war. Aber der Schneider weigerte sich und wurde »politisch«: Ob ich defätistische Ansichten hätte und mich absetzen wolle, fragte er.

Auf der Rückfahrt überholten wir die ersten Trecks, die aus dem »Warthegau« kamen. Baunau lag nicht an einer Durch-gangsstraße, war nur auf Feldwegen zu erreichen. Deshalb ging der große Flüchtlingsstrom an uns vorbei. Es kamen nur Leute, die irgendwelche Beziehungen zu uns hatten, zum Bei-spiel Nina Hahn mit zahlreichem baltischem Anhang. Die Bal-ten hatten 1940 Güter im annektierten Westpolen erhalten; nun waren sie wieder unterwegs, lauter Frauen und Kinder mit einem 75jährigen Baron. Die Bombenflüchtlinge aus Westdeutschland, die man bei uns einquartiert hatte, waren schon fort; so gab es reichlich Platz. Meine Schwägerin, die seit Monaten ihren Auszug auf das Gut ihrer Mutter in Oberbayern vorbereitet und Koffer und Kisten schon voraus geschickt hatte, war ebenfalls – gerade noch rechtzeitig – mit ihren vier Kindern per Bahn abgereist. Die Eltern wußten und erkannten an, daß sie richtig handelte, aber insgeheim hielten sie sie wohl doch für eine Verräterin. Manchmal schien es ihnen, als ob die geliebte Schwiegertochter geradezu daran schuld sei, daß Baunau verlorenging. Als die junge Frau mein Fahrrad nach Bayern verfrachten wollte, holte Vater das gute Stück zornig wieder vom Wagen herunter.

Nina Hahn kam zu uns mit einem schweren Kastenwagen mit vierzölligen Eisenreifen und zwei kleinen »Katzen« – so nannten wir kleine Warmblutpferde –, die davor hertrappelten. Da sie damit in unsern Hügeln nicht vorankommen konnte, tauschte sie ihr Fahrzeug gegen einen leichten Brettwagen von uns. Dann treckten die Balten weiter.

Auf dem Nachbargut Kaltenbriesnitz holte ich das Silber meiner Schwester, die dort zuletzt gelebt hatte. Im Wohnzimmer hing das lebensgroße Porträt meines Großvaters. Mutter hatte mir aufgetragen, es aus dem Rahmen zu schneiden, aufzurollen und mitzubringen (so machte sie es später mit allen unseren Ahnenbildern). Ich nahm Purrmann mit, den alten Kutscher und Hausbetreuer. Aber als wir mit dem Messer vor dem Bild standen, streikte er: »Nä, nä, den Herrn Oberst herausschneiden, das geht nicht.« Ich kannte Purrmanns politische Einstellung nicht und befürchtete eine ähnliche Reaktion wie die des Schneiders. Aber vor allem grauste mir auch davor, einfach in die Leinwand zu schneiden. Und wieder tat ich nichts, so wie ich auch dem Schneider den halbfertigen Anzug nicht abgejagt hatte. Ich stand einfach da, in dem Dilemma zwischen Wunsch und Wirklichkeit, zwischen Sehen und Nichtsehenwollen. Nichts traf unsere Stimmung so gut wie der damals viel gesungene Schlager »Ich weiß, es wird einmal ein Wunder geschehn«.

Besonders typisch für diesen Zustand waren die Reaktionen von Onkel Nimrod: Weihnachten 44 hatte er mich nach der militärischen Lage gefragt. Da ich ihn als eingefleischten Gegner des Regimes und chronischen Pessimisten kannte, hatte ich keine Bedenken gehabt, ihm ein ungeschminktes Bild zu geben. Er hörte sich alles geduldig an. Dann sagte er: »Ich habe also verstanden, daß du fest überzeugt bist, daß hier keine Russen herkommen.« »Im Gegenteil«, sagte ich, »sie kommen bestimmt.« Da wandte er sich ab und sprach an diesem Tag kein Wort mehr mit mir.

Nun fuhren wir zu ihm hinüber, um ihn zu warnen. Natürlich wurden wir freundlich aufgenommen. Aber niemand in der Familie wollte glauben, daß wir vor dem Verlust von Besitz und Heimat standen. Mühsam konnten wir sie zu einer »Ausweichbewegung für kurze Zeit« überreden. Sie sind dann tatsächlich gefahren – im Landauer und mit livriertem Kutscher auf dem Bock. Dessen Frau hatte sich allerdings geweigert, mitzufahren, und als der Kutscher eines Nachts in Sachsen mit Pferd und Wagen verschwand, begriffen sie, daß alles verloren war.

Natürlich überlegten alle, auch die Arbeiter und Bauern, was sie tun sollten. Von den Behörden wurden Trecks zunächst verboten, ja unter Todesstrafe gestellt, und dann, meist zu spät, für das ganze Dorf nach festem Reglement angeordnet. Aber die Menschen waren doch schon soweit, daß auf diese Anordnungen niemand mehr vertraute. So versammelte sich fast das ganze Dorf in unserer großen Küche. Alle fragten die Eltern, fragten mich, was sie tun sollten. Da ich aus Polen kam, traute man mir in Fluchtangelegenheiten einige Erfahrung zu. Aber ich riet das Falsche: Ich sagte, der Krieg sei in ganz Deutschland verloren. Wenn die Russen kämen, würde es ein paar böse Tage geben, aber weiter westlich sei das nicht anders. Während wir, die Gutsbesitzer, keine Chance hätten, würden die Russen den einfachen Leuten wenig tun. Hier hätten sie ihre Häuser und Wohnungen, ihre Vorräte und Habseligkeiten. Welches Interesse sollten die fremden Herren haben, ihnen das zu nehmen? Auf den Gedanken, daß man die Menschen einfach austreiben würde, kam ich nicht. Ich hätte es besser wissen sollen.

Aber wie so oft, gab es auch hier zwei Motive: Ich war nämlich daran interessiert, daß nicht gemeinsam getreckt wurde. Ein großer Treck ist langsam und unbeweglich. Jeder durfte nach den damaligen Bestimmungen nur vierzig Pfund Gepäck mitnehmen, sonst wären die Wagen überlastet worden. Diese Trecks durften nur auf Anordnung des Ortsgruppenleiters abfahren und wurden dann häufig von den Russen überrollt. Wenn die Eltern allein treckten, waren die Aussichten davonzukommen ungleich besser. So war mein Rat nicht ganz uneigennützig. Und er wurde nur zu gern befolgt, weil man mit dem Herzen eben nicht an die Katastrophe glauben wollte. Es hat mich oft verfolgt, daß ich das Unglück dieser vertrauenden Menschen noch vergrößert habe; es verfolgt mich heute noch.

Aus Kaltenbriesnitz kam ein Notruf: Die beiden jüngsten Kinder von Onkel Chr. waren dort angekommen, von den Eltern, die auf ihrem grenznahen Gut geblieben waren, mit einem Gespann vorausgeschickt. Sie wurden betreut von einer Dame aus Lübeck, die als Bombenflüchtling auf dem Hauptgut gelebt hatte. Sie wußten nicht weiter, kannten keinen Weg und kein Ziel. Im Kaltenbriesnitzer Schloß hatten sich mehrere Flüchtlingstrecks breitgemacht. Ich fuhr hinüber und fand ein Chaos vor. Da der Untergang ohnehin bevorstand, hätte es wenig Sinn gehabt, Ordnung herzustellen.

Auch brannte mir der Boden unter den Füßen. Ich war verpflichtet, mich zum »Volkssturm« zu melden, hatte jedoch keinerlei Neigung, in diesem letzten Aufgebot von Greisen, Kindern und veralteten Waffen mein Leben zu opfern. So vereinbarte ich mit den Eltern, daß ich erst einmal die beiden Kinder aus der Gefahrenzone herausbringen und dann, wenn möglich, zurückkommen würde. Die Eltern sollten unabhängig von meiner Rückkehr über den Moment der Flucht beschließen.

Ich nahm mir den Wagen von Nina Hahn. Woher der Wagen stammte, aus dem Warthegau, war zwar nur schwarzweiß auf ein Holzbrett unter dem Langbaum gemalt, aber das genügte: Niemand würde uns wegen vorzeitigen Treckens ansprechen. Auch würden die schweren Pferde des alten Pfitzner keine Mühe haben, den Wagen zu ziehen. Ich fand noch ein zeltartiges Gestell, das, mit ein paar Strohmatten bedeckt, eine Art Dach abgab.

In der Nähe von Forst setzte ich meine Schutzbefohlenen in einen Zug, der sie schließlich nach Lübeck brachte. Mit Pfitzner fuhr ich dann bis Wüstenhain in der Nähe von Cottbus. Dort, bei Heinitzens, war der verabredete Treffpunkt mit den Eltern. Pfitzner mit Pferd und Wagen blieb in Wüstenhain, ich zog wieder ostwärts. Am Abend kam ich nur bis Cottbus, übernachtete im Wartesaal, bekam morgens einen Zug bis Sagan und fuhr von dort auf einer Lokomotive bis Ottendorf. Von da nach Baunau waren es noch etwa zehn Kilometer. Unterwegs besuchte ich in Neugabel die Schwester von Mamsell und wurde herrlich bewirtet, obwohl sie in Aufbruchstimmung waren. Von Kaltenbriesnitz nach Baunau gab es einen Fußweg durch den Wald. Bei der »Weiberrutsche«, einem steil abfallenden Hohlweg, stand ich dann wieder auf eigenem Grund und Boden.

Zwischen verschneiten Fichten trat ich auf den engen Fahrweg. Links in der Schneise hatte ich meinen ersten Fuchs geschossen. Ach, und hier war mir der Schuß aus der alten Hahnflinte losgegangen, als ich sie entspannen wollte: Mit großem Knall waren die Schrote in die Fichtenwipfel geprasselt, und ich hatte mich zu Tode erschrocken. Dann trat ich aus dem Wald heraus. Links der »lange Winkel«, einer der wenig ertragreichen Außenschläge, rechts die Bauernäcker, alles tief verschneit, friedlich – und schweigend weiß wie

Der Kuhstall 1938

unter einem Leichentuch. Erinnerungen auf jedem Quadratmeter. Und in diesem Augenblick begriff ich endlich: Du siehst das alles zum letzten Mal. Du kommst hier nicht mehr her – aus, verloren ...

Immer wenn sich mir nach dem Kriege die Gelegenheit zu einem Besuch in Schlesien bot, drängte sich die Erinnerung an diesen Augenblick in mein Bewußtsein, und ich beschloß, nicht zu fahren. So wie man beim Tod eines geliebten Menschen noch einmal alle Liebe einer langen Beziehung in nuce erleben kann, so packte mich an jenem Tag die Liebe zu diesem Stück Erde – bitter schmerzlich und doch rauschhaft beglückend.

Am Stuhlteich traf ich den Gastwirt Begoin, der nach Wühleisen wanderte. »Ach, Herr Doktor!« sagte er, »die Herrschaften sind schon fortgemacht. Gehn se ok garnie erst rein; se ärgern sich bloß.« Ich mußte natürlich doch »reingehen«.

Dreißig Jahre später: polnische Kinder stellen sich der Kamera

Die Eltern waren tatsächlich abgefahren. Vater hatte aus dem Wehrmachtsbericht und aus Erzählungen von Flüchtlingen geschlossen, daß nicht mehr viel Zeit blieb. Er hatte mehrfach mit dem Ortsgruppenleiter telefoniert und immer die Auskunft erhalten, daß Trecken verboten sei. Als der Mann einmal etwas unsicher in seiner Antwort war, hatte Vater schnell gesagt: »Ich verstehe, die Entscheidung über den Aufbruch bleibt dem einzelnen überlassen.« Damit hatte er das Gespräch beendet und schnell entschlossen die Treckwagen anspannen lassen.

Da unser Gut an der Kreisgrenze lag, konnte man sich bei der damaligen Verwirrung leicht auf angebliche Behördenanordnungen berufen, sobald man im Nachbarkreis war. So hatten die Eltern einen ausreichenden Vorsprung gewonnen. Sie waren losgefahren mit Mamsell und Doro, der Gutssekretärin, sowie zwei französischen Kriegsgefangenen – der dritte war mit Chlond Pella verheiratet und wollte bleiben. Sie nahmen den Landauer, einen Gummiwagen voll Gepäck und zwei Pferdegespanne. Wir trafen uns später in Wüstenhain.

Ein paar Zeilen aus Mutters Aufzeichnungen über die letzten Tage in Baunau: »Anfang Januar stand der Sarg der alten Frau Scholz, der Witwe unseres alten guten Kutschers, im Eßzimmer. Zwei Wochen später saß ich noch einmal am Klavier beim Abschiedsgottesdienst. Fast ganz Baunau fand sich da zusammen. Wir feierten das hl. Abendmahl. Leises Schluchzen erfüllte den Raum. Mir schienen die Ahnenbilder nicht mehr so freundlich und festlich zu blicken, und doch lag der alte geliebte Glanz über dem Raum, der die Feststunden unseres Lebens gesehen hat. Dann verlosch das Licht. Mit behutsamen Händen nahm ich das Kruzifix, das mir Herta Oven geschenkt hatte, vom Altar und packte es in den Treckkoffer ...«

Bei der Schilderung des »Herrenzimmers« erwähnte meine Mutter eine merkwürdige Episode, die uns um so mehr beeindruckte, als wir jedem Okkultismus abhold waren. »An der Wand stand sehr gemütlich ein bequemer Diwan. Nirgends ruhte es sich so gut wie hier. Auf diesem Diwan liegend hat Paul am 26. Januar 1945 die Vision seiner Mutter gehabt. Er sah – ich erzähle dies mit seinen Worten –, wie sich das Zimmer mit einem Nebel füllte, und während er sich noch darüber wunderte, formten sich Kopf und Hals in frischen und zarten Farben. Plötzlich erkannte er seine Mutter, nicht wie ihm sonst ihr Bild vor Augen schwebte – aus den letzten Lebensjahren –, sondern wie sie als junge Frau ausgesehen hatte. Deutlich sah er ihr Bild etwas überlebensgroß vor sich. Ihr Blick auf ihn war ernst und liebevoll. Wie lange er es sah, konnte er nicht angeben. Dann verschwamm alles wieder im Nebel, und auch dieser löste sich auf. Vielleicht wird man später einmal wissen, wie ein solches Erlebnis zu erklären ist. Ich weiß es nicht und kann nur bezeugen, daß meines Mannes ganze Art eine Phantasie im gewöhnlichen Sinne ausschließt...«

Vorbereitet durch mein Gespräch mit Begoin, war ich nicht überrascht, als ich im Gutshaus eine Nachschubeinheit antraf. Ich habe mich über diese Einquartierung nicht einmal geärgert. In wenigen Tagen war eben alles anders geworden, und kaum etwas erinnerte noch an das alte Baunau. Anders hieß im übrigen auch unser Treckerfahrer, der sich in diesen Tagen ebenfalls veränderte. Er lief mit meiner Maschinenpistole herum, die ich ihm dummerweise gegeben hatte, weil ich sie nicht brauchte, und spielte bereits ein bißchen den neuen Herrn. Hilfe dagegen bekam ich von den Polen. Sie brachten mir belegte Brote und etwas Heißes zu trinken und berieten mich.

Es wurde langsam dunkel, und im Norden grollten wieder Geschütze. Es empfahl sich, bald aufzubrechen. Zuvor war jedoch noch eine schwierige Aufgabe zu bewältigen, und wieder fand ich keine Lösung: Frau Untermann, die Frau des Förster-Gärtners, und Elfriede, die Kindergärtnerin, baten mich, für ihren Abtransport zu sorgen. Sie gehörten zu den Besten unseres Dorfes und waren uns in Treue und Freundschaft verbunden. Beide hatten ursprünglich bleiben wollen, sich dann aber anders entschieden.

Zwei Pferdegespanne hatten die Eltern mitgenommen. Die Anspannung auf dem Hof wurde knapp, und Anders, der sich anscheinend schon verantwortlich fühlte, war nicht geneigt, ein weiteres Gespann herauszurücken. Zudem kamen nur die beiden großen Gäule von Stenzel in Betracht, und aus unerfindlichen Grüden widerstrebte es mir, den wackeren Alten ohne seine geliebten Pferde zurückzulassen. Aber das waren zweitrangige Überlegungen. Auch mit Anders wäre ich schon irgendwie fertig geworden. Wir hätten die grüne Plaue anspannen und innerhalb von zwei Stunden losfahren können. Aber nun plötzlich machten die beiden Frauen nicht mit. Sie fürchteten sich vor der Fahrt ins Ungewisse, den Beschwerden der verschneiten und verstopften Straßen. Warum die im Guts- haus einquartierte Wehrmachtseinheit sie nicht mit einem ihrer Fahrzeuge nach Westen befördere? Die Soldaten hätten mich an die Luft gesetzt, wenn ich mit einem solchen Ansin- nen zu ihnen gekommen wäre. Die beiden Frauen aber mein- ten, ich wolle nur nicht. Sie lebten in der Vorstellung, in Bau- nau habe jeder der Herrschaft zu gehorchen, auch das anwe- sende Militär. Die Reise in der grünen Plaue lehnten sie end- gültig ab. Sie sind später schlecht und recht samt den Kindern in den Westen gekommen und haben sich ein neues Leben aufgebaut. Untermann, der Ehemann und Vater, ging, als er aus der englischen Gefangenschaft entlassen wurde, aller- dings in die Ostzone, um seine Familie zu suchen, und ist nie wieder gesehen worden.

Am Ende fuhr ich also allein. Anders bot mir die Holla an, ein vorzügliches Reitpferd, das jedoch im Wagen wenig und im Einspänner überhaupt nicht geübt war. Ich hätte lieber ein zuverlässigeres Pferd gehabt, willigte aber schließlich ein. Als Fahrzeug bot sich der leichte alte »Schulwagen« an. Meine Stiefel hatten die Soldaten gestohlen, so mußte ich in den nas- sen Halbschuhen fahren, in denen ich schon von Ottendorf nach Baunau gelaufen war. An Pelzsachen und Wagendecken fand sich nur noch eine warme Fußtasche; als Decke hatte ich ein kleines Plumeau. Ärger gab es noch wegen des Pferdefut- ters. Heu nahm ich mir, aber für den Hafer hatte Anders den Schlüssel, und er drückte sich, mir etwas zu geben. Schließlich brachte mir ein Pole einen Sack voll. Für mich selbst hatte ich Brot und Speck, das genügte. Ein paar von Vaters guten Wein- flaschen fand ich noch im Keller.

Es hatte geschneit. Der Milkauer Berg war völlig verweht. Die Polen rieten mir zur Neustädtler Straße. Dort konnte man aufs Feld ausweichen, wenn man nicht weiterkam. Nach zwei Stunden Aufenthalt in Baunau fuhr ich los. Es war dunkel, ich hatte keine Laternen, der Schnee leuchtete. Aber Schnee bei

Nacht verwischt alle Konturen und führt zu Fehleinschätzungen. So steckte mein Wagen tief in einer Schneewehe, ehe ich merkte, daß da ein Hindernis war. Und nun begann der Kampf mit Holla, der sich wohl zehnmal wiederholte: Die Stute drehte sich beleidigt um und erklärte, sie könne nicht weiter. Ich gab ihr eins mit der Peitsche; sie warf sich seitwärts auf die Deichsel, so daß ich Kleinholz befürchtete. Dann zwang ich mich zur Geduld, redete dem Pferd gut zu, bis es ganz ruhig geworden war, und versuchte dann erneut, anzufahren. Beim dritten oder vierten Mal machte Holla einen mächtigen Sprung und kämpfte sich durch die Schneewehe. Ich wollte um keinen Preis noch einmal zurück, nicht wegen des näher kommenden Artilleriefeuers, bei dem man schon Abschüsse und Einschläge unterscheiden konnte, sondern weil eine nochmalige Heimkehr über meine Kräfte gegangen wäre.

Allmählich gewöhnten Holla und ich uns aneinander. Schließlich erreichten wir die Chaussee, die von Beuthen nach Milkau führte. Auf der Chaussee war kein Mensch zu sehen, der Wagen lief nun leicht. Ich gab Holla ein wenig die Peitsche. Sie trabte wundervoll – hinaus in die Nacht.

Mutter schreibt: »Es ist gar nichts von Baunau geblieben. Als wir es verließen an jenem kalten Januarabend, auf dem Treck und später in den ersten Monaten in Deixlfurt wußten wir das wohl auch, aber im Herzen waren wir vom Gegenteil überzeugt. Ich glaubte, ich würde eines Tages doch wieder in dem großen gelben Bett aufwachen mit dem Blick auf die Linde vorm Fenster, deren winterliches Geäst ich heute noch zeichnen könnte. Allmählich, als aus Wochen Monate, aus Monaten Jahre wurden, starb dieser unbegründete Glaube, verblaßte das lebendige Bild, und die Wirklichkeit machte sich kalt und unerbittlich breit. Es ist nichts von Baunau geblieben. Wohl mögen die Mauern noch stehen, vielleicht auch die vierteilige Platane und die riesige Pappel im Garten, aber das ist

Vergangenheit. Blasser wird das Bild, denn die Schatten, die ihm Tiefe verliehen, verschwinden zuerst aus dem Gedächtnis.«

Ist wirklich nichts geblieben?

Marion Gräfin Dönhoff

Kindheit in Ostpreußen

Von der jetzt in Deutschland lebenden Generation hat die große Mehrheit Ostpreußen, seine Landschaft und Menschen, wo sich bis in den Vorabend des letzten Krieges hinein alles so bewahrt hatte, wie es gestern und vorgestern und eigentlich immer gewesen war, nicht mehr kennengelernt. Marion Gräfin Dönhoff erzählt von ihrer Kindheit auf Friedrichstein, dem prächtigen Symbol einer untergegangenen Welt. Im Wechsel mit persönlichen Erlebnissen beschreibt sie den Kosmos eines großen Adelssitzes inmitten der ostpreußischen Landschaft und beschwört mit ihren Erinnerungen auch die Sehnsucht nach einer verlorenen Zeit.

»Diese Erzählung von der Kindheit der Gräfin Dönhoff ist eine sehr persönliche Schilderung, durch private Aufnahmen von Personen und Gebäuden in einen intimen Rahmen gestellt.«
Die Rheinpfalz

»In einer Sprache, die sich bewußt vor Überschwang hütet und daher besonders trifft, zeigt Marion Gräfin Dönhoff, daß auch sie das Paradies mit Namen Kindheit nicht vergessen kann.«
Mainpost

»… eine Liebeserklärung an das verlorene Ostpreußen.«
Hamburger Abendblatt

Ein Siedler Buch bei Goldmann
ISBN 3-442-12810-2

Alexander Fürst zu Dohna-Schlobitten

Erinnerungen eines alten Ostpreußen

Kaum ein zweiter Name in der deutschen Geschichte ist so eng verknüpft
mit deutscher Landschaft wie der Name Dohna mit Ostpreußen. Mit mehreren zehntausend Hektar Land zählten die Dohnas zu den mächtigsten Groß-
grundbesitzern östlich der Elbe. Der letzte Erbe von Schlobitten, Alexander
Fürst zu Dohna, legte mit über neunzig Jahren seine lang erwarteten Erinnerungen vor, die mit Recht als ein Juwel in der Ostpreußen-Literatur gelten
dürfen.

»Schilderungen voll von familiengeschichtlichen und zeitgeschichtlichen
Mitteilungen, gelegentlich anekdotenhaft aufbereitet, jedenfalls immer flüs-
sig und meist amüsant zu lesen, die sich zu einem farbigen historischen
Mosaik des Lebens des grundbesitzenden preußischen Adels vor und unmit-
telbar nach dem Zweiten Weltkrieg zusammenfügen.«
Frankfurter Allgemeine Zeitung

»Der Autor liefert einen Bericht, dem man Bemühen um Ehrlichkeit und
Ojektivität anmerkt; zugleich spürt man die noble Gesinnung des ehemals
so einflußreichen Mannes.«
Berliner Morgenpost

Ein Siedler Buch bei Goldmann
ISBN 3-442-12822-6

Marianne Peyinghaus

Stille Jahre in Gertlauken

Erinnerungen an Ostpreußen

»Verleger gesucht für Briefe aus Ostpreußen 1941/45« – mit dieser Zeitungs-
anzeige fand Marianne Peyinghaus einen interessierten Herausgeber und
dieser einen Verleger.
1941 kommt die gerade 20 Jahre alte Junglehrerin aus Köln an die Dorfschule
in Gertlauken, das im nördlichen Teil Ostpreußens liegt. Regelmäßig berichtet die Tochter den Eltern in Köln von ihrem Leben auf dem Lande, das so
weit weg vom Krieg und so friedlich scheint. Der Reiz ihrer Briefe liegt darin,
daß sie Alltägliches berichten, von den kleinen Sorgen und Freuden mit den
Schulkindern, die der Lehrerin zum 22. Geburtstag 166 Eier schenken, von
den Dorffesten, den Jahreszeiten, den Radfahrten auf verschlammten Wegen,
Spaziergängen im Wald und den Reisen nach Königsberg in das ach so
geliebte Kino. Anfang 1944 bereitet das Vorrücken der Roten Armee dem
Idyll von Gertlauken ein jähes Ende, und Marianne Peyinghaus kehrt nach
Köln zurück.

»Marianne Peyinghaus' Bericht ist präzise, spontan und von großer mensch-
licher Wärme.«
Luzerner Neueste Nachrichten

»Aber was für ein Buch! Marianne Peyinghaus ist ein Roman gelungen, und
sie hat es vielleicht gar nicht bemerkt.«
Frankfurter Rundschau

Ein Siedler Buch bei Goldmann
ISBN 3-442-12830-7

Wer waren die Frauen, deren Männer am 20. Juli 1944 das Attentat auf Hitler gewagt haben? Wer waren sie, die voller Sorgen und Hoffnungen auf Nachrichten von der Front oder aus der Berliner Zentrale warteten? Sie gaben dem täglichen Leben nach innen und nach außen den Anschein der Normalität, und doch waren sie die Vertrauten der »Verschwörer«. Sie erzogen ihre Kinder, verkehrten mit ihrem Freundeskreis und litten wie Millionen andere unter den Bombenangriffen; aber im Hintergrund stand immer das Wissen, daß ihre Männer in letzter Stunde das Schicksal Deutschlands zu wenden suchten.

Elf Frauen – elf Geschichten: Der 20. Juli 1944, für uns ein »historischer Tag«, ist ihr ganz persönliches Datum. In der Folge dieses Tages sind ihre Männer verhaftet, gefoltert und hingerichtet, ihre Kinder unter falschem Namen verschleppt, sie selbst oft in Haft genommen worden.

Wer ihnen heute in diesem Buch begegnet, versteht, weshalb sie ihren Männern in dramatischen Monaten und in schweren Stunden oftmals die einzige Stütze waren.

304 Seiten mit Abbildungen, Leinen

Siedler Verlag